KB253892

사연 많은
나무가
작품이 된다

사연 많은 나무가 작품이 된다

펴 낸 일: 2026년 3월 1일
지 은 이: 신현복
발 행 처: 아침영성지도연구원
등   록: 제2014-000031호
홈페이지: www.ccm2u.com
주문전화: 02) 2203-2739
주문팩스: 02) 6455-2798

값은 뒷표지에 있습니다.
ISBN 979-11-9562135-4

사연 많은 나무가 작품이 된다

신현복

아침영성지도연구원

"여호와의 말씀이니라
너희를 향한 나의 생각을 내가 아나니
평안이요 재앙이 아니니라
너희에게 미래와 희망을 주는 것이니라"

(렘 29:11)

십자가에

달리신 주님을 묵상하며

상처 입은 치유자가 되기를 소원하는

_____________ 님께

드립니다.

이 책을 펴내면서

이 책은 내놓기가 참 부끄럽습니다. 그리고 매우 조심스럽습니다. 어쩌면 실패한 제 인생을 드러내는 것 같아 두렵기도 합니다. 녹내장 실명위기, 뇌종양 긴급수술, 폐암 4기 진단, 생존수명, 항암 임상실험, 표적치료제, 세포독성주사, 방사선 집중치료, 무기력, 마비, 메스꺼움, 각종 부작용. 아직도 끝나지 않은 길 위에서 저 자신도 마냥 서성거리고 있기 때문입니다. 그러나 솔직해지고 싶었습니다. 모두가 감추고 싶어 하는 상황에서, 더 진실해지고 싶었습니다. 그리고 간곡히 기도를 부탁드리고 싶었습니다. 이 책을 읽으시는 바로 여러분에게 말입니다.

수술을 받느라 세브란스병원에 있어 보니, 내 이런 상황에서 무엇을 어떻게 해야 할지, 먼저 경험한 분들의 지혜를 얻고 싶었습니다. 그러나 정작 그런 책이 그리 많지가 않았습니다. 그리고 있어도, 이렇게 나았다 간증하는 책은 있어도, 그 아픔의 과정을 지나고 있는 이들의 눈물 젖은 책들은 좀처럼 구할 수가 없었습니다. 그럴 수밖에 없겠지요. 어떻게 될지 한 치 앞도 알 수 없는 상황에서 쉬운 일이 아니겠지요.

그래서 저도 많이 망설였습니다. 그래서 기도를 많이 했습니다. 주님께서 이런 음성을 주시는 것 같았습니다. "내가 너를 이렇게 살려 주었잖니? 왜 살려주었겠니? 내가 너를 살려준 것처럼, 너도 사람 살리는 일을 해야 되지 않겠니?" 정신이 번쩍 들었습니다. 군목으로 24년간 섬기면서, 한 달에 3박4일씩 자살예방 비전 캠프를 열고, 죽고 싶어 하는 자살충동 장병들과 함께 먹고 자며, 어떻게든 들어주고 어떻게든 살려내려 했던 그 수고와 그 기쁨이 눈앞에 아른거렸습니다. 그때 내가 그 손을 잡아준 장병들이 지금도 연락해 오는 모습들이 떠올랐습니다. 아, 이래서 하나님이 나를 살려주셨구나. 이 일, 생명 살리는 일을 다시 하라고 하시는구나. 아직 내 소명이 끝나지 않았구나. 가슴이 쿵쾅거리기 시작했습니다.

물론 지금이라고 달라진 것은 없습니다. 하루에도 열두 번 마음이 오락가락합니다. 과연 내가 완전히 나을 수 있을까? 병원에 다녀올 때마다 갈등이 생깁니다. 새벽에 갔다가 저녁에 돌아오는 이 일들을 언제까지 해야 하나? 녹초가 됩니다. 의사선생님 말씀이 이번에는 무엇일까 잔뜩 숨죽이며 진료실에 들어갑니다. 초긴장입니다. 수치 하나하나에 일희일비하지 않아야겠다 싶으면서도, 정말 그것이 녹록지 않습니다. 유튜브도 AI도 이 정보가 정말 맞는 것인지 헷갈립니다. 그래서 자꾸만 자신이 없습니다. 사는 게! 그런데도 주님께서 저에게 이런 말씀을 하시다니, 정말 정신 차려야겠구나!

사도 바울의 고백처럼, 저도 아직 완치된 게 아닙니다. 암 치유의 로드맵을 그리며 그 길을 가고 있을 뿐입니다. 그럼에도 불구하고, 이 책을 펴내는 이유, 그것은 저 같은 분들이 주변에 너무나 많은 것을 보기 때문입니다. 병원에 가보면, 세상에 이렇게 암

환자가 많나 싶습니다. 벌써 내 앞번호 환자분도 갑자기 하늘나라로 가셨습니다. 놀랍게도 그분도 목사님이셨습니다. 갈 때마다 많은 대화를 나눴는데! 정말 남 일이 아니구나 싶습니다.

그래서 내일 일은 내일을 주관하시는 하나님께 맡기라는 말씀처럼, 제 내일 일을 하나님께 맡기려고 합니다. 그리고 남은 시간, 한 생명이라도 더 살리는 일을 하고 싶습니다. 이 책이 그런 생명 살리는 일에 부족하지만 귀하게 쓰였으면 합니다. 누군가에게! 그분이 지금 병상에 누워계실 수도 있겠지요. 그분이 지금 역경의 파도에 휩쓸려 허우적거리고 계실 수도 있겠지요. 부디 이 책을 받아보시고, 멋진 파도타기 서핑 선수가 되셨으면 좋겠습니다.

뇌종양 수술 후, 교인들의 배려로 좀 쉬었는데, 한 주간 제주에 다녀왔습니다. 비자림. 사려니. 그 울창한 숲. 그 수려한 나무들. 몇백 년은 되는지 너무나 키가 컸습니다. 죽죽 뻗어 하늘을 바라보고 있었습니다. 아멘, 아멘, 주님만 바라봅니다. 찬양하고 있었습니다.

그런데 그 죽죽 뻗은, 그 수백 년 된, 문화재급 나무들 속에, 유독 제 시선을 멈추게 한 한 나무가 있었습니다. 그 큰 나무줄기 한중간에 구멍이 뻥 뚫린 나무. 무슨 사연일꼬. 꼭 내 처지만 같았습니다. 구멍이 뻥 뚫려버린 내 몸. 넌 나랑 너무나 닮았구나.

그런데 놀라운 건, 저 구멍이 뻥 뚫린 나무에서, 그래도 살아보겠다고, 몸부림을 치며 푸른 싹이 돋고 있었습니다. 저는 깨달았습니다. 저 나무도 저렇게 살아보려 하는데, 나도 살아야겠구나. 살 수 있겠구나. 현복아, 끝끝내 살아라! 그러다 보면, 망가진 너도 저 나무처럼 아파하는 많은 영혼들에게 그 누구도 줄 수 없는 감동을 줄 수 있단다. 구멍 뚫린 너도, 저 나무처럼, 누군가에겐 희망이 될 수 있단다. 상처 입은 치유자로서, 간증이 될 수 있단다. 작품이 될 수 있단다.

사랑하는 성도 여러분, 우리네 인생살이, 사연 없는 인생이 어디 있겠습니까? 그러나 절대, 절대, 잊지 맙시다. 사연 많은 나무가 작품이 된다는 것.

신현복 드림

contents

제1부 사연 많은 나무가 작품이 된다

01
천국에서 6시간

"무익하나마 내가 부득불 자랑하노니 주의 환상과 계시를 말하리라 (2) 내가 그리스도 안에 있는 한 사람을 아노니 그는 십사 년 전에 셋째 하늘에 이끌려 간 자라 그가 몸 안에 있었는지 몸 밖에 있었는지 나는 모르거니와 하나님은 아시느니라"(고후 12:1-2)

지난 2022년 5월 11일. 연세대 세브란스병원. 신경외과 뇌종양 수술실. 차가운 대기장소. 천정에는 놀랍게도 큰 글씨로 이렇게 쓰여 있었습니다.

"주께서 나와 함께하심이라"(시 23:4)

시편 23편 4절이었습니다. 그리고 마취과 의사의 수술시작기도. 그렇게 저는 정신을 잃었습니다. 그 후 6시간. 저는 천사들의 이끌림을 받아 어떤 곳에 다녀왔습니다.

"무익하나마 내가 부득불 자랑하노니 주의 환상과 계시를 말하리라 (2) 내가 그리스도 안에 있는 한 사람을 아노니 그는 십사 년 전에 셋째 하늘에 이끌려 간 자라 그가 몸 안에 있었는지 몸 밖에 있었는지 나는 모르거니와 하나님은 아시느니라"(고후 12:1-2)

사도 바울이 다녀온 셋째 하늘. 그곳은 바로 천국을 뜻했습니다. 저도 사도 바울처럼 똑같이 그 셋째 하늘, 천국이라는 곳으로 천사들의 이끌림을 받았습니다.

천국에서 6시간. 저는 그곳에서 3가지 환상을 보았습니다. 무슨 뜬금없는 소리냐 하실 분이 있겠습니다. 그렇게 말씀하셔도 저는 할 말이 없습니다. 그러나 저도 너무너무 신기해서 수술 후 병상으로 돌아오자마자 바로 핸드폰을 꺼내 삐틀삐틀 메모를 휘갈겼습니다. 이제 그 메모해 두었던 3가지 환상을 말씀드리려고 합니다.

사랑하는 성도 여러분, 여러분도 아시듯이, 저는 평상시 책 보고 인터넷 뒤지고 유튜브 듣고 밤을 지새우며 연구하고 온갖 머리 다 짜내서 지적인 설교를 해왔기에, 오늘 같은 설교에는 자신이 없습니다. 너무 생소합니다. 그래서 여러분 눈치가 보입니다. 가장 진보적인 신학교에서 계속 수석만 한 사람이 어떻게 저런 설교를 할 수 있는가! 뒤에서 수군거리지 않을까 부끄럽습니다. 그러나 성령님께서 강하게 네가 본 대로 말씀을 전하라 하십니다. 좀 이상하게 들리시더라도, 조금만 너그럽게, 그럴 수도 있겠다, 목회현장에서는 얼마든지 비슷한 사례가 있을 수 있겠다, 열린 마음으로, 깊은 영성으로, 귀를 빌려주시면 고맙겠습니다.

천국에도 정원이 있었다.

환상 중에 천사들의 이끌림을 받아 제일 먼저 가본 곳은 천국의 정원이었습니다. 천사들 말이 이곳이 우리 교회 정원이라는 것입니다.

보니, 정원 입구에 작은 문이 하나 있었습니다. 거기엔 장로님 두 분이 안내를 하고 계셨습니다. 환상 중에 제가 첫 번째 질문이 뭐였는지 아십니까?

"다른 분들 다 어디 계셔요?"

제가 우리 교인들을 찾고 있더라구요. 저는 천국에 장로님들 두 분만 오신 줄 알고 깜짝 놀라 여쭤본 것입니다.

그런데 두 분 장로님이 웃음 가득 미소를 지으며 말씀하시는 것 아니겠습니까?

"다 안에 있습니다."

얼른 안으로 들어가 보았습니다. 정원에는 우리 교회 장로님들, 안수집사님들, 권사님들, 집사님들, 성도님들, 젊은 부부들, 청년들, 중고등부들, 어린이부들, 유치부들, 태아들, 새가족들까지, 정말 많은 분들이 계셨습니다.

저를 이끌어간 천사가 사람들에게 외쳤습니다.

"자, 여기, 여러분의 담임목사님이 오셨습니다. 와서 인사드리세요."

그러고는 천사들이 우리 교회 이 요람을 펴 들고 한 명 한 명 이름을 부르는 게 아니겠습니까!

"예!" "저요!" "여기 있습니다!" "와, 목사님!" 우리 교우들이 한

분 한 분 이름을 부를 때마다 와락 달려와 저를 반겨주셨습니다. 저는 교인들을 얼싸안고 엉엉 울었습니다.

거기서 깨달았습니다. 이 요람에 있는 이름들이 정말 중요하구나. 이 요람에 있는 우리 교회 성도들의 이름이 하늘나라 생명책에 그대로 적혀 있구나.

"이기는 자는 이와 같이 흰옷을 입을 것이요 내가 그 이름을
생명책에서 결코 지우지 아니하고 그 이름을 내 아버지 앞과
그의 천사들 앞에서 시인하리라"(계 3:5)

그런데 제가 그곳 천국의 정원에서 회개한 게 있습니다. 제가 평소에 누구누구는 천국 가기 참 힘들겠다 생각한 사람까지도 와 있는 거예요. 요람에 있는 우리 교인들이 한 사람도 빠짐없이 다 천국에 와 있어요.

거기서 깨달았습니다. 아, 내가 뭐라고! 미리 판단하고 미리 정죄하면 정말 안 되겠구나! 아, 다 쓰시는구나! 다 천국에 오셨구나!

"그러므로 남을 판단하는 사람아, 누구를 막론하고 네가 핑계
하지 못할 것은 남을 판단하는 것으로 네가 너를 정죄함이니
판단하는 네가 같은 일을 행함이니라"(롬 2:1)

그곳 천국의 정원은 정말 아름다운 곳이었습니다. 생명수의 강. 생명나무. 요한계시록의 새 하늘과 새 땅이 황홀하게 매혹스럽게 펼쳐져 있었습니다.

"또 그가 수정같이 맑은 생명수의 강을 내게 보이니 하나님과
및 어린 양의 보좌로부터 나와서 (2) 길 가운데로 흐르더라 강
좌우에 생명나무가 있어 열두 가지 열매를 맺되 달마다 그 열
매를 맺고 그 나무 잎사귀들은 만국을 치료하기 위하여 있더
라"(계 22:1-2)

만국을 치료하는 생명나무 잎사귀. 그 잎사귀로 천사들이 저의
폐와 저의 뇌를 치료해 주었습니다. 순간 모든 고통이 떠나갔습니
다. 폐도 뇌도 산들바람 쐬듯 시원해졌습니다.
다시 천사들이 저를 그 정원 한가운데로 이끌고 갔습니다. 그리
고, 그리고, 그 한가운데 바로 그분이 계셨습니다.

"다시 저주가 없으며 하나님과 그 어린 양의 보좌가 그 가운데
에 있으리니 그의 종들이 그를 섬기며 (4) 그의 얼굴을 볼 터
이요 그의 이름도 그들의 이마에 있으리라"(계 22:3-4)

천사들의 섬김을 받으며 계신 주님, 성도들의 예배를 받으며 계
신 주님, 나를 위해 십자가에 죽으시고 나를 위해 부활하신 우리
주님, 그분이 저를 빤히 바라보고 미소 지으셨습니다.
"그래, 현복아, 이번에 많이 놀랐지? 미안하다."
주님이 저를 꼭 껴안아 주셨습니다. 또 엉엉 울었습니다. 주님
품에서. 그 치료의 품에서.
그런데 바로 그때, 바로 그 자리에서, 환상 중에 제가 주님께 부
탁을 드리는 거예요.

"주님, 우리 교회 정원을 조금만 더 넓혀 주시면 안 될까요? 제가 조금 더 구원해 올 영혼들이 있는데요."

"그래, 현복아, 네 소망이 영혼 구원이라면 그렇게 하자!"

할렐루야! 저는 우리 주님께서 제 간청을 들어주셨다고 믿습니다.

폐암 2.8센티미터에서 전이된 뇌종양 6.5센티미터. 이 상태면 4주면 사망입니다. 고개를 절레절레 흔들어대던 의사. 그런데 왜 살려주셨을까. 그것은 제가 죄악에 물든 이 땅에서 그냥 두면 지옥불로 떨어질 수밖에 없는 영혼들에게 내가 본 천국 복음을 조금이라도 더 전하고, 한 영혼이라도 더 지옥에서 천국으로 구원해서 데려오라고 그러신 것 아닐까. 여러분은 어떻게 생각하십니까?

천국, 천국, 그밖에 여러분의 모든 것은 다 부질없는 것들입니다. 안 그렇습니까?

"내가 천국 열쇠를 네게 주리니 네가 땅에서 무엇이든지 매면
하늘에서도 매일 것이요 네가 땅에서 무엇이든지 풀면 하늘에
서도 풀리리라 하시고"(마 16:19)

사랑하는 성도 여러분, 솔직히 제가 얼마나 더 살지 모르겠습니다. 촌각을 다투는 째깍째깍 내 인생의 초침소리. 이제 남은 삶, 어떻게 살 것인가? 무엇을 하며 살 것인가? 내일 죽는다면 오늘 가장 중요한 일은 무엇일까? 그것은 바로 주님께서 맡겨주신 이 천국 열쇠, 이 천국 열쇠로 한 영혼이라도 더 저 아름다운 천국의 정원으로 인도하는 것 아닐까요? 여러분과 함께!

천국에도 스키장이 있었다.

환상 중에 천사들의 이끌림을 받아 두 번째로 가본 곳은 천국의 스키장이었습니다. 저는 태어나서 딱 한 번 양구 2사단 군목으로 섬길 때 전교인 겨울수련회를 부대 인근 알프스스키장으로 가본 적밖에 없는데, 환상 중에 그런 스키장을 보여 주시는 거예요.

천사들이 말했습니다. "자, 스키를 타고 내려가면 됩니다. 출발하세요. 출발!" 저는 너무 무서웠습니다. 본디 스키를 배우지 못했고, 천국의 스키장은 더 험준산령에서 직진으로 죽 내려오는 코스였습니다.

순간, 제 생각에 내려오는 동선을 옆 라인으로 바꾸고 싶었습니다. 그래서 몸부림을 치며 옆 라인으로 발과 스키를 옮겨 보려고 했습니다. 살짝 옆 라인으로 가는가 싶더니 아뿔싸 다시 원위치로 돌아와 버리는 것 아니겠습니까! 몇 번을 옆 라인으로 옮겨 보려 했으나 번번이 허사였습니다. 도저히 내 힘으로는 바꿀 수가 없었습니다.

거기서 깨달았습니다. 나를 향하신 하나님의 인생 시나리오는 내가 바꿀 수가 없는 거구나! 딱 성경 그대로였습니다.

"사람이 마음으로 자기의 길을 계획할지라도 그의 걸음을 인도하시는 이는 여호와시니라"(잠 16:9)

하나님만이 내 인생의 동선을 통제하실 수 있다는 것을 보여 주시는 환상이었습니다. 거기서 깨달음이 다시 왔습니다. 하나님의 뜻이 내가 지금 죽는 거라면 어쩔 수가 없겠구나! 그러나 반대로 지금 하나님의 뜻이 내가 죽는 것이 아니라면 아무리 죽음이 나를 쏜다고 해도 절대로 죽지 않겠구나! 그렇구나! 아직 나를 향한 하나님의 시나리오가 끝나지 않았구나! 아직 하나님의 뜻이 내가 죽는 게 아니구나!

> "사람의 마음에는 많은 계획이 있어도 오직 여호와의 뜻만이
> 완전히 서리라"(잠 19:21)

그 스키장은 너무나 험했습니다. 스키장의 눈들이 땡땡 얼어있고 바닥은 너무나 단단했습니다. 한 번 내려오면 전속력으로 내달렸습니다. 도저히 내 힘으로 어찌해볼 수가 없었습니다. 사는 것도 죽는 것도 오직 하나님의 뜻만이 통하는 그런 곳이었습니다. 내가 할 수 있는 건, 하여 분명해졌습니다.

> "우리가 살아도 주를 위하여 살고 죽어도 주를 위하여 죽나니
> 그러므로 사나 죽으나 우리가 주의 것이로다"(롬 14:8)

살아도 주를 위하여! 죽어도 주를 위하여! 내가 스키장에서 깨달은 건 그것이었습니다. 네 인생 네 마음대로 안 된다. 나 여호와의 뜻이 네 인생을 주관한다. 나 여호와의 뜻이 네 인생을 통제한다. 나 여호와의 뜻이 네 인생을 운행한다. 그러니 사는 것도 죽는 것도 나 여호와께 맡겨라. 나 여호와가 네 인생의 스키를 통제한다.

사랑하는 성도 여러분, 솔직히 제가 얼마나 더 살지 모르겠습니다. 촌각을 다투는 째깍째깍 내 인생의 초침소리. 이제 남은 삶, 어떻게 살 것인가? 살려고 발버둥 치지 않겠습니다. 그렇다고 죽으려고 자포자기하지도 않겠습니다. 오직 하나님께 맡기겠습니다. 오직 주님만 바라봅니다. 살아도 주를 위해! 죽어도 주를 위해!

천국에도 도예촌이 있었다.

환상 중에 천사들의 이끌림을 받아 세 번째로 가본 곳은 천국의 도예촌이었습니다. 예전에 신학교 은사님이신 박근원 교수님을 모시고, 한국적인 성만찬 도자기를 어떻게 만들 수 있을까, 경기도 이천의 도예촌과 이곳 계룡산 도예촌에 가본 적이 있습니다. 가마를 구경한 적이 있습니다. 평생 기인처럼 살아가는 도예가들이 심혈을 기울여 작품을 구워내던 그 모습. 천국에서 본 도예촌도 그런 곳이었습니다.

제가 그 도예촌에 들렀을 때 마침 머리부터 발끝까지 남녀 형상의 전신 도자기가 두 개가 나란히 눕혀 있었습니다. 막 구워져 나온 상태였습니다. 한 도예가가 그 남녀 형상의 도자기를 향하여 탁탁 망치질을 했습니다. 그랬더니 그 남녀가 도자기 껍데기를 깨고 눈을 탁 뜨는 것이 아니겠습니까!

그때 저에게 깨달음이 왔습니다. 저 남녀는 우리 부부다. 저 도예가는 우리 하나님이시다. 창조주 하나님께서 우리 부부를 이번 사건을 통하여 새롭게 빚으시는구나! 새롭게 창조하시는구나! 영적 통찰이 오자 전율이 일었습니다. 죽는 게 아니라 새롭게 태어나는 거라니!

"너희는 유혹의 욕심을 따라 썩어져 가는 구습을 따르는 옛 사람을 벗어 버리고 (23) 오직 너희의 심령이 새롭게 되어 (24) 하나님을 따라 의와 진리의 거룩함으로 지으심을 받은 새 사람을 입으라"(엡 4:22-24)

성경말씀 그대로였습니다. 너무너무 놀랐지만, 너무너무 아팠지만, 너무너무 슬펐지만, 죽는 게 아니라 새롭게 태어난 우리 부부.

"새 사람을 입었으니 이는 자기를 창조하신 이의 형상을 따라 지식에까지 새롭게 하심을 입은 자니라"(골 3:10)

그동안 아파하는 교인들을 우리 부부가 너무 겉치레로 대했구나. 아파보니 알겠구나. 좀 더 진실하게 대해야겠다는 다짐. 그동안 우리 부부가 너무 사람들에게 인정받으려 목회를 했구나. 눈치목회. 이제는 좀 더 하나님 보고, 목회를 해야겠구나. 이제는 좀 더 영성 깊은 목회를 해야겠구나. 이번 이 아픔, 이 슬픔, 이 충격, 죽는 게 아니라 우리 부부가 새롭게 태어나는 거구나. 할렐루야!

"내가 그리스도와 함께 십자가에 못 박혔나니 그런즉 이제는 내가 사는 것이 아니요 오직 내 안에 그리스도께서 사시는 것이라 이제 내가 육체 가운데 사는 것은 나를 사랑하사 나를

위하여 자기 자신을 버리신 하나님의 아들을 믿는 믿음 안에
서 사는 것이라"(갈 2:20)

이 얼마나 감사한 고백인지요! 이것이 우리 부부의 이번 간증입
니다.

사랑하는 성도 여러분, 솔직히 제가 얼마나 더 살지 모르겠습니
다. 촌각을 다투는 째깍째깍 내 인생의 초침소리. 이제 남은 삶, 어
떻게 살 것인가? 전처럼 세상을 바라보며 살지 않으렵니다. 진급
에 떨어졌다고 사람들을 원망했던 지난날, 이제는 그렇게 살지 않
으렵니다. 왜 나를 이렇게까지 내동댕이치시냐고 하나님께 따지지
않으렵니다. 이제 새롭게 태어나려 합니다. 여러분은 어떻게 하시
겠습니까?

여러분, 천국은 있습니다. 제가 이번에 가보니 알겠습니다. 천국
에서 6시간! 괜히 준비한 설교가 아닙니다. 이상한 소리 한다, 할
수도 있습니다. 첨단과학 시대, 물질만능 시대, AI인공지능 시대,
화성탐사 시대, 웹3.0 시대, 메타버스 시대, 챗GPT 시대. 허나 너
무도 많은 그리스도인이 오늘 천국에 대한 믿음을 잃어버렸습니
다. 바쁘다 바빠, 생각을 못 하고 살아갑니다. 놓치고 살아갑니다.
부귀영화, 다른 것 다 누려도 천국에 못 들어가면 우리는 가장 불
쌍한 자들인데도.

솔직히 제가 얼마나 더 살 수 있을지는 모르겠습니다. 촌각을
다투는 째깍째깍 내 인생의 초침소리. 진짜 중요한 게 무언가? 천

년을 살더라도, 죽어서 천국에 못 들어간다면, 생명 연장이 그 무슨 소용이 있겠습니까?

하루를 살더라도, 천국에 다녀온 사람으로 목회하고 싶습니다. 이제껏 해 온 이것저것 짜깁기 설교, 남의 설교에 살짝 조미료 친 설교, 통째로 베껴 쓴 설교, 책 한 권 읽고 세상 다 아는 것처럼 구는 설교, 밤새 용쓰며 머리를 짜내는 설교는 이제 그만하고 싶습니다.

이제는 천국에 다녀온 사람으로서, 아니 다시 곧 천국으로 돌아갈 사람으로서, 좀 더 촌각을 다투는 설교, 좀 더 영성 깊은 설교, 좀 더 생명력 있는 설교, 좀 더 변화시키는 설교, 좀 더 통회하고 자복하는 설교, 좀 더 하나님께서 전하라고 강권하시는 설교를 하고 싶습니다. 이번에 저에게 보여 주신 저 천국에 대한 환상을 성경에 근거해 좀 더 선명하게 설교하고 싶습니다.

그래서 제가 저 천국에서 주님 바짓가랑이를 붙잡고 간청했던 것처럼, 이 대전에서, 이 땅 한반도 남녘땅 북녘땅 땅끝까지 나아가, 저 복음을 모르는 오대양 육대주 열방 땅끝까지 나아가, 지옥에 떨어질 영혼들을 한 영혼이라도 더 천국으로 데려오라는 주님의 소명을 이루어 드리고 싶습니다.

천국, 오 천국, 천국은 있습니다. 성도들이여, 천국은 있습니다. 그 천국 간증을 하라고, 그 천국 복음을 전하라고, 저를 여러분에게 다시 보내셨습니다. 그러나 시간이 없습니다. 저에게도, 여러분에게도, 별로 시간이 없습니다. 어서어서 천국 복음에 눈을 뜨십시오.

"주께서 나를 모든 악한 일에서 건져내시고 또 그의 천국에 들어가도록 구원하시리니 그에게 영광이 세세무궁토록 있을 지어다 아멘"(딤후 4:18)

천국에서 6시간, 주님께서 저에게 주신 마지막 말씀이 있습니다. 그것은 어떻게 해야 저 천국에 들어가느냐, 비밀코드 같은 것입니다.

"전제와 같이 내가 벌써 부어지고 나의 떠날 시각이 가까웠도다 (7) 나는 선한 싸움을 싸우고 나의 달려갈 길을 마치고 믿음을 지켰으니 (8) 이제 후로는 나를 위하여 의의 면류관이 예비되었으므로 주 곧 의로우신 재판장이 그날에 내게 주실 것이며 내게만 아니라 주의 나타나심을 사모하는 모든 자에게도 니라"(딤후 4:6-8)

사도 바울이 인생의 죽음을 앞두고 어떻게 해서 천국에 들어갔다구요? 그렇습니다. 믿음을 지켰다! 이 믿음. 부활하신 예수 그리스도에 대한 이 믿음. 나는 죽어도 천국에 간다는 이 믿음. 천국에 가면 주님께서 수고했다, 고맙다, 의의 면류관을 씌워 주실 것이라는 이 믿음.

사랑하는 천국 순례자들이여, 그런 의미에서 여러분에게 묻습니다. 여러분은 이 믿음이 있습니까? 지금 당장 죽으면, 여러분은 천국에 들어갈 이 믿음이 있습니까? 저 불 끓는 지옥이 아니라, 저 아름다운 천국에 들어갈 이 믿음이 있습니까?

02
사연 많은 나무가 작품이 된다

"제구시에 예수께서 크게 소리 지르시되 엘리 엘리 라마 사박다니 하시니 이를 번역하면 나의 하나님, 나의 하나님 어찌하여 나를 버리셨나이까 하는 뜻이라"(막 15:34)

어쩌다 이런 일이! 2022년 4월 29일. 금요치유기도회. 밤 10시. 거의 끝나갈 무렵. 갑자기 말이 꼬이기 시작했습니다. 뛰어나온 아내 손에 이끌려 본당 로비로 나갔습니다.

그런데 그 자리에 의사이신 권사님이 서 계셨습니다. 6주에 한 번 초원별 특송이 있으셨는데, 그날 오실 줄이야. 너무 감사했습니다. 목사님 뇌에 문제가 생긴 그것 같아요. 권사님 말씀이 아련히 들려왔습니다. 안수집사님이 119구급차를 부르시는 것 같았고, 까페에서 119를 기다리는 시간, 교인들이 저를 안쓰럽게 바라보던 눈길이 기억납니다.

도착한 119. 어디로 갈 것인가? 의사인 우리 교회 청년이 달려와, 다 이야기해 놓았으니 무조건 충남대병원 응급실로 가라, 119를 재촉하던 모습. 그렇게 충남대병원 응급실로 실려 갔습니다. 황급히 이곳저곳을 찍어보는 의사들의 다급한 발소리. 뇌에 큰 게 보인다는 것. 의사인 우리 교회 청년이 옆에서 제 아내에게 뭐라고 설명을 해주던 모습. 너무 고마웠습니다. 그때부터 지금까지 마치 한여름 밤의 꿈을 꾼 것 같습니다. 어쩌다 이런 일이!

그동안 많은 학자들이 고통에 직면한 사람들의 심리변화를 말한 것이 있습니다. 가장 대표적인 학자가 말기 암 환자의 심리변화를 관찰했던 엘리자베스 퀴블러 로스지요.

그분은 우리 인생이 어떤 고통에 직면하면 처음에는 부정하는 단계, 두 번째는 분노하는 단계, 세 번째는 타협하는 단계, 네 번째는 우울해하는 단계, 다섯 번째는 수용하는 단계, 이 다섯 단계의 심리변화를 거친다고 연구 결과를 발표했습니다.

그것을 여러 번 설교하면서도 저는 남의 일처럼 설교했습니다. 설마 나한테? 아냐, 그럴 일은 없을 거야! 그런데 이게 내 일이 될 줄이야!

사랑하는 성도 여러분, 저도 이번에 이 다섯 단계의 심리적인 변화들을 생생히 겪어야만 했습니다. 그래서 오늘은 머릿속 책 속 이론이 아니라 저의 이번 체험, 피가 뚝뚝 떨어지는 생생한 체험을 토대로 예수 그리스도께서 주시는 복음을 선포하고자 합니다.

엘리자베스가 말하지 않은 게 있었다.

엘리자베스의 다섯 단계는 부정의 단계부터 시작됩니다. 그런데 제가 겪어보니, 그녀가 말하지 않은 게 있었습니다. 그 전에 훨씬 더 심각한 단계가 있었습니다.

제가 겪은 첫 번째 단계는 바로 충격의 단계. 충남대병원 의사 두 분이 저에게 다가오셨습니다. 큰 병원으로 가보시는 것을 추천합니다! 아, 뭔가 심각한가 보구나! 부랴부랴 서울대병원 응급실로 올라갔습니다. 하지만 그 밤, 병실이 없었습니다. 자정은 넘어가고 몸이 너무 힘들었습니다. 응급실 바닥이라도 누우려고 하니, 어떤 보호자가 안쓰럽다는 듯 자기 차에서 돗자리를 갖다주셔서 잠이 들었습니다. 차가운 응급실 바닥에서. 창피한 것도 모르겠더라구요. 그때 생각은 딱 하나였습니다. 아, 이제 어떻게 되려나?

다음날, 서울대병원 의사 선생님이 오셔서 폐에도 뭔가 보인다는 겁니다. 그런데 긴 주사를 찔러 생체검사를 해 보아야겠는데, 폐 위치가 심장과 너무 가까워 위험해서 안 되겠다는 말씀. 또다시 어안이 벙벙했습니다. 갈수록 태산. 찾아오는 절망감. 이게 뭐지? 나는 이제 어떻게 되는 거지?

아빠는 내가 반드시 살릴 거야! 괴로워하는 아들 손에 이끌려 연세대 세브란스병원으로 옮겼습니다. 세브란스 뇌종양 의사 선생님. 이 상태로는 4주면 사망입니다. 그런데 이미 3주 전부터 뇌 속에서 피가 흘렀을 가능성이 높습니다. 시간이 없다는 것. 빨리 뇌를 열어야 한다는 것.

사랑하는 성도 여러분, 이번 일이 터졌을 때, 제가 제일 처음 느낀 건 이렇게 충격 그 자체였습니다. 이게 뭐지? 넋이 나갔다고 하는 게 맞을 그것 같습니다.

다윗도 이런 충격의 단계가 있었더라구요.

"주님의 불타는 듯한 노여움에 이 몸 짓눌리고 무시무시한 두

려움에 넋이 다 빠져버렸습니다.”(시 88:16, 현대어)

저도 죽음의 그림자가 내게 드리워지고 있다는 공포와 두려움, 넋이 다 빠져버렸습니다. 어쩌다 이런 일이! 그 충격 앞에서 목사라는 타이틀은 아주 힘없는 종이 쪼가리에 지나지 않았습니다.

엘리자베스가 맞았다.

제가 겪은 두 번째 단계부터는 엘리자베스의 말이 맞았습니다. 저에게도 부정의 단계가 찾아왔습니다. 왜 나에게? 아냐, 이건 꿈일 거야!
리브가도 이런 기가 막힌 탄식을 했지요.

“두 아이가 뱃속에서 서로 다투었다. 리브가는 어찌나 고통이 심하던지 ‘어휴, 어쩌다 내게 이런 일이 닥쳤을까’ 하며 괴로워하였다. 그래서 리브가는 어찌하면 좋겠느냐고 여호와께 여쭈어보았다.”(창 25:22, 현대어)

딱 제 마음이 그랬습니다. 도저히 믿겨지지가 않았습니다. 아냐, 오진일 거야! 그런데 충남대병원, 서울대병원, 연세대 세브란스병원. 이 세 병원에서 다 똑같은 경고를 하고 있는데 오진일 리가 있겠는가. 도저히 부정하고 있을 수만은 없었습니다. 이건 현실이다. 이건 진짜 큰일이다!

그다음, 제가 겪은 세 번째 단계는 분노의 단계였습니다. 나에게 스트레스 준 사람들. 칼을 들고 가서 찔러 죽이고 싶은 분노.

욥도 그런 때가 있었습니다.

> "그래요, 안 됩니다. 절대로 안 됩니다. 그럴진대 어찌 입 다물고 있겠습니까? 화가 납니다. 화가 치밀어 오릅니다. 너무나 아프고 고통스럽습니다. 이러니 어찌 입 다물고 가만히 있을 수 있겠습니까? 어찌 원망하지 않을 수 있겠습니까? 어찌 불평을 늘어놓지 않을 수 있겠습니까?"(욥 7:11, 현대어)

이 분노의 희생자는 당연히 아내였습니다. 4살짜리 아이가 되어 음식 투정을 부리고 사소한 일에 화를 내고 있었습니다. 이 시기, 제 가까이 오셨다가 때아닌 불평, 불만, 성질, 짜증을 보신 분들도 계실 것입니다. 이 시간을 빌어 정말 죄송했노라 사과를 드립니다. 제 맘대로 제어가 안 되었습니다. 뇌종양 4덩어리가 저의 감정 중추를 짓누르며 그토록 분노 조절이 안 되었던 것 같습니다. 정말 죄송합니다. 이해를 부탁드립니다.

통제되지 않는 이 분노는 놀랍게도 하나님에게까지 치달았습니다. 하나님이 살아 계신다면 어찌 이러실 수가 있는가? 과연 이러고도 당신이 하나님이신가?

분노 속에는 억울함도 뒤범벅되어 있었습니다. 이렇게 좋은 세상, 폐쇄된 군대에서 24년을 보내고, 이제 이 교회 5년 가운데 3년이 코로나, 이렇게 간다는 게 너무 억울했습니다.

그다음, 제가 겪은 네 번째 단계는 타협의 단계였습니다. 하나님,

아이들이 자리 잡는 것 볼 때까지, 좋은 짝 만나서 결혼하는 것 볼 때까지, 손주들 신앙생활 하며 기독교 명문가문이 대물림되는 것을 볼 때까지, 조금만 더 살게 해주세요. 조금만 더 죽음을 준비하고 가게 해주세요.

히스기야도 하나님과 이런 타협을 한 적이 있지요.

"산헤립이 예루살렘을 포위하고 있을 때 히스기야는 무서운 피부병에 걸려 죽게 되었다. 아모스의 아들 예언자 이사야가 왕을 찾아가서 말하였다. '여호와께서 왕에게 이런 말씀을 전하셨습니다. '너는 이제 네 후계자를 임명하고 죽을 준비를 하여라. 네가 살아남지 못하고 죽을 것이다.' (2) 히스기야가 얼굴을 벽으로 향하고 돌아누워 여호와께 기도하였다. (3) '오, 여호와여, 내가 항상 주께 충성한 것을 기억해 주소서! 내가 항상 진심으로 주께 순종하고 언제나 주께서 기뻐하시는 일들을 하지 않았습니까?' 히스기야는 눈물을 흘리며 큰 소리로 울었다."(사 38:1-3, 현대어)

그러고는 조금만 더 살 수 있도록 내 목숨을 다시 살려 주시라고 간청을 합니다.

"그러나 주여, 내 목숨을 다시 살려 주시고 내 영혼을 다시 소생시켜 주소서! 이 병든 몸을 고쳐주시고 나를 다시 살려 주소서"(사 38:16, 현대어)

놀랍게도 하나님은 그 타협을 들어주십니다. 그 타협의 결과, 15년을 더 살게 해주십니다.

저도 어느새 히스기야처럼 하나님과 타협하고 있었습니다. 하나님, 이대로는 안 됩니다. 조금만 더 일을 하고 가게 해주세요. 병상에서 하염없이 눈물의 기도를 드렸습니다. 밤새 타협의 기도를 드렸습니다. 세브란스병원 맨 창가, 내 병상 창밖으로 휘영청 밝은 달이 차올라 있었습니다. 그때 찍은 사진. 서울 한복판에 저 붉은 달. 너는 내 사정 아는지 모르는지! 저 달을 조금만 더 볼 수 있다면! 그 밤이 제가 여러분에게 카톡으로 기도 부탁을 드린 밤입니다.

그다음, 제가 겪은 다섯 번째 단계는 우울의 단계였습니다. 일단 너무 슬펐습니다. 이렇게 가는 건가? 젊은 사람들이 병원에 오가는 모습을 보면서도 슬펐습니다. 나는 이제 저렇게 못 사는 건가? 심리적으로 무너졌습니다. 우울의 파도. 하나님께 버림받은 것 같았습니다.

예수님도 죽음을 앞두고 그런 미칠 것 같은 우울을 격하게 토해내셨지요.

> "제구시에 예수께서 크게 소리 지르시되 엘리 엘리 라마 사박다니 하시니 이를 번역하면 나의 하나님, 나의 하나님 어찌하여 나를 버리셨나이까 하는 뜻이라"(막 15:34)

제 심정도 예수님 심정과 똑같았습니다. 하나님마저 나를 버리셨다! 세상에 이보다 더 외로울 순 없었습니다. 하나님, 이 방법밖에 없으셨나요? 밤새 몸부림을 쳤습니다.

우울 속에는 후회도 뒤섞여 있었습니다. 왜 좀 더 몸을 돌보지 않았을까. 그러나 이미 때는 늦었습니다.

그런데 그때 주님께서 이런 음성을 주셨습니다. 현복아, 나 네가 쓰러졌을 때, 너를 결코 버린 게 아니다. 너와 함께 그 자리에서 울고 있었다! 일어서라! 내가 함께하고 있다! 내가 하는 일이다! 이 음성이 들려지는 순간, 못난 나, 더 이상 우울해할 수만은 없었습니다. 여기에도 무언가 하나님의 뜻이 있겠지. 그렇게 자연스럽게 제가 겪은 여섯 번째 단계는 수용의 단계였습니다. 받아들임. 현실이다. 그래, 받아들이자.

예수님도 이 받아들임, 수용의 단계가 있으셨습니다.

> "이르시되 아버지여 만일 아버지의 뜻이거든 이 잔을 내게서 옮기시옵소서 그러나 내 원대로 마시옵고 아버지의 원대로 되기를 원하나이다 하시니"(눅 22:42)

엘리자베스가 놓친 게 더 있었다.

엘리자베스의 이 다섯 단계. 부정, 분노, 타협, 우울, 수용. 그런데 그렇게 수용의 단계로 끝나는 줄 알았는데, 놀랍게도 엘리자베스가 놓친 게 더 있었습니다.

바로 그다음에 이어지는 일곱 번째 바라봄의 단계였습니다. 아멘, 주님만 바라봅니다! 이것이 엘리자베스와 저의 차이였습니다.

세상을 바라보는 것은 한계가 있다. 의사 선생님의 치료가 빛을 발하려면 나도 정신을 차려야 한다. 암만 묵상하지 말고, 암을 낭비하지 말고, 그래, 주님을 바라보자. 그래, 예수를 바라보자.

히브리서를 기록한 익명의 저자도 그 바라봄의 단계를 정확하게 권면합니다.

> "믿음의 주요 또 온전하게 하시는 이인 예수를 바라보자 그는 그 앞에 있는 기쁨을 위하여 십자가를 참으사 부끄러움을 개의치 아니하시더니 하나님 보좌 우편에 앉으셨느니라"(히 12:2)

예수를 바라보자! 그런 마음을 먹으면서부터 그때부터 묘하게 세상이 줄 수 없는 평안이 저에게 찾아와 아침 인사를 건네기 시작했습니다.

그뿐만이 아니었습니다. 저에게는 그다음 찾아온 것이 또 있었는데, 바로 여덟 번째 선함의 단계였습니다. 이 땅이 죄로 모든 게 망가졌지만, 그래서 내 몸도 마음도 영혼도 아프고 부서지고 망가지고 엉망진창이 되어버렸지만, 하나님은 선한 계획이 있으시다는 것. 하나님은 나쁜 것에서도 선을 이루신다는 것.

바울도 그런 하나님의 선하심을 깨닫는 단계가 있었습니다.

> "우리가 알거니와 하나님을 사랑하는 자 곧 그의 뜻대로 부르심을 입은 자들에게는 모든 것이 합력하여 선을 이루느니라"(롬 8:28)

그런데 놀랍게도 저에게는 선함의 단계에서 또 찾아온 것이 있었습니다. 아홉 번째 의미의 단계였습니다. 나도 이제 이 고난을 통해 책이 아닌, 이론이 아닌, 생생한 간증을 할 수 있게 되었구나! 고난에 의미를 부여하니, 눈꺼풀에 비늘이 벗겨져 나갔습니다.

사도 바울도 이렇게 고난의 의미를 추구하는 단계가 있었습니다.

> "나는 지금 모든 것을 다 내던졌습니다. 내가 바라는 것은 다만 참으로 그리스도를 알고 그리스도를 다시 살리신 전능한 능력을 체험하고 그리스도와 함께 고난을 당하고 그리스도와 함께 죽는다는 것이 무엇을 의미하는가를 아는 일입니다."(빌 3:10, 현대어)

저에게 찾아온 의미의 단계는 또다시 열 번째 유익의 단계로 이어졌습니다. 이 암도 하나님이 주신 것. 하나님이 주신 것은 버릴 게 하나도 없다! 이 암도 유익하게 쓰실 수 있다. 두렵지만, 기대도 되었습니다.

시편 시인도 이렇게 고난이 유익이 될 수 있음을 깨닫는 단계가 있었습니다.

> "고난 당한 것이 내게 유익이라 이로 말미암아 내가 주의 율례들을 배우게 되었나이다"(시 119:71)

유익의 단계를 지나자, 저에게 찾아온 것은 열한 번째 감사의 단계였습니다. 수술이 끝난 뒤, 회진을 오신 의사에게 왜 이렇게 얼굴 부기가 안 빠지는지 모르겠다고 했더니, 4주면 사망할 사람 살려놓았더니, 감사를 모른다는 듯 쳐다보시는 거예요. 부끄럽더라고요. 물에 빠진 사람 건져주었더니 보따리 내놓으라는 심보. 내가 이렇게 감사를 모르는구나.

복음을 전하느라 수많은 고난을 겪어야 했던 사도 바울도 이 감사의 단계로 우리 그리스도인이 꼭 나아가야 한다고 강권합니다.

"어떤 처지에 있든 감사하는 마음을 잊지 마십시오. 이것은 하나님께서 그리스도 예수를 믿는 여러분에게 바라시는 뜻입니다."(살전 5:18, 현대어)

이렇게 감사의 단계를 통과하자, 저에게 찾아온 열두 번째 단계는 희망의 단계였습니다. 병상에서 유튜브를 열면, 저에게 희망은 없었습니다. 하나를 보면, 자동으로 알고리즘이 재생되어 계속 절망적인 유튜브가 올라왔습니다. 누구도 희망을 이야기하지 않았습니다. 왜 우리는 희망을 이야기하지 않을까? 어느 날 문득, 나는 그리스도인이 아닌가, 아니 목사가 아닌가, 성경책 대신 유튜브만 보고 있는 내가 너무 한심했습니다. 부활하신 주님이 나의 희망이신데, 나는 계속 나쁜 유튜브만 보고 있다니!

사도 바울도 우리 인생들이 고난을 털고 일어나 희망의 단계로 들어서야 한다고 힘주어 말하고 있습니다.

"우리가 지금 당하고 있는 고난은 장차 우리가 누릴 영광과 비교하면 아무것도 아닙니다. 모든 피조물은 하나님께서 그분의 자녀들을 부활시키실 날을 인내와 희망을 가지고 기다리고 있습니다. 그날에는 하나님의 명에 따라 본의 아니게 이 세상을 지배하고 있던 가시와 엉겅퀴, 죄, 죽음, 부패 따위는 모두 다 사라져 버리고 우리는 영광스러운 해방을 맞아 하나님의 자녀들이 누리는 즐거움을 나누게 될 것입니다. 동물이나 식물과 같은 자연계의 생물까지도 이 위대한 사건을 기다리면서 병과 죽음의 고통을 참아내고 있다는 것을 우리는 압니다. 성령을 받고 장래의 영광을 미리 맛본 그리스도인조차도 고통과 고난에서 놓여나기 위해 신음하며 하나님의 자녀로서 완전한 권리를 받게 될 날을 고대하고 있습니다. 그날에는 하나님께서 우리에게 약속하신 대로 두 번 다시 병에 걸리지도 않고 죽지도 않을 새 몸을 주실 것입니다."(롬 8:18-23, 현대어)

예레미야도 고난 속에서 우리가 이런 희망의 단계로 성큼 나아가야 한다고 하면서 이렇게 하나님의 말씀을 대언했지요.

"여호와의 말씀이니라 너희를 향한 나의 생각을 내가 아나니 평안이요 재앙이 아니니라 너희에게 미래와 희망을 주는 것이니라"(렘 29:11)

그때 주님께서 저에게 보여주신 사진이 있어요. 전쟁 통에, 화재로, 다 타버린 폐허 속에 한 송이 꽃이 피어나는 모습.

제 가슴에 한 가닥 희망이 꽃피기 시작하자, 병상에서 마주 앉아 두 손을 모은 아내의 식사 기도가 제 영혼을 울렸습니다. 주님, 우리 부부에게 어제보다 더 나은 오늘을 주셨듯이, 오늘보다 더 나은 내일이 되게 하옵소서! 그렇게 아멘 했더니, 저에게 찾아온 마지막 열세 번째 단계가 있었습니다. 소명의 단계였습니다. 이것도 엘리자베스가 놓치고 있는 것이었습니다.

하나님이 구약의 예언자들을 부르셨던 그 소명. 예수님이 신약의 제자들을 부르셨던 그 소명. 성령님이 그 소명으로 저를 부르고 계셨습니다. 내가 네 망가진 몸을 메시지로 쓰겠다. 동병상련의 간증자로 쓰겠다. 수많은 장애인과 수많은 중독자와 수많은 암환자들에게 영혼의 친구로 쓰겠다. 나를 부르시는 그 소명이 병상 위의 제 가슴을 뜨겁게 불붙였습니다.

사도 바울도 우리가 겪고 있는 이 고난의 궁극적인 과녁이 결국은 소명의 단계로 향하는 것이라고 선포합니다.

"하나님이 우리를 구원하사 거룩하신 소명으로 부르심은 우리의 행위대로 하심이 아니요 오직 자기의 뜻과 영원 전부터 그리스도 예수 안에서 우리에게 주신 은혜대로 하심이라"(딤후 1:9)

이번에 여러분이 배려해 주시어 3달간 설교를 쉬었습니다. 한 주간 제주에 다녀왔습니다. 비자림. 사려니. 그 울창한 숲. 그 수려한 나무들. 몇백 년은 되는지 너무나 키가 컸습니다. 죽죽 뻗어 하늘을 바라보고 있었습니다. 아멘, 아멘, 주님만 바라봅니다. 찬양하고 있었습니다.

그런데 그 죽죽 뻗은 그 수백 년 된 문화재급 나무들 속에 유독 제 시선을 멈추게 한 한 나무가 있었습니다. 바로 이 나무입니다.

구멍이 뻥 뚫린 나무. 무슨 사연일꼬. 꼭 내 처지만 같았습니다. 구멍이 뻥 뚫려버린 내 몸. 넌 나랑 너무나 닮았구나.

그런데 놀라운 건, 저 구멍이 뻥 뚫린 나무에서 그래도 살아보겠다고 몸부림을 치며 푸른 싹이 돋고 있었습니다. 저는 깨달았습니다. 저 나무도 저렇게 살아보려 하는데, 나도 살아야겠구나. 살 수 있겠구나. 현복아, 끝끝내 살아라! 그러다 보면, 망가진 너도 저 나무처럼 아파하는 많은 영혼들에게 그 누구도 줄 수 없는 감동을 줄 수 있단다. 구멍 뚫린 너도 저 나무처럼 누군가에겐 희망이 될 수 있단다. 간증이 될 수 있단다. 작품이 될 수 있단다.

사랑하는 성도 여러분, 우리네 인생살이, 사연 없는 인생이 어디 있겠습니까? 그러나 절대, 절대, 잊지 맙시다. 사연 많은 나무가 작품이 된다는 것.

03
나도 위로받고 싶다!

"여호와께서 그를 병상에서 붙드시고 그가 누워 있을 때마다
그의 병을 고쳐 주시나이다"(시 41:3)

제가 병상에 있는 동안, 어떤 목사님이 우리 교회 장로님께 다가가서 물어보셨나 봐요. 신 목사님은 이제 힘들지 않겠어요? 그랬더니, 우리 교회 장로님이 정색을 하시면서, "아뇨, 지금 멀쩡하십니다. 목사님 빈자리 우리 장로들이 잘 채우고 있습니다. 목사님은 치료에만 집중하시라고 했어요. 치료가 온전히 끝날 때까지 잘 보살펴드릴 것입니다. 3개월이 아니라 몇 개월을 더 쉬시더라도, 우리 교회, 우리 목사님, 끄떡없습니다," 그러셨다는 거예요. 그 말을 전해 주시는 목사님이 저에게 전화하셔서, "신 목사님, 교회 걱정 하나도 안 해도 되겠더라," 그러시는 거예요. 병상에서 온통 교회 걱정, 교회 소식, 그리움이 가득한 저에게 참 위로가 되었어요. 아, 그래도 내가 참 좋은 교회 담임목사였구나.

사랑하는 성도 여러분, 저는 이번에 참 많은 위로를 받았습니다. 도저히 돈 주고는 살 수 없는, 책으로도 배울 수 없는, 너무나 소중한 체험이었습니다. 일평생 한번 올까 말까 한, 하나님이 주

신 절호의 기회를 절대 놓치고 싶지 않아, 병상에서 메모해 놓은 것들을 설교로 기획했습니다. 주님의 음성으로 좀 헤아려 주시기 바랍니다.

위로가 된 말이 있었다!

저에게 이번에 수많은 분이 수많은 위로의 말들을 보내오셨습니다.

그 가운데서 저에게 가장 인상적이었던 위로는 우리 교회 부흥회에 오셨던, 저의 한신대 은사님, 현재는 치유상담대학원대학교 총장님이신 정태기 교수님의 전화였습니다. "나 지금 신 목사 살려달라고 죽을 둥 살 둥 기도한다. 신 목사는 힘만 내라. 기도는 내가 한다." 너무 놀라 기도도 안 나오는 상황에서, 기도할 힘을 잃어버리고 내가 이래도 되나 자책감에 빠져 있는 나에게, 그 말씀이 큰 위로가 되더라구요. 기도는 내가 한다. 너는 힘만 내라. 여러분도 이 말을 잘 기억해 두셨다가 병상에 있는 분에게 이 말씀으로 큰 위로를 해 드리시길 바랍니다. 지금 병상에 누워계신 집사님, 유튜브로 지금 듣고 계시죠? 집사님은 힘만 내십시오. 기도는 제가 하겠습니다!

또 하나, 저에게 큰 위로가 되었던 것은 한신대학교 총장님의 문자였습니다. "신 목사님, 생명은 한자로 살 생, 살아나라는 뜻에, 명할 명, 하나님의 명령이라는 뜻입니다. 이 시간 하나님의 명령을 들으십시오. 신 목사야, 살아나라!" 살 수 있을까, 죽음의 공포에 짓눌린 나에게 이 말씀이 큰 위로가 되더라구요. 지금 병상에 누워계신 집사님, 하나님의 명령입니다. 살아나라!

그 밖에도 얼마나 많은 분들이 위로의 말을 전해 주셨는지 모릅니다.

김장환 목사님. "목사님, 극동방송이 전 세계로 방송되는 것 아시죠? 중보기도팀도 전 세계에 조직되어 있는데 바로 기도 지침을 내리겠습니다." 세계 곳곳에서 기도해 주신 분들. 큰 위로가 되었습니다.

제가 섬겼던 13곳의 군인교회, 수천 명이 보내 주신 문자들. 큰 위로가 되어 주셨습니다. 얼마나 문자를 많이 보내시는지, 병상에서는 다 읽지도 못했습니다. 이제야 정신 차리고 읽어봅니다. 얼마나 힘이 되는지! 특히 육군본부교회 24명의 장로님들. "목사님, 꼭 일어나셔서 평생 군 선교에 우산이 되어 주십시오." 내 헌신이 헛되지 않았구나. 정말 큰 위로가 되었습니다.

간절하게 치유기도를 해주신 분들. 수많은 중보기도팀들. 신학교 동기와 친구들. 교수님들. 내 목회의 멘토들. 영성지도자들. 영적 동반자들. 영혼의 친구들.

제가 예배와 설교 실연을 가르치다 한 학기를 채 못 끝내고 쓰러진 것을 누구보다 안타까워하던 한신대학교 신학대학원 원우들. 염려해 주신 선후배 목사님들.

노회 총회 목사님들 장로님들. "목사님 위해서 기도하고 있습니다!" 그런 말씀 한마디 한마디가 큰 위로가 되었습니다. 특히 우리 교단 총회장님이 갑자기 까페로 찾아오셔서 우리 부부를 놓고 기도를 해주시는 거예요. 깜짝 놀랐어요. 소식 듣고 일부러 만나러 오셨다는 거예요. 우리 교단 총무님도 계속 안부 문자를 보내셔요. 그 바쁘신 분들이! 정말 큰 위로가 되었습니다.

> "우리가 환난 당하는 것도 너희가 위로와 구원을 받게 하려는 것이요 우리가 위로를 받는 것도 너희가 위로를 받게 하려는 것이니 이 위로가 너희 속에 역사하여 우리가 받는 것 같은 고난을 너희도 견디게 하느니라"(고후 1:6)

한 구절에 위로라는 말이 4번이나 나와요. 이 위로는 성경원어 헬라어로 파라클레시스라고 하는데, 파라칼레오에서 온 말입니다. 가까이서 부르다는 뜻입니다. 위로는 고난 당하는 사람 가까이서, 힘내세요, 우리가 있잖아요, 부르는 것. 이런 위로가 고난을 견디게 한다, 이것이 사도 바울의 간증입니다. 아니, 이것이 이번 저의 간증입니다.

무엇보다 위로가 되었던 건, 가까이서 부르시는 우리 교회 따뜻한 어르신들이었습니다. "목사님, 절대 서두르지 마세요." "목사님, 천천히 하세요." "목사님, 좀 더 쉬세요." "목사님, 은퇴하실 때까지 하셔야 해요." 마치 제 마음속에 들어와 계시는 것 같았습니다. 그리고 아파보신 분들이 확실히 제가 무엇을 불안해하는지, 저에게 지금 가장 필요한 위로가 무엇인지, 가장 정확하게 아시는구나, 그런 생각이 들었습니다. 확실히 다르셨습니다.

우리 교회 당회 장로님들. "목사님, 교회는 아무 걱정 마세요. 치료에만 집중하세요. 저희가 목사님 치료를 위하여 적극 돕겠습니다." 큰 위로가 되었습니다.

우리 교회 부교역자들. "목사님, 믿고 맡겨주십시오. 1층에서 부교역자들끼리도 목사님 그렇게 강조하시는 대로 서로 화목하게 담임목사님 부재중 사역을 잘 감당하겠습니다." 부교역자들의 선방을 잊을 수 없습니다. 부목사님 한 분이 가시게 되어, 공석이 되었더라면 정말 큰 혼선과 과부하가 걸렸을 텐데, 마치 내가 하는 일이다 보여 주시기라도 하신 듯 하나님의 섭리 가운데 부목사님 한 분이 제가 쓰러지기 직전, 그것도 시간이 없어서 줌으로 면접을 보고, 당회를 통과시키고, 기적적으로 오시게 되었습니다. 많은 분이 그 말씀을 하시면서 하나님의 신묘막측하심에 감사할 때, 그 말도 큰 위로가 되었습니다.

우리 교회 남신도회원들, 여신도회원들. 어르신들부터 아이들까지. "하나님, 도와주세요!" 매일 밤 성전에 나와 울부짖으신 그 긴급기도, 중보기도, 치유기도, 예수기도, 화살기도. 화살이 과녁을 향하여 정확히 날아가듯 하나님께 날아간 여러분의 기도, 그 기도 때문에 제가 이렇게 살아났습니다.

"괜찮아, 흔들려도! 주만 향하면 It's OK!" 기억나시죠? 쓰러지기 전, 시리즈 설교 제목을 다 잡아놓고, 현수막까지 다 나온 상태였잖아요. 우리 교회 한 분이 카톡을 보내 주셨어요. "목사님, 꼭 예언자 같으세요. 마치 이런 일이 생길 것처럼. 저희가 목사님을 이렇게까지 사랑하는 줄 미처 몰랐어요. 아무것도 신경 쓰지 마세요. 우리 기도에 보답하시겠다고 하시는데, 우리를 위해 반드시 다시 일어나 주시기만 하면 돼요, 그게 보답하시는 거예요." 너무너무 위로가 되었습니다.

어떤 분은 이렇게 위로해 주셨습니다. "목사님 말씀처럼, 주만 향하면 It's OK잖아요."

어떤 분의 대표기도. "목사님 쓰신 묵상집 5월호 제목, <괜찮아 흔들려도>가 꼭 예견이라도 하신 듯 가슴을 아리게 합니다." 예배 시간마다 뜨겁게 올려 주신 여러분의 기도들. 정말 큰 위로가 되었습니다.

특히, 유치부 아이들이 보내온 짧은 영상. "목사님, 힘내세요! 목사님, 힘내세요!" 아이들의 떠나갈 듯한 그 함성소리에 병상에서 목 놓아 울었습니다. 큰 위로가 되었습니다.

병상에 있을 때, 어떤 분이 문자를 주셨어요. "목사님 일어나시면 저 꼭 교회 나가겠습니다." 그분의 문자를 받고 또 눈물이 펑펑 났습니다. 그분 다시 교회 나오실 수 있도록 영혼을 어루만져 주시라고 5년 동안 매주 금요치유기도회마다 그분 이름을 올리며 기도했는데, 오늘 그분이 나오셨어요. 약속을 지키셨어요. 바로 저기 계신 권사님이십니다. 하나님이 우리 기도에 5년 만에 응답해 주신 거예요. 저는 비록 쓰러졌으나, 이 때문에 권사님을 건졌습니다. 저는 이것 하나만으로도 큰 위로가 됩니다.

이번에 가족들의 말도 큰 위로가 되었습니다. 아내. "내가 당신 반드시 살려낼 거야." 아들들. "아빠는 내가 반드시 살려낼 거야." 부교역자들이 하는 말, "목사님이 119에 실려 가신 날 밤, 교회 사무실에 와서 아드님이 누군가에게 전화를 하며 펑펑 우는 모습이 너무너무 안타까웠어요." 누구보다 가슴을 졸였던 본가와 처가의 형제자매들. 아내가 하는 말, "작은누나가 전화로 그렇게 서럽게 우는 모습 처음 보았어요." 특히, 어머니. "이건 다윗과 골리앗 싸움이다. 반드시 말씀의 물맷돌로 암이라는 골리앗을 쓰러뜨려야 한다. 신 목사는 이미 치유의 은사를 받았다. 할 수 있다." 그리고 장모님. "신 목사, 살아줘서 고맙네. 내 딸 곁에 살아줘서 고맙네." 그런 말들이 이번에 저에게 정말 큰 위로가 되었습니다.

"찬송하리로다 그는 우리 주 예수 그리스도의 하나님이시요 자비의 아버지시요 모든 위로의 하나님이시며 우리의 모든 환난 중에서 우리를 위로하사 우리로 하여금 하나님께 받는 위로로써 모든 환난 중에 있는 자들을 능히 위로하게 하시는 이시로다"(고후 1:3-4)

여기도 위로라는 말이 네 번이나 나와요. 파라클레시스, 파라클레시스, 파라클레시스, 파라클레시스. 힘내라, 내가 있잖니! 가까이서 부르시는 주님의 위로, 위로, 위로, 위로. 이번에 정말 그 위로의 힘은 상상 이상으로 컸습니다.

그런데, 오늘 본문에 나오는 다윗을 보면, 상황이 정반대였던 것 같습니다. 지금 몹시 속이 상해 있어요.

"한다는 소리가 '병이 골수에 뻗쳤으니 자리 털고 일어나기는 다 글렀구먼' 합니다."(시 41:8, 현대어)

환자를 앞에 두고 할 소리가 따로 있지! 왜 사람들은 이렇게 앞뒤가 다를까요? 사울은 천천이요 다윗은 만만이라고 치켜세울 땐 언제고, 지금 좀 아프다고 내버린 카드 취급. 다윗이 속이 상할 만합니다. 이유 없는 고난이 있겠냐? 욥의 친구들처럼, 비웃는 말.

참 힘들었을 것입니다. 꼬치꼬치 따지는 말. 참 당혹스러웠을 것입니다. 특히, 뒤에서 입방정을 떠는 호사가들의 말. 걱정해 주는 척하면서 수군거리는 사람들의 말. 다윗이 저리 쓰러졌으니 후임 왕을 뽑아야 되는 것 아냐? 배신감과 실망감. 다윗은 무척 속이 상했을 것입니다.

실제로 저도 속이 상할 뻔했어요. 한 목사님이 저에게 전화를 주셨어요. 미국에서도 제 소문 듣고 묻더라는 거예요. 교회 후임 자리 어떻게 되느냐고. 또 어떤 목사님은, 이제 신 목사는 설교하기 힘들 것 같은데, 그렇게 말하고 다니신다는 거예요. 나는 애써 잘 해드렸는데, 그분은 그런 말을 하고 다니신다니, 참 씁쓸했어요.

사랑하는 성도 여러분, 그러나, 그러나, 여러분은 참 다르셨습니다. 제가 쓰러지기 전이나 후나 시종여일 앞뒤가 똑같으셨습니다. 지금이 기회다, 이단에게, 사탄에게 넘어가지 않으셨습니다. 저를 더 위해 주시고, 더 감싸 주시고, 먹을 것 입을 것 마실 것 바리바리 싸다 주셨습니다. 아, 이분들이 이런 분들이구나! 참 감사했습니다. 여러분의 눈망울, 여러분의 가슴속 한마디 한마디, 너무너무 큰 위로가 되었습니다. 우리 그렇게 살면 안 될까요?

위로가 된 성경찬송이 있었다!

무엇보다 병상에서 저에게 큰 위로가 된 성경 구절이 있었습니다. 오늘 본문에 나오는 다윗의 시였습니다.

"여호와께서 그를 병상에서 붙드시고 그가 누워 있을 때마다

그의 병을 고쳐 주시나이다"(시 41:3)

다윗도 이런 때가 있었구나. 어쩌면 이렇게 내 상황하고 딱 맞는지! 매일 수십 번씩 이 말씀을 되뇌고 또 되뇌었습니다. 여러분도 이 말씀을 잘 기억해 두셨다가 병상에 있을 때 이 말씀으로 큰 위로를 받으시길 바랍니다. 지금 병상에 누워계신 그대여, 여호와께서 지금 그대를 병상에서 붙드시고 그대의 병을 고쳐 주시나이다!

또 하나, 저에게 위로가 되는 말씀이 있었습니다. 잘 아시는 말씀이지요.

"아무것도 염려하지 말고 다만 모든 일에 기도와 간구로, 너희

구할 것을 감사함으로 하나님께 아뢰라 그리하면 모든 지각에

뛰어난 하나님의 평강이 그리스도 예수 안에서 너희 마음과

생각을 지키시리라"(빌 4:6-7)

아무것도 염려하지 말고. 그런데 저한테는 이 말씀이 이렇게 들려오는 거예요. 아무것도 오버하지 말고. 염려는 오버하는 것이구나! 병상에 있다 보니, 자꾸만 별별 생각이 다 나고 두렵고 걱정되고. 나는 과연 이 병원을 나갈 수 있을까? 교회가 나를 다시 받아줄까? 우리 가족들은 어떻게 해야 할까? 자꾸만 생각에 생각이 꼬리를 물고 자꾸만 예민해지는 거예요. 그때 딱 맞는 말씀이더라구요. 아무것도 오버하지 말고. 여러분도 이 말씀을 잘 기억해 두셨다가 생각에 생각이 꼬리를 물고 여러분을 오버하게 만들 때 이

말씀으로 큰 위로를 받으시길 바랍니다. 지금 병상에 계신 성도여, 아무것도 염려하지 마십시오. 너무 생각하지 마십시오. 그건 오버입니다.

또 하나, 저에게 큰 위로가 된 성경 구절이 있었습니다. 역시 잘 아시는 말씀입니다.

> "내가 사망의 음침한 골짜기로 다닐지라도 해를 두려워하지 않을 것은 주께서 나와 함께하심이라 주의 지팡이와 막대기가 나를 안위하시나이다"(시 23:4)

사망의 음침한 골짜기로 다닐지라도. 딱 제 상황이었습니다. 4주 후면 사망이라는, 그런데 이미 3주가 지났다는 의사의 진단 앞에서, 이 말씀보다 더 위로가 되는 말씀이 또 있을까 싶더라구요. 연초에 시편 23편 시리즈 설교를 하면서 우리가 매주 암송한 성경 구절. 이번에 죽음의 공포를 이겨내는 데 큰 위로가 되었습니다. 여러분도 매일 다른 건 몰라도 시편 23편만은 꼭 외워보세요. 주시는 위로가 말도 못 합니다.

또 하나, 저에게 위로가 된 성경 말씀이 있었습니다. 송구영신예배 때, 올해 우리 가정에 주신 말씀이었어요.

> "하나님은 우리의 피난처시요 힘이시니 환난 중에 만날 큰 도움이시라"(시 46:1)

환난 중에 만날 큰 도움이시라. 무슨 예언적 말씀이라도 된 듯,

우리 가정이 뽑은 송구영신예배 말씀카드가 저에게 큰 위로를 주었습니다. 환난 중에 만날 큰 도움이시라. 맞아, 맞아. 내가 당한 이 환난 중에서도 하나님이 도움이시다. 아멘! 아멘!

한편, 이번에 병상에서 들은 찬양들도 두려워하는 저에게 큰 위로가 되었습니다. <아무것도 두려워말라>.

"아무것도 두려워 말라"

아무것도 두려워 말라
(정말 두려웠습니다.)
주 나의 하나님이 지켜주시네
놀라지 마라
(정말 놀랐습니다.)
겁내지 마라
(정말 겁이 났습니다.)
주님 나를 지켜주시네

아무것도 두려워 말라
주 나의 하나님이 지켜주시네
놀라지 마라
겁내지 마라
주님 나를 지켜주시네
내 맘이 힘에 겨워 지칠지라도
(너무 지쳤습니다)

주님 나를 지켜주시네

세상의 험한 풍파 몰아칠 때도

(이번에 몰아친 이 험한 풍파)

주님 나를 지켜주시네

주님은 나의 산성

주님은 나의 요새

주님은 나의 소망

나의 힘이 되신 여호와

주님은 나의 산성

주님은 나의 요새

주님은 나의 소망

나의 힘이 되신 여호와

또 하나, 저에게 큰 위로를 준 찬양이 있었습니다. <선한 능력으로>. 우쿨렐레중창단이 8월 첫째주일 제가 설교 복귀할 때 하나님께 봉헌을 하시겠다고 하시면서 어떤 곡을 원하시냐고 해서 <선한 능력으로>를 부탁드렸습니다. 이 찬양의 작사자는 많은 그리스도인들이 존경하는 분이죠. 나치 치하에서 감옥에 갇혀 갖은 고문을 받으면서도, 히틀러는 하나님이 아니다, 하나님은 역사의 주관자 되시는 여호와 하나님 한 분뿐이시다, 끝끝내 순교하는 날까지 신앙의 지조를 지키셨던 분, 예수 그리스도에 대한 믿음을 지키셨던 분, 독일의 디트리히 본회퍼 목사님이 지으신 곡이에요.

"선한 능력으로"
(디트리히 본회퍼 작사, 지그피트 피츠 작곡)

주 선한 능력으로 안으시네
그 크신 팔로 날 붙드시네
절망 속에도 흔들리지 않고
사랑하는 주 얼굴 구하리

주 선한 능력으로 안으시네
그 크신 팔로 날 붙드시네
절망 속에도 흔들리지 않고
사랑하는 주 얼굴 구하리
선한 능력으로 일어서리
주만 의지하리 믿음으로
우리 고대하네 주 오실 그날
영광의 새날을 맞이하리

이전의 괴로움 날 에워싸고
고난의 길을 걷는다 해도
주님께 모두 맡긴 우리 영혼
끝내 승리의 날을 맞으리
선한 능력으로 일어서리
주만 의지하리 믿음으로
우리 고대하네 주 오실 그날

영광의 새날을 맞이하리

주님이 마신 고난의 쓴잔을
우리도 감사하며 받으리
주님의 남은 고난 채워가며
예수와 복음 위해 살리라

선한 능력으로 일어서리
주만 의지하리 믿음으로
우리 고대하네 주 오실 그날
영광의 새날을 맞이하리
선한 능력으로 일어서리
주만 의지하리 믿음으로
우리 고대하네 주 오실 그날
영광의 새날을 맞이하리

선한 능력으로 일어서리
주만 의지하리 믿음으로
우리 고대하네 주 오실 그날
영광의 새날을 맞이하리
영광의 새날을 맞이하리
영광의 새날을 맞이하리

묘하게 이 찬양이 주는 위로의 톤이 있어요. 아내와 저는 이 찬

양을 하루에도 수십 번 듣고 또 들었던 것 같아요. 지금 병상에
계신 성도님, 유튜브에서 <선한 능력으로>를 검색해서 틀어놓으
세요. 주님의 위로가 임할 것입니다.

　또 하나, 저에게 큰 위로를 준 찬양이 있었습니다. <광야를 지나
며>. 아까 봉헌송으로 클라리넷티스트 신명 청년이 하나님께 올
려드린 곡. 아빠, 일어나시면 대전에 내려가서 꼭 교인들에게 감사
드리고 하나님께 봉헌송을 올려드리고 싶어요. 어떤 곡을 원하세
요? 그래서 제가 <광야를 지나며>를 부탁했어요. 가사가 너무나
위로가 돼요.

　"광야를 지나며"

　왜 나를 깊은 어둠 속에
　홀로 두시는지
　어두운 밤은 왜 그리 길었는지
　나를 고독하게 나를 낮아지게
　세상 어디도 기댈 곳이 없게 하셨네
　광야 광야에 서 있네
　(제가 광야에 서 있더라구요. 너무 외로웠어요. 그 광야.)

　주님만 내 도움이 되시고
　주님만 내 빛이 되시는
　주님만 내 친구 되시는 광야
　주님 손 놓고는

단 하루도 살 수 없는 곳
광야 광야에 서 있네

왜 나를 깊은 어둠 속에
홀로 두시는지
어두운 밤은 왜 그리 길었는지
나를 고독하게 나를 낮아지게
세상 어디도 기댈 곳이 없게 하셨네
광야 광야에 서 있네

주님만 내 도움이 되시고
주님만 내 빛이 되시는
주님만 내 친구 되시는 광야
주님 손 놓고는
단 하루도 살 수 없는 곳
광야 광야

주께서 나를 사용하시려
나를 더 정결케 하시려
나를 택하여 보내신 그곳 광야
성령이 내 영을 다시 태어나게 하는 곳
광야 광야에 서 있네

내 자아가 산산이 깨지고

높아지려 했던 내 꿈도
주님 앞에 내려놓고
오직 주님 뜻만 이루어지기를
나를 통해 주님만 드러나시기를
광야를 지나며

수술이 끝난 다음, 제 입가에 계속 오르내린 찬양이 있었는데, 이 찬양도 참 위로가 되었습니다. 수술 후 눈물콧물 범벅이 되어 부른 찬양입니다. 여러분도 잘 아시는 곡입니다. <내가 그리스도와 함께>.

"내가 그리스도와 함께"

내가 그리스도와 함께
(이번에 뇌가 깨지고 폐가 썩어 들고)
십자가에 못 박혔나니
(그렇다면 이제 어떻게 살 것인가?)
그런즉 이제 내가 산 것 아니요
오직 내 안에 예수께서 사신 것이라
이제 내가 육체 가운데 사는 것은
나를 사랑하사 자기 몸 버리신 예수 위해 산 것이라
내가 그리스도와 함께 십자가에 못 박혔나니
그런즉 이제 내가 산 것 아니요
오직 내 안에 예수께서 사신 것이라

이제 내가 육체 가운데 사는 것은
나를 사랑하사 자기 몸 버리신 예수 위해 산 것이라

그리고 퇴원을 하면서, 저에게 정말 위로가 된 찬송이 있었습니다. <나 이제 주님의 새 생명 얻은 몸>. 제가 6월 12일 교회 복귀했을 때, 할렐루야찬양대에서 마치 미리 아신 것처럼 하나님께 올리셔서 제가 더 깜짝 놀랐습니다.

436장(나 이제 주님의 새 생명 얻은 몸)

1절
나 이제 주님의 새 생명 얻은 몸
(저는 이제 새 생명을 얻었습니다)
옛것은 지나고 새 사람이로다
(저는 이제 새 사람이 되었습니다)
그 생명 내 맘에 강같이 흐르고
그 사람 내게서 해같이 빛난다
영생을 누리며 주 안에 살리라
오늘도 내일도 주 함께 살리라

2절
주안에 감추인 새 생명 얻으니
이전에 좋던 것 이제는 값없다
하늘의 은혜와 평화를 맛보니

찬송과 기도로 주 함께 살리라
영생을 누리며 주 안에 살리라
오늘도 내일도 주 함께 살리라

3절
산천도 초목도 새것이 되었고
죄인도 원수도 친구로 변한다
새 생명 얻은 자 영생을 누리니
주님을 모신 맘 새 하늘이로다
영생을 누리며 주 안에 살리라
오늘도 내일도 주 함께 살리라

4절
주 따라 가는 길 험하고 멀어도
찬송을 부르며 뒤따라 가리라
나 주를 모시고 영원히 살리라
날마다 섬기며 주 함께 살리라
영생을 누리며 주 안에 살리라
오늘도 내일도 주 함께 살리라

사랑하는 성도 여러분, 찬양은 정말 강력한 위로의 도구임이 분명합니다. 여러분도 오늘 말씀드린 찬양들을 잘 기억해 두셨다가 병상에 있을 때, 힘든 일이 있을 때, 큰 위로를 받으시길 바랍니다.

위로가 된 환경이 있었다!

저에게는 이번에 치료 환경도 참 위로가 되었습니다. 연세대 세브란스병원. 저를 치료해 주시는 의사 선생님들이 신앙이 참 좋으셨습니다. 제가 목사라는 것을 미리 여러 통로로 들으시고 환자보다는 목사로 대해주셨습니다. 참 위로가 되었습니다.

저의 뇌종양 수술을 하신 의사 선생님은 수술 후 오셔서 고개를 설레설레 흔들면서, "아주 힘든 수술이었습니다." 그러시면서, 그런데도 언어장애 없이 마비된 곳 없이 수술이 아주 잘 됐다고, 하도 많은 분들이 전화 주셔서 어떻게든 살려보려고 애를 썼다고, 목사님이니 설교는 하실 수 있게 해 드리려고, 책도 많이 쓰셨다고 들었는데 계속 쓰실 수 있게 해 드리려고, 아주 고민 많이 했다고. 참 위로가 되었습니다.

저의 폐를 치료하시는 의사 선생님은 지난번에도 갔더니, 어떻게 그 많은 환자들 틈에서 저를 기억하시는지, 하루에도 수백 명을 진료하시던데, 그래서 저도 보통 가면 30분 대기는 기본인데, 딱 알아보시는 거예요. "아직 설교 안 시작하셨어요?" "아, 교인들이 좀 쉬라고 배려해 주셔서요." "설교하셔도 될 것 같은데!" "그래도 교인들 배려가 감사해서요." "아, 참 좋은 교회네요." 그러시면서 따뜻하게 대해주셔요. 항암표적치료. 약값만 1억 2천만 원 정도. 78명 임상시험 대상자로 넣어 주셔서 그것도 참 위로가 되었습니다. 약 먹은 지 두 달이 지나 중간결과를 들으러 갔는데, 약이 잘 맞는 것 같다고, 암들이 두 개는 전혀 안 보이고 깨끗해졌다고, 남은 두 개도 거의 절반 이상 많이 줄어들었다고 하시더라구요. 그런 말도 참 위로가 되더라구요.

쓰러지기 며칠 전에, 한 영성지도 모임에서 우연히 줌으로 연세대 정신건강의학과 교수님을 만났는데, 병상에 있는 동안 여러 번 찾아오셔서 친절하게 경청해 주시고 의사와 간호사들에게 부탁해 주시고 많은 도움을 주셨어요. 제가 펴낸 영성지도 책을 다 읽으셨다고, 목사님 책들은 거의 교과서처럼 쓰이고 있다고, 그러시는 거예요. 의사분이 영성지도에 관심을 갖기가 쉽지 않은데, 그런 관심, 그런 치료 환경이 제가 심리적인 안정을 찾는 데 큰 위로가 되었습니다.

연세대학교 자체가 1885년 언더우드 선교사님이 세운 학교잖아요. 그래서 그런지 세브란스병원 1층에 선교역사관이 있더라구요. 거기 보니까, 연세대학교가 미국의 세브란스라는 분이 목적헌금을 하셔서 세워진 학교더라구요. 7명의 한국인 최초 의사가 그곳에서 배출이 되었구요.

그래서 세브란스병원 곳곳에 치유와 관련된 성경 구절이 새겨져 있었어요. 엘리베이터를 타면, 찬송이 흘러나와요. 매일 예배가 있어요.

초교파적으로 여러 교단에서 이사를 파송해서 공동 운영을 하고 있는데, 현재 원목실장님도 우리 한신대 목사님이시고, 원목실에도 우리 후배 목사님이 계셔요. 여러 번 제 병상에 찾아오셔서 기도를 해주시는데, 그 또한 큰 위로가 되더라구요.

간호사님도 아버지가 네팔 선교사로 가 계신다고 아주 명랑하게 쾌활하게 아침마다 다가오셔요. 우울할 때 그 간호사님의 아침 인사가 큰 위로가 되더라구요.

간호부장님도 매일 오셔서, "하도 조용히 계셔서 처음에는 목사님이신 줄 몰랐는데, 의사 선생님들이 다녀가시면서 말씀해 주셔서, 목사님이 쓰신 책들까지 인터넷에서 다 검색해 보았다고, 하실 일이 많으니 꼭 일어나셔야 한다고, 그렇게 친절을 베푸시는 거예요. 그 또한 큰 위로가 되더라구요.

치료 환경이 이렇게 중요하구나, 그것을 느낀 압권은 수술 대기실에 들어갔을 때, 천정에 큰 글씨로 쓰인 성경 구절이었어요.

"주께서 나와 함께하심이라"(시 23:4)

시편 23편 4절. 불안한 나에게 큰 위로가 되더라구요. 그리고 제가 기도로 수술을 시작해도 될까요 했더니, 놀랍게도 마취과 의사 선생님이 기도문을 꺼내더니 수술시작기도를 해주시는 거예요. 그런 치료 환경이 저에게는 큰 위로가 되었습니다.

사랑하는 형제자매 여러분, 제가 이번에 여러분에게서 받은 느낌은 한 마디로 이 사진이었습니다. 위로하는 손.

“목사님, 힘내세요.” “저희가 목사님 손 꼭 붙잡아 드릴게요.” 장로님, 안수집사님, 권사님, 집사님, 그리고 온 성도 여러분, 이번에 쓰러진 제 손을 꼬옥 붙잡아주셔서 너무너무 고마웠습니다. 여러분의 위로가 정말 큰 힘이 되었습니다. 우리 교회가 이렇게 좋은 교회구나, 여실히 느꼈습니다.

그런데 생각해 보면, 위로받고 싶은 사람이 어찌 저 혼자뿐이겠습니까? 사람들은 남녀노소 모두가 위로받고 싶어 합니다. 그런 의미에서, 우리 서로 옆사람에게 이렇게 인사합시다. “나도 위로받고 싶다!”

04
껄껄껄

"하나님은 이르시되 어리석은 자여 오늘 밤에 네 영혼을 도로 찾으리니 그러면 네 준비한 것이 누구의 것이 되겠느냐 하셨으니"(눅 12:20)

"담배 피우세요?" 이번에 제가 가본 충남대병원, 서울대병원, 연세대 세브란스병원, 3곳 다 첫 질문이 그거였습니다. "아니요, 저는 목사인데요." 그런데 3곳 다 의사 선생님들의 공통적인 말씀이, 담배 피우는 사람처럼 폐에 뭐가 보인다는 거예요. 기가 차더라고요. 목사가 어쩌다 이런 질문까지 받아야 하는가.

의사 선생님들 말씀은, 담배가 아니면 스트레스 때문이라는 겁니다. 스트레스를 받으면 두 가지 세포가 기능이 떨어진다는 것입니다. 첫째는, 면역세포. 스트레스를 받으면 면역세포가 약화되어 세포분열 때 일어나는 DNA의 돌연변이 암세포를 고치는 기능을 떨어뜨린다는 것. 둘째는, 요즘 많이 이야기하는 자연살상세포. NK(Natural Killer)세포를 번역한 말인데, 스트레스를 받으면 자연살상세포도 약화시켜서 암세포를 죽이는 기능도 떨어뜨린다는 것.

스트레스라! 내가 그렇게 피하고 싶었던 건데! 결국 스트레스 때문에 이 지경이 되고 말다니! 그때부터 필름이 돌아가듯 지난날 스트레스를 받았던 일들이 떠오르고, 아 그때 왜 그랬을까, 좀 더 좋은 방법은 없었을까, 후회가 물밀듯 밀려오기 시작했습니다.

그래서 핸드폰을 꺼내 들고 또 병상에서 메모를 휘갈기기 시작했습니다. 그 병상 메모 다섯 가지 가운데, 그래서 오늘은 그 네 번째로 제가 이번에 병상에서 가장 후회했던 것들, 특히 3가지 후회를 성경에 근거해서 살펴보고자 합니다. 부디 주님의 음성으로 들어 주시기 바랍니다.

좀 더 웃을껄!

저는 어려서부터 신중하다는 말을 많이 들었습니다. 목사님도 전도사님도 안 계신 시골교회에서 중학교 2학년 때부터 <기독교교육>, <참벗> 같은 잡지 별책부록에 있는 설교들을 달달 외워 어린이부 설교도 하고, 형 누나들 앞에서 중고등부 설교도 하였습니다. 장로님과 어르신들은 장래 목사님이라고 머리를 쓰다듬어 주시면 아낌없이 칭찬해 주셨습니다. 그게 어른스럽다, 진중하다는 뜻에서 좋은 의미라고 받아들였습니다. 그러나 다른 한편으로 보면, 어려서부터 그런 중책을 감당하느라 모든 것이 너무 예민하다, 너무 심각하다는 말도 되더라구요. 경직된 자세, 무표정한 얼굴, 그래서 가만있으면 화난 얼굴 같다는 소리도 들었습니다. 얼굴 좀 피라는 소리도 많이 들었습니다. 거기다 군목으로 24년을 섬기면서, 특히 자살충동 병사들을 부대에서 보내오면 매달 3박4일씩 데리고 제가 책임을 지고 돌보다 보니, 늘 사고에 대한 불안, 잘 잤는지, 밥은 먹었는지, 늘 긴장하고 늘 이중삼중으로 체크하고 그랬던 것 같습니다.

그런데 지난 3년, 코로나로 모든 것이 더 예민해졌습니다. 매주매주 어떻게 해야 교인들을 이 코로나의 산에서 안전하게 모시고 내려갈 수 있을까, 이번 주는 또 어떻게 대처해야 할까, 민감해질 수밖에 없었습니다.

여러분도 잘 아시듯이, 저의 완벽주의도 한몫한 것 같습니다. 이 교회, 어차피 마지막은 내가 다 책임져야 한다는 생각. 염려, 근심, 걱정, 불안. 의심과 불신. 교인들을 못 보니, 온라인으로라도 해야겠다. 주일낮설교, 주일오후찬양예배, 수요성경공부, 금요치유기도회, 새벽기도회, 줌성경공부, 줌선한목자행복플러스, 유튜브로 신구약 1189장을 직접 우리가 읽어가는 성경통독. 다른 교회는 60퍼센트밖에 안 나온다는데, 우리도 교인들이 안 떨어져 나가려면 유튜브로라도 매시간 담임목사 얼굴을 보여드려야 한다는 생각, 그래서 거의 모든 설교를 제가 다 했습니다. 담임목사로서 뭐라도 해야 한다는 강박관념. 그래서 하루도 못 쉬었습니다. 휴가도 한번 못 갔습니다. 너무너무 피곤했습니다. 교인들을 코로나로 한 명도 안 잃어야 한다는 생각에 모든 것을 참아야 했습니다.

어느 날, 어떤 장로님이 그러시더라구요. "목사님 혼자 용쓰는 모습이 너무 안쓰러워요."

"너희 염려를 다 주께 맡기라 이는 그가 너희를 돌보심이라"(벧전 5:7)

주님은 코로나 이 모든 염려를 다 맡기라고 하시는데, 생각해 보니, 제가 어느 순간부터 주님께도 못 맡기고 있는 거예요. 말로만 맡긴다고 하지, 실제로는 저분께 맡겨서 될 일인가, 저분이 코로나를 겪어보신 것도 아닐 테고, 그런 생각을 하고 있더라구요. 참 어이가 없었습니다.

주님께 못 맡기니, 목회의 짐이 너무나 버거웠습니다. 특히 갈등 상황이 생기면 어쩔 줄 몰랐습니다. 사탄이 그걸 노린 것 같아요. 거기서 오는 스트레스. 교회는 스트레스에 찌든 사람들이 모여드는 곳인데! 주님한테 밖에 풀 길이 없어서, 주님을 대신한 담임목사한테 그 스트레스를 하소연하러 오시는 분들인데! 왜 그분들을, 영안을 뜨고 보지 못했을까. 왜 갈등 자체에만 끙끙거리며 그 많은 밤을 나는 혼자 괴로워했던가. 왜 나는 그 많은 스트레스를 먹고 말았을까.

스트레스는 만병의 근원. 암도 결국 스트레스의 결과. 스트레스 설교도 많이 했지만, 내가 그 스트레스로 쓰러질 줄은 몰랐습니다. 너무너무 후회가 되었습니다. 스트레스 없는 목회. 좀 더 웃으면서 목회할 수는 없을까? 그런 의미에서 이번에 제가 병상에서 주목한 분이 있습니다. 노먼 커즌스(Norman Cousins, 1915~1990).

1912년 미국 뉴저지에서 태어나, 컬럼비아대학교를 졸업한 뒤, <뉴욕 이브닝 포스트>지 기자로 사회활동을 시작했습니다. 1940년 <토요 리뷰>지로 자리를 옮겨, 1972년까지 30년 이상 편집장과 발행인을 역임했습니다. 또한 캘리포니아대학교 의학부 대뇌연구소 교수로서 의료 저널리즘을 강의하기도 했습니다.

그런데 1964년 8월, 50대 초반, 러시아를 여행하고 집으로 돌아왔는데, 미열이 나고 몸살기가 돌았습니다. 일주일이 지나자, 목, 팔, 손, 손가락, 다리도 움직일 수 없는 지경에 이르렀고, 적혈구 침강 속도가 80을 넘었습니다. 보통 감기 같은 질병은 30-40 정도인데, 몇 주 지나지 않아 적혈구 침강 속도가 150을 넘기자, 중병에 든 것을 알게 되었습니다.

그가 받아 든 병명은 콜라젠과 강직성 척추염이라는 것이었습니다. 콜라젠이란 조직과 조직을 이어주는 섬유질을 말하는데, 노먼 커즌스의 몸은 여러 조직이 하나로 연결되지 않고 제각기 떨어져 있는 상태라는 의미였습니다. 손발을 움직일 수도 없었기 때문에, 침대에서 돌아누울 수조차 없었습니다. 강직성 척추염이란 척추의 결합조직이 붕괴되는 병이었습니다. 류마티스 관절염의 일종으로, 뼈와 뼈 사이에 염증이 생겨, 몸이 시멘트처럼 굳어져서 죽는 병이었습니다. 완치율이 0.2%, 치명적인 병이었습니다. 의사는 노먼 커즌스가 미국 대표로 러시아를 친선 방문하면서 디젤차 연기를 너무 많이 마셨기 때문에, 중금속에 오염되어 강직성 척추염이 생긴 것이라고 보았습니다. 당시 의학 기술로는 어찌할 방도가 없었고, 독한 항생제와 진통제로 하루하루를 버티고 있을 뿐이었습니다. 그런데 그런 약품이 콜라젠 환자에게는 오히려 더 해로운 것이었습니다. 그는 사랑하는 아내 엘렌과 네 딸을 두고 죽는다고 생각하니 억울해서 미칠 것만 같았습니다.

그런데 불행 중 다행으로, 노먼 커즌스는 잡지의 기자로, 편집장으로 일한 덕분에 의학 분야에 관해서도 해박한 지식을 가지고 있었습니다. 불치병이라는 진단을 받고 나름대로 그것을 이겨내기 위해 추론을 시작합니다. 내분비계, 특히 부신의 기능을 온전히 회복하는 것이 중증 관절염과 싸우는 데 반드시 갖춰져야 할 전제조건이라고 결론을 내리게 됩니다.

여기서 그의 추리는 더욱 진전하는데, 문제는 어떻게 부신을 활성화할 수 있느냐, 내분비계를 활성화할 수 있느냐였습니다. 생각이 여기에 미칠 그즈음, 자신의 서재에서 책 한 권을 보게 됩니다. <삶의 스트레스>(Stress of the Life). 1954년에 몬트리올 대학교 한스 셀리(Hans Selye) 박사가 쓴 책이었습니다. 그 책을 보고, 두 가지를 깨닫게 됩니다.

첫째, 자신이 먹고 있는 약, 하루에 아스피린 26알과 페닐부타존 12알, 한마디로 진통제에 절어 살고 있었는데, 문제는 이런 약으로는 부신의 기능 회복을 기대하기 어렵다는 것. 자신의 추론을 주치의 윌리엄 히티그(William Hitig) 박사와 의논하자, 그 역시 노먼의 생각을 지지해 주었습니다. 그래서 약을 단호히 끊을 것을 결심합니다.

둘째, 삶의 스트레스는 욕구불만, 억압된 분노, 불쾌하고 부정적인 정서와 관련이 깊은데, 이런 스트레스들이 육체에 화학적인 변화를 일으켜 부신호르몬을 마르게 한다는 것. 그렇다면 이런 스트레스들이 육체에 병을 가져온다면, 반대로 웃음이나 믿음, 희망, 사랑 같은 삶의 긍정적인 것들은 병을 고칠 수도 있지 않을까? 몇 년 전, 아프리카 람바레네에서 알버트 슈바이처 박사를 만났는데, 그가 들려주었던 웃음의 신비 효과에 관해서도 생각하게 되었습니다. 그런데, 믿음, 희망, 사랑 같은 긍정적인 것들은 의지적으로 결심할 수 있지만, 어떻게 이런 상황에서도 웃을 수 있단 말인가, 그것이 문제였습니다.

그러다 그 책 속에 있던 구약성경 한 구절에 무릎을 치게 됩니다.

> "마음의 즐거움은 양약이라도 심령의 근심은 뼈를 마르게 하느니라"(잠 17:22)

'마음의 즐거움은 양약이다!'(Merry heart is good medicine). 그렇다! 마음의 즐거움! 이게 가장 좋은 약이구나! 이거다! 나도 오늘부터 즐겁게 살아야지! 그러면 오늘부터 웃어야지! 이와 같은 결론에 도달하자, 이제 실천에 옮기는 일만 남았습니다.

우선, 웃기는 영화를 보기로 했습니다. 익살스럽게 엉뚱한 사람을 속이고 당황하게 만드는 코미디물 <몰래카메라>의 프로듀서 알렌 펀트가 자신의 대표작에서 선별한 영화필름과 영사기를 보내 주었습니다. 창에 블라인드를 내리고 영화를 보았습니다. 진통제와 수면제 없이는 잠을 잘 수 없었던 그가, 코미디물을 보면서 10분 정도 깔깔깔 배꼽 잡고 웃고 나자, 적어도 2시간은 아픔을 느끼지 않고 잠들 수 있었습니다. 웃음의 진통 효과가 없어질 때쯤 되면 다시 영사기를 돌렸습니다. 그러면 또 잠시 아픔을 잊을 수 있었습니다.

뿐만 아니라, 간호사에게 부탁해 여기저기서 모아 온 유머책을 좀 읽어 달라고 했습니다. 그 가운데서 특히 E. B. & 케서린 화이트의 <미국의 유머 금고>와 막스 이스트맨의 <웃음의 즐거움>이라는 책이 특히 좋았습니다.

이런 식으로 웃기는 영화를 보고 웃기는 유머를 듣고, 몇 시간 지난 뒤 적혈구 침강 속도를 측정해 보았습니다. 적어도 5 정도가 낮아졌습니다. 한 번의 수치로는 큰 의미가 없지만, 이것이 누적된다면 이야기는 달라진다! 노먼 커즌스는 웃음의 치유력을 마침내 확신하게 됩니다. 그리고 마음껏 웃기 위해서 아예 퇴원하고 호텔 방에 들어가 깔깔깔 웃고 즐거워합니다.

자신의 정서에 부정적인 것, 비극적인 것, 폭력적인 것은 피했습니다. 긍정적인 것, 희망적인 것, 창조적인 것들을 보고 읽었습니다. 가족과 친구, 의사들에게도 자신에게 부정적이거나 비극적인 말을 하지 말도록 부탁하였습니다. 그의 병실은 언제나 즐겁고 경쾌한 음악이 흘렀고, 긍정적이고 희망적이고 창조적인 책들로 가득했습니다.

자신의 질병 치료를 그냥 지켜보지 않고, 스스로 질병을 해부하며 적극적인 치병 생활을 했습니다. 의사에게 자문을 구하고 의학서적과 저널을 읽어갔습니다. 깨우친 대로 유해한 스트레스를 피해 갔습니다. 여기에 비타민C를 주사하는 방법도 병행했는데, 일종의 플라시보 효과였을 것이라고 나중에 생각했습니다.

8주가 지났습니다. 놀랍게도, 손가락 하나를 움직일 수 있었습니다. "여보, 여보, 이게 웬일이에요? 당신 손가락이 펴지다니 이게 웬일이에요?" 아내와 아이들이 감격해서 울었습니다. 적혈구 침강 속도가 80을 고비로 점점 내려가기 시작했습니다. 몇 개월이 지나자, 목을 4분의 1쯤 돌릴 수 있었습니다. 그리고 1년 뒤, 기적처럼 콜라젠과 강직성 척추염에서 완치되었습니다.

웃음으로 치료된 그는, 너무 신기해서 하버드대학교와 스탠포

드대학교를 찾아가, 자신이 체험한 것을 이야기했습니다. 그의 소리를 들은 의과대학 교수들은 처음에는 비웃었습니다. 하지만 끈질긴 설득으로 그 대학들도 웃음 연구에 착수했습니다. 의학이 설명하지 못하는 신비의 치유력이 하나님이 주신 웃음 속에 깃들어 있음을 발견하게 되었습니다.

그는 <토요 리뷰>지 편집장을 그만두고, 웃음과 질병 간의 연구에 몰입합니다. 마침내, 의과대학을 정식으로 다닌 사람이 아닌데도, 업적을 인정받아 UCLA 의과대학 초빙교수가 됩니다. 말년의 12년 동안, 하나님이 주신 웃음의 신비에 대해 강의를 합니다. 웃음학의 아버지로 불리게 됩니다.

40주 이상이나 <뉴욕 타임스> 베스트셀러 목록에 오른 <질병의 해부>(Anatomy of an Illness)라는 책도 썼습니다. 우리말로는 <웃음의 치유력>이라고 번역이 되어 있더라구요. 그 책 속에 다음과 같은 말이 있습니다. '웃음은 방탄조끼다!' 웃는 사람에게는 어떠한 병균도 쉽게 들어올 수 없다는 말이었습니다. 그는 말합니다. '웃음은 마음의 조깅이다!' '웃음은 최고의 명약이다!' '웃음은 내면세계의 깊숙한 마사지다!' '질병은 심각할수록 영성적이고 감성적이고 지성적이고 육체적인 자원을 전인적으로 총동원해서 맞서 싸워야 한다.' '우리 몸에는 하나님이 주신 완벽한 약국이 있다.' 그는 말합니다. '웃음엔 마약성 진통제인 몰핀의 200배 이상 효과가 있는 엔돌핀이 나온다.' 또 말합니다. '혼자 웃을 때보다 함께 웃으면 33배 효과가 있다.' 그래서 노먼 커즌스는 가족들을 병원으로 불러 코미디물을 보면서 함께 박장대소 웃었습니다. 호텔 방으로 병실을 옮긴 뒤에는, 많은 친구들을 호텔

방으로 불러 함께 코미디 영화를 보면서 깔깔깔 마음껏 웃었습니다.

그는 자기 경험에서 두 가지를 배웠다고 고백했습니다. 첫째, 인간 몸 자체에 재생력이 막대하다는 것. 둘째, 병에 걸렸을 때 태도가 병을 호전시키거나 악화시키는 데 큰 영향을 미친다는 것.

놀랍게도, 의사도 포기했던 그의 난치병이 완치되었습니다. 500명 중 한 명 낫는다는 희귀한 병에서, 마침내, 살아나게 되었습니다. 완치될 때까지 많은 고통과 치유의 과정이 있었지만, 통증 없이 테니스와 골프와 승마를 즐길 수 있었습니다. 손을 떨지 않고 카메라 셔터를 누를 수 있게 되었습니다. 의사들이 진단한 것보다 수십 년을 더 살고, 1990년 78세로 하나님 품으로 돌아가기 전, 슈바이처 상도 받았습니다.

그분 때문에 '웃음치료'라는 단어가 생겨났습니다. 서울대병원에도 2014년부터 웃음치료 전담간호사가 생겼습니다. 암을 고치는 게 면역세포고, 암을 죽이는 게 자연살상세포인데, 이것들을 활성화시키는 게 웃음이라는 것. 많은 사람들이 이 말에 고개를 끄덕이고 있습니다.

저는 병상에서 이 노먼 커즌스를 떠올렸습니다. 사실 노먼 커즌스 이야기는 신학교 때 목회상담 시간에 정태기 총장님에게서 처음으로 들었던 기억이 났습니다. 그래서 정태기 총장님께 전화를 드렸습니다. "총장님, 저도 노먼 커즌스처럼 될 수 없을까요?" 정태기 총장님은 여러 번 전화로 격려해 주셨습니다. "신 목사는 이제 한국의 노먼 커즌스가 되어라. 그렇게 해주시라고 기도하고 있다. 신 목사는 할 수 있다. 신 목사처럼 다 준비가 되어 있는 사람이 세상에 얼마나 되겠냐?” 그 격려 말씀에 작은 용기가 생겼습니다. 그래, 내가 일어서서 병원을 나가게 되면, 이제부터는 웃음목회를 하겠다! 웃어야 웃을 일이 생긴다! 행복해서 웃는 게 아니라 웃으니까 행복해지더라! 그것을 몸소 보여 주자. 그때부터 유퀴즈를 보기 시작했습니다. 전부 다운받아 다 봤습니다. 병상에서 깔깔깔 웃었습니다. 웃음 속에 감동도 몰려왔습니다.

여러분, 질병이 가장 무서워하는 소리가 뭔지 아십니까? 웃음소리! 이 웃음소리는 바로 하나님께서 주신 선물입니다.

예레미야서에 보면, 이런 말씀이 나옵니다.

“내 백성이 슬픔을 잊고 다시 웃으며 감사의 찬미를 부르도록 하겠다. 내 백성이 다시 번창하여 더 이상 그들의 수가 줄어들지 않도록 하겠다. 이 세상에서 더 이상 아무도 멸시할 수 없도록 내가 그들을 지극히 영예스럽게 높여 주겠다.”(렘 30:19, 현대어)

다시 웃을 날을 주시겠다. 아멘! 아멘! 주님, 그렇게 해주세요! 또 욥기에도, 이런 말씀이 나옵니다.

“그분께서는 자네에게 함박웃음을 짓게 하실걸세. 다시 큰소리로 웃을 수 있게 하실걸세.”(욥 8:21, 현대어)

다시 큰 소리로 웃을 수 있게 해주신다. 아멘! 아멘! 우리 하나님, 기대합니다. 다시 큰소리로 웃을 그날을!

이렇게나 좋은 하나님의 선물, 웃음. 아이들은 하루에 300번 이상 웃습니다. 어른들은 6번밖에 안 웃습니다. 웃음은 유효기간이 없는 최고의 치료약입니다.

엘리자베스 퀴블러 로스가 <인생수업>이라는 책에서 죽음을 앞둔 사람들이 가장 후회하는 것을 뭐라고 했는지 아십니까? 삶을 그렇게 심각하게 살지 말았어야 했다! 이번에 죽음의 문턱까지 가보니, 정말 공감이 되는 말이더라구요. 현복아, 너도 삶을 그렇게 심각하게 살지 말았어야 했다!

그런데 여러분, 아세요? 하나님이 우리에게 주신 선물 가운데, 웃음보다 6배나 더 귀한 선물이 있다는 것? 뭘까요? 맞습니다. 울음입니다. 감사하며 감동하며 감탄하며 감격하며 우는 울음은, 웃음보다 6배나 더 효과가 있다고, 정신건강의학자이자 뇌과학자인 이시형 박사는 말합니다.

주님께서는 이미 진작부터 울음의 가치를 강조하고 계셨어요.

"즐거워하는 자들과 함께 즐거워하고 우는 자들과 함께 울라"(롬 12:15)

생각해 보니, 감동적인 장면에 울어본 적이 오래되셨죠? 저는 병상에서 하나님이 울음을 주신 것 같아요. 누가 뭔 말만 해도 울음이 나와요. 그냥 울기로 했습니다. 감출 것 없이. 이제부터는 울음목회도 해야겠다, 그렇게 마음먹었습니다.

울음은 감사 감동 감탄 감격에서 나오는 법. 그래서 묵상집도 이제부터는 글씨보다 사진을 많이 넣기로 했어요. 빼곡한 글보다 여백의 감동을 드리고 싶어요.

사랑하는 성도 여러분, 우리 그렇게 실컷 웃고, 실컷 울고, 우리 그렇게 후회 없는 삶을 살아봄이 어떠신지요?

좀 더 표현할껄!

아내가 장모님 닮아서 음식을 잘합니다. 손도 크구요. 그래서 신혼 때부터 아내가 해주는 건 뭐든지 잘 먹었습니다. 아내는 그렇게 알고 있었습니다. 그런데 수술 후 이상하게 음식 냄새가 싫은 거예요. 뭘 먹어도 똑같은 걸 한 끼 이상을 못 먹겠는 거예요. 아내에게, 나 못 먹겠다, 했더니, 눈을 동그랗게 뜨고 놀라는 거예요. 제가 그런 말을 해 본 적이 없거든요. 아내에게 미안하더라구요. "여보, 내가 이런 식으로 표현해서 미안해. 그런데 안 먹혀. 어쩌냐?" 그랬더니, 아내가 참 지혜로워요. "당신이 그동안 표현 못 해서 그 스트레스로 암이 생겼다고 의사들이 말하잖아요. 여보, 이제 뭐든지 표현하세요. 싫으면 싫다고 이제는 말하세요." "그러면 싸움이 되는데?" 그랬더니 아내가 참 현명해요. 미리 물어보는 것. "여보, 뭐 먹고 싶어요?" 수술 직후 제 입맛이 까다로워졌다는 것을 알고 방식을 바꾸는 거예요. "응, 나 보리굴비 좀 먹고 싶다." 임신한 것처럼 생전 안 먹던 보리굴비 타령을 했더니, 그걸 인터넷으로 주문해 주는 거예요. 너무 맛있게 잘 먹었어요. 그랬더니 차려주는 아내도, 먹는 나도, 서로 속상할 일도, 싸울 일도 없는 거예요. 아, 진즉 표현하고 살껄!

저는 어려서부터 착하다는 말을 많이 들어왔어요. 근데 그게 병이었더라구요. 착한 병. 사람들한테 착하다는 소리를 들으니 NO를 못해요. 그러면 사람들이 실망할까 봐. 내 거절에 상처받을까봐. 미움받을 용기가 없었더라구요. 그러니 속으로 곪아요. 그러다한 번씩 욱하고 올라와요. 분노. 미움. 억울. 눈치. 그게 다 스트레스가 되었던 것 같아요. 그 스트레스가 다 암이 되었던 것 같아요. 억누르며 산 게 후회스럽습니다. 착한 병.

그런데, 세상일이라는 게, 그렇다고, 다 표현하면서 살 수도 없는일 아닙니까?

"말은 아무리 많아도 충분히 표현하기에는 부족하고 어느 누구도 할 말을 다 할 수가 없다. 눈은 아무리 많은 것을 보아도만족하지 못하며 귀는 아무리 많은 것을 들어도 후련하지가않다."(전 1:8, 현대어)

그렇다면, 우리는 이제 어떻게 해야 할까요? 아니, 저는 이제 어떻게 해야 한단 말입니까?

"다만 너희는 '예, 하겠습니다' 또는 '아니오, 하지 않겠습니다'라고만 하라. 그것으로 충분하다. 그 이상 다른 말을 하는것은 잘못이다."(마 5:37, 현대어)

"사랑하는 형제들이여, 무엇보다도 명심할 일은 맹세하지 말라는 것입니다. 하늘이나 땅이나 그밖에 어느 것을 두고도 맹세하지 마십시오. 다만 단순하게 '예'와 '아니오'만을 분명히 하십시오. 그래야 죄를 범하지도 않고 정죄를 받지도 않게 될 것입니다."(약 5:12, 현대어)

예와 아니오만 분명히 하라. 그밖에 다른 말들을 너무 많이 내뱉으면 싸움이 된다. 예 할 것은 예, 아니오 할 것은 아니오, 삶의 건강한 울타리를 치라는 말씀입니다. 다른 사람들이 내 경계선을 함부로 침범하지 못하도록 예와 아니오를 분명히 하는 게 훨씬 더 지혜롭다는 것. 그것이 상대방에게도 결국은 도움이 된다는 것.

그래서 이제는 조금씩 표현을 하면서 살려고 합니다. 여러분이 좀 당황하실 수도 있습니다. 거절 표현을 잘 안 해봐서 제 미숙한 거절 표현이 좀 상처가 되실 수도 있습니다. 지금 제 상태를 정확히 말씀드리면, 4살짜리 아기입니다. 언어장애는 없으나 심리적으로 4살 아기가 되어버린 나. 죽었다가 살아났으니 좀 더 세상에 초연하거나 영성도 더 거룩해질 줄 알았는데, 오히려 더 예민해져 버린 나. 스트레스를 조금만 받아도 제어가 안 됩니다. 저도 당혹스럽습니다. 부끄럽습니다. 과연 좋아질까? 과연 앞으로 목회가 가능할까? 과연 교인들이 이해해 주고 도와주실까? 여러분, 어떻게 하시겠습니까? 좀 이해를 해주실 수 있겠습니까? 큰 수술을 받아보신 분은 제 말뜻을 공감하실 것입니다.

"이후로는 누구든지 나를 괴롭게 하지 말라 내가 내 몸에 예수의 흔적을 지니고 있노라"(갈 6:17)

이것은 사도 바울의 절절한 호소입니다. 누구든지 나를 괴롭게 하지 말라. 괴롭게 한다는 것은 스트레스를 준다는 것 아니겠습니까? 내 몸에 예수의 흔적을 지니고 있다. 내가 예수 그리스도의 노예이지 너희들 노예는 아니지 않느냐. 그런 뜻입니다. 그러니 나한테 스트레스 좀 주지 마라. 나도 죽겠다. 사도 바울이 갈라디아교회 담임목사로서 얼마나 스트레스가 많았는지 이해가 되는 대목입니다.

사도 바울뿐이겠습니까? 저 위대한 사도 바울도 목회 스트레스가 그렇게 많았다면, 여러모로 부족한 저는 오죽하겠습니까?

430명 생각이 다 다릅니다. 목회에 힘을 모아주십시오. 안 그러면 배가 산으로 갑니다. 이단, 삼단, 사단의 먹잇감이 되고 맙니다. 세상 버릇, 교회 안에서 주장하는 자세, 버리십시오. 볼썽사납습니다. 예수님이 슬퍼하십니다. 주님 보시기에 여기 앉아 있는 우리 모두는 다 환자입니다. 암 환자만 환자가 아닙니다. 여러분을 속속 들여다보면, 가정마다 직장마다 관계마다, 육신마다 마음마다 영혼마다, 다 곪아있고 터져있고 부러져있고. 다 붕대가 필요한, 치유가 필요한 환자들입니다. 누가 나을 것도 없습니다. 우리는 다 죄인들입니다. 그래서 예수님이 필요합니다. 그래서 우리는 서로 예수 안에서 이해가 필요합니다.

사랑하는 성도 여러분, 저도 마찬가지입니다. 여전히 표현이 미숙합니다. 그래도 이제는 좀 표현을 하면서 살려고 합니다. 그래서 여러분의 도움이 좀 절실합니다. 저도 이제는 살아야겠습니다.

좀 더 준비할껄!

서울대병원으로 출발하기 전, 대전 집에서 가족들을 앉혀 놓고 마지막일지도 모를 유언을 했습니다. "형아, 아빠가 더 살갑게 못 대해줘서 미안하다. 부디 기독교 명문가문을 이어가다오. 엄마를 잘 부탁한다." "명아, 너 자리 잡는 것 보고 싶었는데, 어서 자리도 잡고 결혼도 해라. 아빠가 하늘에서도 응원할게." "여보, 그동안 강원도부터 경기도 충청도 경상도 전라도까지 전후방 13개 교회, 고생시켜서 미안했어요. 항상 웃어줘서 정말 고마웠어요. 아이들을 부탁해요."

이렇게 죽음을 맞이하게 되다니! 너무 슬펐어요. 너무나 갑자기 들이닥친 죽음의 그림자. 왜 미리 준비하지 못했을까. "내 어영부영하다 이럴 줄 알았다!" 조지 버나드 쇼의 묘비명처럼, 너무 당혹스러웠습니다.

> "하나님은 이르시되 어리석은 자여 오늘 밤에 네 영혼을 도로 찾으리니 그러면 네 준비한 것이 누구의 것이 되겠느냐 하셨으니"(눅 12:20)

여기서 이 어리석은 자가 준비한 것은 재산입니다. 오늘 밤에 하나님이 부르시면 그 많은 재산이 다 무슨 소용이 있겠느냐, 재산만 준비해 가지고는 안 된다, 더더더 중요한 것을 준비해야 한다, 그것이 바로 네 죽음을 준비하는 것이다, 그런 말씀입니다.

연세대 세브란스병원에서 긴급수술을 끝내고 어느 날 밤, 아내의 말, "여보, 저기 달이 떴네." 아, 창문 밖 저 달을 조금만 더 볼 수 있게 해달라고 기도했는데! 병상에 누워 밤새워 뒤척였습니다. 기적이었습니다. 4주밖에 못 산다고 했는데, 이렇게 살아나다니! 눈물이 하염없이 흘렀습니다.

정말 감사했습니다. 내가 이렇게 준비 없이 죽음을 맞을 뻔했는데, 이제 조금 더 생명을 연장시켜 주셨으니, 행복한 죽음, 이제부터라도 잘 준비하자, 그래서 언제든 부르시면 본향으로 천국으로 돌아갈 준비를 제대로 하자. 그 시간을 조금 더 번 것이 너무나 감사했습니다.

"귀천"
(천상병)

나 하늘로 돌아가리라.
새벽빛 와 닿으면 스러지는
이슬 더불어 손에 손을 잡고,

나 하늘로 돌아가리라
노을빛 함께 단둘이서
기슭에서 놀다가 구름 손짓하면은,
나 하늘로 돌아가리라.
아름다운 이 세상 소풍 끝내는 날,
가서, 아름다웠더라고 말하리라.

천상병 시인의 귀천처럼, 이번에는 당황하지 않고 차근차근 잘 준비된 죽음, 해피엔딩이 되도록 해야지. 이것이 비단 저의 준비만 이겠습니까? 여러분도 당혹스러운 죽음이 아니라, 잘 준비된 죽음, 행복한 죽음, 아 신나고 아 즐거워, 콧노래 부르며 천국으로 이사 가는 날, 영원한 생명의 나라로 쏙 빨려 들어가는 신비한 시간이동, 짜잔 공간이동이 되어야 하지 않겠습니까? 그러려면 지금 우리는 어떻게 내 죽음을 준비해야 할까요?

3가지 후회. 좀 더 웃을걸! 좀 더 표현할걸! 좀 더 준비할걸! 소리 나는 대로 모아보니, '껄껄껄'입니다.

"한번 잘못된 일은 마치 흘러가 버린 강물처럼 되돌릴 수가 없다. 과거에 잘했더라면 좋았을 것을 하고 후회해 봐도 소용이 없다."(전 1:15, 현대어)

그렇습니다. 사랑하는 성도 여러분, 이제 와서 '껄껄껄' 후회해 봐야 무슨 소용이 있겠습니까? 그러나 반면교사라는 게 있잖습니까. 여러분이 저를 보고 반면교사를 삼을 수 있다면, 그래서 조금이라도 덜 후회할 수 있다면, 그래서 조금이라도 '껄껄껄'보다 '깔깔깔' 할 수 있다면, 그 또한 의미가 있지 않겠습니까.

05
이제 남은 삶, 어떻게 살 것인가?

"형제들아 나는 아직 내가 잡은 줄로 여기지 아니하고 오직 한 일 즉 뒤에 있는 것은 잊어버리고 앞에 있는 것을 잡으려고 푯대를 향하여 그리스도 예수 안에서 하나님이 위에서 부르신 부름의 상을 위하여 달려가노라"(빌 3:13-14)

땅끝 산속에 조그만 판자 교회. 이름은 온천교회. 목사님도 전도사님도 모실 형편이 안 되고, 설사 모시려고 해도 아무도 안 오시는 그런 시골교회. 헌금 시간에 동전이 떼구루루 굴러서 판자 구멍으로 빠져버리던 그런 교회.

저는 당시 중학교 2학년. 어느 날, 주일학교를 섬기시던 한송희 선생님이 갑자기 저를 아이들 앞으로 나오라고 하시더니 제 손을 잡고 막 울면서 기도하시는 거예요. "하나님, 저 이번 주 시집가요. 이제 다음 주부터는 저 대신 현복이가 설교를 맡게 해주세요." 얼떨결에 주일학교를 맡게 되었습니다. 땅끝에서, 그것도 산속에 사는, 그것도 중학생이, 뭘 알겠어요.

흰 구름 뭉게뭉게 피는 하늘에! 그곳에도 손꼽아 기다리던 여름성경학교가 다가왔어요. 그런데 어떻게 아셨는지, 도시에서 신학교를 다니는 전도사님이 도시에서 섬기던 교회 여름성경학교를 마치고, 그 소품을 그대로 가지고 저희 시골교회로 오시겠다는 거예요. 이름하여, 자비량 땅끝선교.

너무나 들뜬 나머지, 한 한 달은 교회에서 살면서 있는 대로 덕지덕지 매직 글씨로 도배를 하면서 여름성경학교를 준비했던 것 같습니다.

마침내 그분이 오셨습니다. 이게 제가 만든 휘황찬란한, 지금 보면 우스꽝스럽기 그지없는, 환영예식이에요. 이번에 설교 준비하다 그 사진을 찾았어요. 지금 보니, 전도사님 머리통 위에다, 회개하라 천국이 가까웠느니라, 써 놓았더라구요. 김광문 전도사님. 근데도 마냥 기특하게 여겨주셨어요. 성경학교 기간, 그 전도사님의 설교 말씀 한마디 한마디가 얼마나 멋있고 신기했는지 모릅니다.

아무것도 모르고 주일학교 설교를 흉내 내던 저에게 많은 것을 전수해 주셨어요. 지금도 기억나는 것은, 전도사님 당신이 성경학교를 신나게 하고 가버리면 이번에 새로 나온 아이들도 이제는 재미없다 하고 다 떠나버린다면서, 그분은 설교하는 법, 새 노래 가르치는 법, 궤도 그리는 법, 소창 레크리에이션 진행하는 법, 동화 구연하는 법을 일일이 가르쳐 주시고, 실제 진행을 저에게 다 해 보라고 하셨어요. 자신이 서울로 떠나버린 다음에도 진행해야 할 사람은 전데, 제가 바보가 되지 않도록 일일이 또 해 보고 또 해 보라고 하시면서 많은 것을 알려 주셨어요. 그리고 막 칭찬을 해 주셨어요. 참 올바른 교육법이셨던 것 같아요. 그때 저는 장래 목회자의 길로 부르시는 하나님의 소명을 아주 구체적으로, 아주 강렬하게 느꼈습니다.

그땐 성경학교가 유일한 축제였어요. 월요일부터 금요일까지 길게도 했어요. 그래도 지루할 틈이 없었어요. 분반 공부는 뒷산 묘지 풀밭에서 했어요. 참 아름다운 추억이에요. 점심을 먹고 아이들이 다 가고 나면, 매일 오후마다 전도사님과 많은 대화를 나누었습니다. 주일학교 운영을 궁금해하던 저에게는 황금 같은 시간이었어요. 너무너무 고개가 끄덕여졌어요.

하루는, 성경학교를 마치고 오후에 산속을 걸어 산책을 나가자 하시는 거예요. 그런데 그때 전도사님을 따라 땅끝선교를 같이 오신 주옥경 선생님이라는 분이 계셨는데, 시골 공기가 너무 좋다고 막 흥얼거리시는 거예요. 무슨 노래 같았어요. 그러고는 앞으로 주일학교에서 써먹으라고 저에게도 가르쳐 주시는 거예요. 전도사님도 선생님도 저도 모두 함께 부르며 길을 갔어요. 너무나 아름다운 선율이었어요. 마치 천사들이 가르쳐주시는 것 같았어요. 지금도 잊혀지지 않아요.

"노래하는 순례자"
(존 피터슨 작사/작곡)

하늘의 곡조 울리니
내 마음 기쁘도다
아름다운 멜로디로
날마다 주 찬양해
노래하는 순례자
구주의 손 잡고

약속의 땅 찾아서
길 가는 순례자

그 숲속 산책길에서 그분들이 가르쳐 주신 노래. 나중에 보니 <노래하는 순례자>라는 찬양이었어요. 노래하는 순례자 구주의 손 잡고 약속의 땅 찾아서 길 가는 순례자. 그렇습니다. 우리는 모두가 약속의 땅 천국을 찾아서 길 가는 순례자들입니다. 그날 그 산책길에서 그분들과 함께 노래하며 걸었던 것처럼, 우리는 모두 길 가는 순례자들입니다.

그날 이후, 저는 그 전도사님처럼, 그 선생님들처럼, 한 가지 아름다운 꿈을 구체적으로 품기 시작했습니다. 주님, 나도 저분들처럼 땅끝까지 이르러 주님의 복음을 전하는 목회자가 되고 싶습니다! 그래, 네가 그 일을 해다오! 그 순간이 주님께서 저를 구체적으로 부르시는 소명의 순간이었습니다. 내가 너를 써야겠다! 우리 나라 한반도 최남단 땅끝에서부터 시작된 하나님의 부르심, 저를 향한 그 소명의 길. 그것은 성경 말씀과 너무나 똑같았습니다.

"내가 땅끝에서부터 너를 붙들며 땅 모퉁이에서부터 너를 부르고 네게 이르기를 너는 나의 종이라 내가 너를 택하고 싫어하여 버리지 아니하였다 하였노라 두려워하지 말라 내가 너와 함께 함이라 놀라지 말라 나는 네 하나님이 됨이라 내가 너를 굳세게 하리라 참으로 너를 도와주리라 참으로 나의 의로운 오른손으로 너를 붙들리라"(사 41:9-10)

한반도 최남단 땅끝에서부터 저를 붙들며 부르고 택하신 하나님. 저는 그 소명의 길을 잘 가고 있다고 생각했습니다. 이제는 편안하게 기지개 켜며 야호 소리 지르며 정상을 만끽할 날이 얼마 안 남았다고 생각했습니다.

그런데 이번에 갑자기 쓰러지고 말았습니다. 정상으로 올라가던 그 길을 잃어버리고 말았습니다.

하여, 사랑하는 성도 여러분, 오늘은 병상 메모, 그 마지막 다섯 번째 시간으로, 병상에서 돌아본 하나님의 부르심, 제 소명의 길을 성경 말씀에 비추어 잠시 나누고 싶습니다. 그리고 여러분과 함께 질문을 던져보고 싶습니다. 그렇다면, 이제 남은 삶, 어떻게 살 것인가? 주님께서는 과연 뭐라고 말씀하실까요?

다시, 상처 입은 치유자로 살아가라!

저를 부르시는 하나님의 소명, 그 소명의 길 중, 13곳의 군인교회, 군목생활 24년. 초등학교 때 땅끝에서 어머니 밭일을 돕다 군목에 대한 이야기를 처음 듣고, 군 선교에 점점 관심을 갖게 되었는데, 급기야 하나님께서는 저를 군목으로 들여보내셨습니다. 하나님, 왜 하필 군대입니까? 다른 좋은 길들도 많은데, 군대라뇨! 하나님, 왜 하필 저입니까? 다른 사람도 많은데, 저라뇨! 한반도 최남단 땅끝에서 생전 듣도 보도 못한 우리나라 최전방 휴전선 철책으로 저를 부르신 하나님. 하나님은 그렇게 강권적으로 저를 군대로 밀어 넣으셨습니다. 당시 저를 군목으로 부르시는 하나님의 소명은 꼭 성경 말씀 그대로였습니다.

> "내가 또 주의 목소리를 들으니 주께서 이르시되 내가 누구를
> 보내며 누가 우리를 위하여 갈꼬 하시니 그 때에 내가 이르되
> 내가 여기 있나이다 나를 보내소서 하였더니"(사 6:8)

1985년 신학교 1학년 때 군목시험에 합격하고, 1994년 기다린 지 10년 만에 군종장교로 입대하여, 경북 영천 제3사관학교에서 군사훈련을 받고, 육군 대위로 임관하였습니다. 경기도 성남 육군종합행정학교에서 군종초등군사반을 수료하고, 초임지로 경기도 파주에 있는 25사단 71연대 철책 장병들을 섬기게 되었습니다. 주일에만 연대 내 6번의 예배를 순회했습니다. 그 가운데서 가장 압권은 GOP철책 상승오피교회였습니다.

하루에 딱 2시간, 밤새 밀조 타고 야간 철책 근무를 서고, 다음 날 오후 2시부터 4시까지 딱 2시간 빨래도 하고 족구도 하고 책도 읽고 잠도 더 자고 해야 할 시간. 그런데 그 시간에 교회를 오는 거예요. 야, 목사님 오신다! 적막강산. 그 고요 속에서 예배에 집중하는 그 초롱초롱한 눈망울을 생각하면 한 주도 안 올라갈 수가 없었습니다.

그런데 GOP철책투입 며칠 전, 교회를 처음 나와 저에게서 세례를 받고 철책으로 올라간 형제가 있었습니다. 신앙이 더 깊은 친구가 없어, 그 소초의 군종병으로 임명을 해서 올려보냈습니다. 이중 보직을 맡아 배로 더 힘들게 일했습니다. 그런데도 너무나 성실했던 그 친구. 마침 철책에 엄청난 폭우가 쏟아졌습니다. 25사단

이라 상징적으로 25미터 철근 십자탑으로 성탄트리를 세워놓았는
데 무너져 버렸습니다.

GOP철책이 12군데가 무너져 적이 쳐들어올 수 있는 구멍이
뚫린 것입니다. 소초장이 폭우순찰을 나가면서 나를 따를 사람?
그때 이 군종병이 자원을 합니다. 제가 가겠습니다! 그런데 그만
절벽에서 쏟아지는 토사에 휩쓸려 사망하고 맙니다. 이 군종병
의 시신 앞에서 장례예식을 집례하면서 비통함이 하늘을 찔렀습
니다. 상처 난 철책, 상처 난 십자탑, 상처 난 군종병. 그것이 바로
상처 난 한반도의 비극. 저는 너무 가슴이 아팠습니다. 내가 세례
를 줘서 올려보낸 군종병이 사망하다니! 전국교회에 편지를 보내
생수와 빵과 음료를 구해서, 2달간 매일 철책에 올라가 GOP철
책 보수공사 위문을 했습니다.

나는 단기 복무 3년만 하고 유학을 다녀와서, 신학교 교수를 하
려고 했는데, 이 분단된 한반도의 상처, 이 비극적인 휴전선 철책
의 상처, 앞으로는 누가 이 상처를 치유할 것인가? 네가 해라! 그
런 음성을 주셨습니다. 그래서 성경대로 저도 이렇게 대답을 드
렸습니다.

> "내가 또 주의 목소리를 들으니 주께서 이르시되 내가 누구를
> 보내며 누가 우리를 위하여 갈꼬 하시니 그 때에 내가 이르되
> 내가 여기 있나이다 나를 보내소서 하였더니"(사 6:8)

어느 날, 철책에서 1시간 정도 떨어진 후방 연대교회로 전화가
급히 왔습니다. GOP철책을 맡고 있는 가톨릭 대대장 전화였습니

다. 그런데 지금 철책 소대장이 정신 분열이 와서 난리를 피우고 있다는 것이었습니다. "지금 저에게는 목사님밖에 도와주실 분이 없습니다!" 바로 짚차를 타고 올라갔습니다. GOP철책 대대장실에 가보니, 소대장을 묶어놓고 있었습니다. 대대장과 대대원들을 안심시키기 위해 간절히 기도해 드리고, 소대장을 내 짚차에 태워 데리고 내려오는데, 계속 바락바락 악을 쓰며, 짚차를 발로 차며 부러뜨릴 기세였습니다. 계속 기도해 주며, 그 소대장을 꼭 부둥켜안고 내려와서, 사단 의무대로 데려다주었습니다. 아, 가톨릭 대대장까지 나밖에 도와줄 사람이 없다는데, 앞으로는 누가 이 일을 할 것인가? 네가 해라! 또 그런 음성을 주셨습니다. 그래서 성경대로 다시 이렇게 대답을 드렸습니다.

"내가 또 주의 목소리를 들으니 주께서 이르시되 내가 누구를
보내며 누가 우리를 위하여 갈꼬 하시니 그 때에 내가 이르되
내가 여기 있나이다 나를 보내소서 하였더니"(사 6:8)

어느 추운 겨울날, 외로운 장병들을 위해서 위문예배를 드렸습니다. 그런데 거기 위문예배에 나온 병사 한 명이 부대에 들어가서 저녁에 목매달아 자살했다는 소식. 기독교 대대장 집사님이 유가족들 앞에 무릎을 꿇고 비는데, 유가족들이 흥분해서 철의자를 대대장에게 집어 던졌습니다. 곁에서 그 모습을 지켜보다 저도 철의자를 맞으며 다가갔습니다. 그리고 말씀드렸습니다. "여러분, 저는 이곳 연대목사입니다. 이 대대장님은 정말 아드님을 끔찍이 돌봐주었습니다. 제가 증인입니다." 그랬더니 그분들이 저를 부둥켜

안고 우시는 거예요. 믿는 분들이셨던 거예요. "아이고, 목사님, 이제 우리는 어떻게 살아요? 아이고, 하나님, 차라리 저를 데려가시지!" 대대장도, 유가족도, 저도 다같이 펑펑 울었습니다. 울어드리는 것 외에, 그 어떤 말도 위로가 되지 못했습니다. 그러면서 다시 하나님께 기도를 드렸습니다. "하나님, 위문 가지고는 부족하네요. 왜 이 병사들이 이렇게 자살을 하는지, 누군가는 옆에서 좀 더 깊이 들어주고 그 마음을 읽어주고 자살에 대해서 좀 더 깊이 연구하고 좀 더 깊이 치유해 줄 사람이 필요합니다. 누가 그 일을 해야 하나요? 저는 전역해서 유학을 떠날 생각인데!" 그때 또 하나님의 부르시는 소명이 들려왔습니다. 네가 해라! 그래서 성경대로 다시 이렇게 대답을 드렸습니다.

> "내가 또 주의 목소리를 들으니 주께서 이르시되 내가 누구를 보내며 누가 우리를 위하여 갈꼬 하시니 그 때에 내가 이르되 내가 여기 있나이다 나를 보내소서 하였더니"(사 6:8)

그래서 3년 단기 복무를 마치고 유학을 나가려던 계획을 그만두고, 이 상처 입은 장병들, 이 상처 입은 한반도를 품기로 결단합니다. 여기도 누군가가 필요하다. 네가 해라. 그 소명에 응답한 것이 군목 24년이 되었습니다.

그 후, 2000년, 저는 경기도 성남에 있는 육군종합행정학교 군종학처 상담학과 창설교관으로 부르시는 하나님의 소명을 듣게 됩니다. 거기서 자살예방을 위한 본격적인 교안을 육군 최초로 만들고 선후배들을 가르치면서 육군 최우수 교관상을 받습니다.

그리고 2003년, 경기도 연천에 있는 5사단으로 명령을 받아 갔
는데, 어느 날 육군본부 아침 상황회의에서 육군 참모총장님의 탄
식이 터져 나왔다는 거예요. 전쟁이 일어난 것도 아니고, 군대 내
자살자가 한 해 200명이 넘는데, 교통사고 등 자살로 통계가 안
잡힌 경우까지 합치면 500명 한 개 대대 병력이 없어지는데, 그
아까운 생명들을 살려낼 수는 없는가? 누가 이 일을 할 수 없는
가? 그 탄식에 군종감님이, 저희 성직자들이 해보겠습니다, 하고
저를 포함한 3명에게 특별 임무가 떨어집니다. 그렇게 해서 합숙
15일 만에 만들어진 것이 자살예방 치유프로그램인 <비전캠프>.
육군 최초로 5사단에서 군종감님을 모시고 제가 시연을 하게 됩
니다.

이거다, 너무 좋다는 군종감님의 보고를 받으시고, 맞아요, 이
겁니다, 육군 참모총장님이 자신의 운영비에서 선뜻 1,000만 원
을 내주시면서 이 비전캠프 프로그램을 전군에 확대 실시하라는
명령을 내리게 됩니다. 그렇게 해서 모든 성직자들이 생명 구원에
본격적으로 뛰어들게 됩니다. 그렇게 10년, 자살충동 병사들을 불
러 3박4일씩 매달 전국에서 죽기 살기로 했더니, 급기야 군대 내
자살자가 200명대에서 60명대로 확 줄어들게 됩니다.

사랑하는 성도 여러분, 이번에 병상에서 메모한 것도 다시 이
일을 네가 하라는 주님의 소명이었습니다. 상처 입은 현대인을
치유하는 일, 다시 네가 해라! 단, 이제는 군대가 아니라, 한국이
다! 남한과 북한 한반도 전체를 품어라! 오대양 육대주 82억 인
류를 품어라! 땅끝에서부터 왔으니, 다시 땅끝까지 가라! 단, 이
제는 너 혼자가 아니라, 한국교회 장로님들과 함께해라! 안수집

사님, 권사님, 집사님, 전 교인들과 함께해라! 상처 입은 생명을
치유하는 일을!

예수님이 이 땅에 오신 이유도 양 떼인 우리에게 생명을 풍성히
주려고 오셨습니다. 그런데 그 생명을 스스로 끊어버리니! 상처
입은 생명을 치유하는 일, 네가 해라, 한국교회 온 교우들과 그 일
을 함께해라.

상처 입은 생명의 치유. 이것이 이번에 저에게 주신 병상의 소
명입니다. 저도 이번에 상처를 입었습니다. 그것도 보통 큰 상처가
아닙니다. 4주밖에 못 산다, 했습니다. 그러나 살아났습니다. 아니,
살려주셨습니다. 그렇다면 이제 남은 삶, 어떻게 살 것인가? 이번
에 내가 상처를 입어보니, 상처 입은 교인들이 더 생각납니다. 특
히나 손발에 못자국, 옆구리에 창자국, 머리에 가시면류관 핏물자
국, 주님의 십자가 상처가 더 생각났습니다. 주님의 십자가, 그 상
처 때문에, 내가 살아났구나! 주님, 감사합니다! 주님, 고맙습니다!

그렇다면 상처 입은 나, 이제 남은 삶, 어떻게 살 것인가? 상처 입은 현대인으로서, 예수님처럼 상처에 주저앉지 않는 것. 예수님처럼 오히려 상처 입은 치유자로 살아가는 것. 여러분, 우리, 이 일을 같이하지 않으시렵니까?

사랑하는 성도 여러분, 이번에 하나님께서 저를 이렇게 살려주셨습니다. 그렇다면 이제 남은 삶, 또 어떻게 살 것인가? 주님께서는 과연 뭐라고 말씀하실까요?

다시, 행복플러스로 살아가라!

제 이름은 본디 복동이었습니다. 여기 이 사진, 얼마나 복스럽습니까! 여기 제가 입은 어린 시절 한복도 얼마나 복스럽습니까! 그것도 딸 다섯에 아들 하나, 얼마나 복스럽게 컸겠습니까? 이번 추석 한가위, 명절마다 느끼는 거지만, 복동아! 복동아! 집에서 사랑을 독차지하니 누나나 동생들이 볼 때 얼마나 서운했을까, 좀 미안한 마음이 있습니다. 그래도 눈감아 주고 이해해 주고 응원해 주니 고마울 뿐입니다.

그런데 저한테도 좀 곤란할 때가 있었습니다. 이 사진이 제가 어렸을 때 살던 친할아버지 집입니다. 아침마다 마을 부락에서 등교하는 형들과 꼭 마주치는 중간 교차점이었습니다. 형들이 애향단이라는 조직을 만들어, 깃발을 들고, 새벽종이 울렸네 새 아침이 밝았네, 노래를 부르고 오다가, 저만 딱 보면, 노래 고쳐 불러, 그러는 거예요. 그러면 일제히, 복동이 엄마는 샘 샘 샘이 나서 샘표 간장 샘표 간장, 놀려 먹는 거예요.

그래서 엄마 아빠한테 막 졸랐어요. 이름을 바꿔 달라고. 바꿔 주셨어요. 현자 항렬을 넣어 솥귀 현에 복 복. 솥귀, 솥뚜껑을 열면 복이 쏟아져 나온다는 뜻. 바꿔주신 이름에도 복 복자는 포기를 안 하신 거예요.

현복, 문제는 발음이에요. 시골에서 친구들은 제 이름을 발음하기가 어려워 늘 행복이라고 불렀습니다. 행복아! 행복? 내가 행복이라고? 그래서 행복이라는 이름이 뇌리에 박혀 살았습니다. 나를 부르시는 하나님의 소명이 행복이 아닐까, 늘 생각해 왔습니다.

그런데 어느 날, 성경을 읽다 보니, 정말 하나님이 저를 부르시는 대목이 있는 거예요.

> "이스라엘이여 너는 행복한 사람이로다 여호와의 구원을 너 같이 얻은 백성이 누구냐 그는 너를 돕는 방패시요 네 영광의 칼이시로다 네 대적이 네게 복종하리니 네가 그들의 높은 곳을 밟으리로다"(신 33:29)

내가 행복한 사람이라고? 하나님이 저를 대놓고 부르시다니! 깜짝 놀랐습니다. 그래서 늘 행복하게 사는 길은 무얼까, 다른 사람들을 행복하게 해주는 길은 무얼까, 고민이 많았던 것 같습니다. 그리고 그 고민의 결과가 목사가 되는 것.

그러나 그것을 행동에 옮기기에는 전혀 쉽지 않았습니다. 고3 때, 진로를 정하는데, 아버지가 신학을 결사반대하셨어요. 우리 시골 판자 교회 생각하시고, 아들이 도저히 저런 고생길 가는 걸 받아들이실 수가 없으셨던 것 같아요. 너는 그렇게는 못 한다. 내 눈에 흙이 들어가도. 그러려면 부자지간의 연을 끊자. 그때부터 아프기 시작하는데, 15일간 학교를 못 갔습니다. 식사도 한 끼도 못 했습니다. 그래도 허락을 안 해주셔요.

그러던 어느 날, 고3 담임선생님이 외딴 산속에 찾아오신 거예요. 그리고 아버지를 설득하시는 거예요. "아버님, 현복이가 고3인데, 15일째 학교에 안 와서, 제가 찾아왔습니다. 아버님 마음, 이해합니다. 저도 아버님처럼 같은 교사로서, 담임선생으로서, 현복이의 미래가 어떤 게 가장 행복할까, 며칠을 고심했습니다. 제가 보기에 현복이는 신학교를 보내야 행복할 것 같습니다. 생활기록부를 보니 고1, 고2, 고3, 다 장래 희망이 목사라고 적혀 있어요. 그게 뭔가, 나쁜 건 아닌가, 백방으로 알아보고, 교회도 안 다니는 제가 서점에서 성경책을 사서 전부 죽 훑어보았습니다. 잘못된 길이 아니라는 결론이 들었습니다. 부디 현복이가 행복해하는 길로 가도록 해주시지요." 아버지가 저를 옆방으로 부르셨어요. 너 정말 후회 안 할 자신 있냐, 너 정말 행복할 수 있냐, 물어보시는 거예요. 저는 한참 망설이다 진지하게 답을 드렸습니다. "예, 아버지, 목사가 되면, 정말 행복할 것 같습니다."

그때 저의 심정은 이런 거였습니다.

"여호와께 아룁니다. '주님은 나의 주님, 주님 없이 나의 행복
어디서 찾으오리까?'"(시 16:2, 현대어)

그렇게 저는 주님 안에서 행복을 찾아 신학교를 가게 되었고, 목사가 되었습니다. 그 담임선생님 때문에. 바로 이분이십니다. 김연수 선생님. 고3 졸업식 사진이 있더라구요. 졸업식 날, 저에게 다가오셔서 하신 말씀이 기억납니다. "현복아, 얼마나 어렵게 가는 길이냐? 너 정말 행복해야 한다!" 혀를 깨물며, 담임선생님께 다짐을 드렸습니다. 꼭 행복하겠다고. 꼭 사람들을 행복하게 해주는 일을 하겠다고.

그 후, 신학교를 졸업하고, 군목으로 들어왔습니다. 그리고 24년 군목생활, 가장 기억에 남는 곳이 있다면, 강원도 인제 3군단입니다. 인제 가면 언제 오나, 원통해서 못 살겠네. 인제 원통. 우리나라 최전방 철책선 산악군단. 귀때기청봉, 중청봉, 대청봉, 1,708미터. 체감온도 영하 54도.

그 혹한에 전입신고를 하는 날, 저와 같이 군단장님께 전입신고를 하기로 한 고참 대령 2명이 안 나타나 버린 거예요. 수도권에 남아 차라리 전역 준비하겠다고. 제가 비서실에 대기하고 있는데, 안에 군단장실에서 군단장님 소리가 쩌렁쩌렁 새 나오는 거예요. "그럼, 아무도 오지 말라고 그래!" 화가 불같이 나신 것 같아요. "대령이 안 오면 초급간부들은 누가 오겠어? 그 처부는 후임도 받지 마!" 그리곤 아예 후임도 안 받고 공석으로 두시는 거예요.

그 군단장님이 가시고, 후임 군단장님이 오셨어요. 처부별 순서에 따라 군종업무보고를 드리는데, "목사님, 이곳 3군단은 지금 분위기가 어떻습니까?" 물으시는 거예요. 그래서 말씀드렸습니다. "여기는 강원도 최전방 산악군단이라 대령도 오기 싫어합니다. 소위, 중위, 하사, 중사, 초급간부들도 만나보면 재수 없어, 빽이 없어, 여기까지 흘러왔다고 자조합니다. 친구도 만날 수 없고, 데이트할 시간도 없고, 서울에 나갈 수도 없고, 문화시설도 없습니다. 그래서 다들 군 생활이 하나도 행복하지 않다고 합니다.”

그러자 군단장님이 진지하게 물으시는 거예요. “목사님, 그렇다면 무슨 방도가 없을까요?” 그랬더니 옆에 있던 불교 군종법사님이 그러시는 거예요. “여기 신현복 목사님이 그런 초급간부들을 위해서 <행복플러스>라는 프로그램을 이미 만들어 놓았는데, 돈이 없어서 못 하고 있습니다.”

“아, 그래요? 돈이 얼마나 필요하신가요?”

그랬더니 법사님과 신부님이 저를 거드시는 거예요. “간식은 교회 성당 법당 2:1:1로 분담하더라도, 행복검사도구 같은 전문적인 준비물을 사야 하는데, 군단 전체 초급간부 다 하려면 한 1,000만 원 정도는 들지 않을까요?”

그 말씀을 들으시더니, 군단장님이 빙그레 웃으시는 거예요. “아, 그렇습니까? 그렇다면 제가 간부들이랑 회식 좀 덜 하면 되지요. 군단장이 1,000만 원을 내놓겠습니다. 돈 걱정은 마십시오. 목사님이 신부님이랑 법사님이랑 우리 군단 초급간부들을 행복하게만 해주신다면 전폭적으로 돕겠습니다. 그런 거 하라고 군단장이 있는 것 아니겠습니까!”

그렇게 해서 <초급간부 행복플러스> 프로그램이 본격적으로 시작되었습니다. 3군단, 30,000명 가운데 임관 5년차 이하 소위, 중위, 하사, 중사, 초급간부들 3,000명 전부를 군단 교회와 사단 교회들로 초청했습니다. 1년 동안, 매주 실시했습니다. 1박 2일씩.

입관 체험도 했습니다. 이 젊은 날, 오늘 이 철책선에서 전쟁이 터진다면, 그래서 장렬히 전사한다면, 나의 죽음은 어떤 모습일까? 자신의 죽음을 미리 묵상하면서, 이제 남은 삶, 어떻게 살 것인지, 무엇이 진정 행복한 삶인지를 고민하는 모습이 너무너무 진지했습니다.

감사하게도, 여신도회장님이 우리도 돕고 싶다고 하셔서, 여신도회에서 매주 김밥, 떡볶이, 샌드위치, 간식을 정성껏 준비해 주셨습니다. 봉사하시면서도 너무너무 좋아하셨습니다.

군단장님은 매주 오셔서 초급간부들을 위해 인생 특강을 해주시고 일일이 다 품어 주셨습니다. 별 셋 장군이 하사에게, 소위에게, 그렇게 해주신다는 건, 상상도 할 수 없는 일이었습니다.

초급간부들의 반응은 가히 폭발적이었습니다. 가면서 소감문을 적어 놓고 가는데, 읽으면서 가슴이 타올랐습니다. 군대에 이런 프로그램이 있을 줄은 꿈에도 몰랐다고. 세상에 우리처럼 소외된 초급간부들을 위해, 목사님이 이런 프로그램을 만드시다니. 가히 혁명적인 프로그램이라고. 오늘 전쟁이 난다면, 나라를 위해, 부모 형제를 위해, 우리를 품어 주신 군단장님을 위해, 이 한 목숨 기꺼이 바치겠다고.

최전방 초급간부들이 이렇게 행복을 찾아 기뻐하는 것을 보면서, 저는 생각했습니다.

"그가 비록 천 년의 갑절을 산다 할지라도 행복을 보지 못하면 마침내 다 한 곳으로 돌아가는 것뿐이 아니냐"(전 6:6)

행복을 보지 못하면 젊은이들도 다 마찬가지구나. 행복의 추구, 어른들만의 문제가 아니구나. 당연히 피가 끓고 당연히 행복할 것 같은 이 젊은이들도 이 군대 안에서 행복을 보지 못해 이리도 외로웠구나. 산 송장이 따로 없구나.

그 군단장님이 너무 신앙이 신실하시고 너무 인품이 훌륭하셔서 장로임직을 베풀어 드렸는데, 어느 주일 교회 오셔서 점심식사를 하시면서 그러시는 거예요. "목사님, 제가 군단장으로서, 아니 장로로서, 너무 마음이 아픕니다. 어제 헬기를 타고 우리 군단에서 가장 격오지인 5,000계단 철책 꼭대기를 갔는데, 산 정상에서 바람이 너무 거세게 불어, 결국은 못 내리고 헬기에서 손만 흔들어 주고 왔습니다. 너무 안타까워 밤새 잠을 못 이루었습니다. 목사님이 언제 한번 저 대신 방문해 주실 있을까요?"

"5,000계단이요? 아, 아, 예, 알겠습니다. 제가 한번 찾아가 보겠습니다."

얼떨결에 대답을 하고, 며칠 후 5,000계단을 밧줄을 잡고 올라갔습니다. 가는 길에서 만나는 병사들에게 기도도 해주고 햄버거도 나눠 주었습니다. 종교를 떠나, 만나는 병사마다 외로움과 두려움에 눈시울을 붉혔습니다.

그런데 하나님께서 이런 생각을 주시는 거예요. 이왕 그 5,000계단을 찾아가는데, 햄버거만 달랑 주고 오지 말고, 2시간 정도 이 격오지 군 생활 속에서도 어떻게 하면 행복을 찾을 수 있을까, 이야기를 나누고 와라. 그래서 GP/GOP/격오지 병사용 프로그램을 만들었습니다. 과거를 용서하고 현재를 감사하고 미래를 강점으로 꽃피우는, 일명 <찾아가는 행복플러스>.

나중에 용산전쟁기념관에 갔더니, 올해의 국군기획사진전에 제 사진이 선정되어 전시되어 있더라구요.

GP/GOP/격오지들 병사들의 반응도 가히 폭발적이었습니다. 그렇고 그런 군대교육인 줄 알았는데, 목사님을 통해 내 상처와 치유의 길을 처음으로 알게 되었고, 장차 내가 무엇을 해야 행복할 것인지 내 꿈을 처음으로 발견하게 되었다고. 군대에서 받은 가장 의미 있는 교육이었다고. 평생 잊을 수 없을 것이라고.

그래서 이렇게 좋아한다면 다른 곳도 더 찾아가 보자 싶더라구요. GOP철책 안쪽을 비무장지대라고 하잖아요. 가장 가까이 600미터 앞에서 총을 겨누며 적과 대치하고 있는 최전방 감시초소, GP벙커들을 순서대로 모두 찾아갔습니다.

언제든 전쟁이 나면, 가장 먼저 교전을 해야 할 병사들. 그 벙커 안의 40명. 가장 먼저 죽게 되어 있는 병사들. 그 두려움. 그 긴장감. 저를 보자마자, 너무나 진지하게, 기도를 받았습니다. 정말 잘 찾아왔다 싶더라구요.

남방한계선 철책에 있는 다른 GOP 철책들도 죽 순서대로 다 찾아갔습니다. 태풍피해지역 복구작업을 하고 있는 동해안 병사들도 찾아갔습니다. 인제군 서화면에 있는 1,296미터 향로봉 꼭대기 소부대 격오지 병사들도 찾아갔습니다. 험산 준령, 여기서 저 낭떠러지로 떨어지면 아무도 모르겠구나! 짚차를 타고 가는데 정말 아슬아슬했습니다.

그러나 마음만은 너무너무 기뻤습니다. 외로운 병사들을 찾아간다는 것. 예수님이 바로 이렇게 길 잃은 우리 인생들을 찾아오신 것 아니겠습니까!

"너희 중에 어떤 사람이 양 백 마리가 있는데 그 중의 하나를
잃으면 아흔아홉 마리를 들에 두고 그 잃은 것을 찾아내기까
지 찾아다니지 아니하겠느냐 또 찾아낸즉 즐거워 어깨에 메고
집에 와서 그 벗과 이웃을 불러 모으고 말하되 나와 함께 즐
기자 나의 잃은 양을 찾아내었노라 하리라"(눅 15:4-6)

저는 이 말씀에서, 그 잃은 것이, 잃은 양만이 아니구나, 그 잃은
양의 잃어버린 행복이구나, 통찰이 갑자기 오더라구요. 전율이 찌
릿찌릿 일었습니다. 그 잃은 양의 그 잃어버린 태초의 행복, 천국
의 행복을 찾아내기까지 산 넘고 물 건너 방방곡곡 찾아다니다,
마침내 그 잃은 양의 그 잃어버린 행복을 찾아낸즉, 즐거워하셨다,
행복해하셨다는 이야기. 나와 함께 즐기자, 이 되찾은 행복을 나
와 함께 누리자! 나와 함께 이 되찾은 행복을 온 세상에 전하자!
이것이 <찾아가는 행복플러스>의 신학 아니겠습니까? 저는 최전
방 격오지들을 찾아다니면서 가슴이 너무나 뛰었습니다. 바로 이
거다! 이것이 살아 있는 복음이다!

이것이 국방부장관님 귀에 들어가서, 국방회관에서 국방부장관
대면보고를 드리게 됐습니다. "이거 너무 좋은데요. 육군만 아니
라 해군 공군 해병대까지 전군이 확대 실시하면 좋겠습니다." 그
래서 전군에 소개가 되었습니다.

공군 군목도 산꼭대기 공군 싸이트 부대 병사들을 위해 찾아가
는 행복플러스를 실시했는데 너무 좋았다고 감사하다고 사진을
보내왔습니다.

해병대 군목도 연평도 해병부대에 찾아가서 해 보았는데 너무

좋아들 했다고 감사의 사진을 보내왔습니다.

그리고 이것이 또 발전되어 육군본부교회에 와서는 외로운 군인가정들을 영적으로 들여다보게 되었습니다. 그래서 <군인가정 행복플러스> 프로그램으로 확대되었습니다.

육군본부에는 주말부부, 월말부부들이 많습니다. 전방 철책이나 해외로 파병을 나간 아빠들이 가족들은 육군본부교회에 많이 남겨두고 갔는데, 그 가정들은 6개월에 한 번, 아니면 1년에 한 번, 아빠 얼굴을 볼 수 있습니다. 군인가정의 아픔, 진급누락의 아픔, 자녀양육의 아픔, 중년기 건강의 이상, 신앙생활 기쁨의 상실. 그 외로운 사연들을 꺼내놓고 우는 데 정말 가슴이 미어졌습니다.

이 소문을 듣고, 육군본부에 있는 남편 장군들이 우리도 해달라고 하셔서, 장군들부터 중령 대령 실무자들까지 매주 목요일 아침에 육군본부 본청에 모여 <리더십 행복플러스> 프로그램을 인도하는 것으로 더 확대되었습니다.

이번에 병상에서 고요히 묵상해 보니, 그동안 제가 걸어온 24년의 군목생활이 다 외로운 장병들을 찾아가는 행복플러스였더라구요.

군목 대위 때는, 초임지로 경기도 파주 25사단 71연대 전방상승교회, 철책의 8개 교회를 매주 6곳씩 순차적으로 찾아갔습니다. 매주 화요일, 목요일, 밤 9시부터 새벽 4시까지 철책 병사들을 찾아가 초코파이와 사랑의 온차를 나눠주며 기도해 주는 찾아가는 행복플러스.

다음은, 경기도 과천 국군수송사령부 남태령교회, 서울역에서 춘천 문산 목포 부산 속초 포항 대구 제천 원주까지, 전국 철도역, 버스터미널, 공항, 72개 TMO 여행장병안내소, 그리고 부산 8부두 항만단교회를 1년 반 동안 매주 찾아가는 행복플러스.

다음은, 육군종합행정학교 남성대교회, 매주 각 병과 학생들 교실과 국군체육부대를 찾아가는 행복플러스.

다음은, 강원도 홍천 76사단 진격교회와 신풍교회. 1시간 거리의 두 교회를 매주 오가며 찾아가는 행복플러스.

다음은, 경기도 연천 5사단 열쇠교회, 신병교육대대교회/GP수색대대교회/전차대대교회/화학대대교회를 매주 찾아가는 행복플러스.

군목 소령 때는, 강원도 양구 2사단 노도교회, 신병교육대대교회/유격대교회를 매주 찾아가는 행복플러스.

다음, 충남 계룡 육군본부 인사사령부 군종보직장교 때는 예하 대 400명의 성직자들 보직상담을 위하여 찾아갔습니다. 그리고 육군본부교회 중등부 담당 부목사로서 300명의 중학생과 70명의 중등부 교사들을 매주 찾아가는 행복플러스.

다음은, 전북 여산 육군부사관학교 소망교회, 매주 전국에서 온 원사, 상사, 중사, 하사 부사관 학생들 교실과 고산 유격대교회를 찾아가는 행복플러스.

다음은, 경기도 인천 17사단 충성교회, 전국에서 가장 큰 사단 목사로서 신병교육대대와 예비군여단과 저 인천공항 영종도교회를 1시간 반 넘게 찾아가는 행복플러스.

군목 중령 때는, 충남 논산 육군훈련소 연무대군인교회, 매주 15,000명 훈련병 예배와 매년 75,000명 세계 최대 세례예식과

각 연대 훈련병 자살예방교육을 위하여 찾아가는 행복플러스.

다음은, 강원도 인제 3군단 기린대교회, GP/GOP/소부대 격오지, 그리고 최전방 산골짜기에서 사시면서 일주일의 유일한 낙이 주일에 교회 오시는 것인 외로운 어르신들을 찾아가는 행복플러스.

다음은, 충남 계룡 계룡대근무지원단 육군본부교회, 천왕봉, 천황봉, 계룡산 고지의 병사들과 세계에서 가장 큰 군인교회 3,000명의 고급간부들을 찾아가는 행복플러스.

마지막으로, 전남 장성 상무대근무지원단 상무대교회, 보병학교/포병학교/공병학교/기계화학교/화생방학교 2,000명의 초군소위들을 찾아가는 행복플러스.

아, 내가 한 것이 바로 24년간, 13개 교회, 전후방 곳곳에서 외로운 장병들을 찾아가는 행복플러스였구나! 엄청나게 찾아다녔구나! 죽기 살기로 찾아다녔구나! 예수님도 이렇게 우리를 찾아다니셨구나! 내가 예수님 흉내를 내고 있었구나! 이게 진짜 생생한 복음이구나!

자살예방 비전캠프에서 시작된 <생명사랑 행복플러스>! 그리고 소위, 중위, 하사, 중사를 치유하는 <초급간부 행복플러스>! 그리고 GP/GOP/소부대 격오지 병사들을 <찾아가는 행복플러스>! 그리고 외로운 인생들 <군인가정 행복플러스>! 그리고 장군들부터 고급실무자들까지 <리더십 행복플러스>! 이 다섯 가지 행복플러스!

그 공로를 인정해 주신 까닭인지, 생각지도 않게 대통령 보국포장을 받았습니다. 그리고 2018년 군목 대령으로 명예진급을 시켜

주셨습니다. 그렇게 저는 군목 최고계급인 육군 대령으로 명예전역을 하게 되었습니다.

저는 이 행복플러스를 한국교회에, 세계 무대에 잘 소개해 보려고, 5년 전 꿈에 부풀어, 꿈파까, 나의 꿈 너머 하나님의 꿈을 파는 까페를 만들겠노라, 이 교회에 찾아왔습니다. 아니, 생각지도 않았는데, 일점일획 한 치의 오차도 없이, 우리 하나님께서 절묘하게, 이 교회로 가라, 밀어 넣으셨습니다.

그런데, 코로나가 터지고 3년, 그만 이번엔 쓰러지는 일까지 생기고 말았습니다. 세상에서 이렇게 불행할 수가 있나! 정말 나는 안 풀리는 인생인가. 병상에서 별의별 생각을 다 했습니다. 처절하게 신음하며 기도를 올렸습니다. 그 순간순간들을 막 메모했습니다.

기러기, 토마토, 스위스, 인도인, 별똥별, 역삼역, 우영우. 제 이름은 똑바로 읽어도 거꾸로 읽어도 우영우입니다. 이상한 변호사 우영우라는 드라마가 있었지요. 저는 그 드라마를 보면서 많은 웃음과 힘을 얻었습니다. 자폐스펙트럼을 지닌 천재 변호사. 비록 망가진 몸이지만, 당당하게 예쁘게, 그리고 참 행복하게 살아가는 모습.

그렇다면, 나도 이 망가진 몸, 이제 남은 삶, 어떻게 살 것인가? 역시나 내가 타야 할 소명의 버스는 행복행. 똑바로 읽어도 거꾸로 읽어도 행복행. 기러기, 토마토, 스위스, 인도인, 별똥별, 역삼역, 우영우, 행복행. 아무리 기도해 봐도 내가 타야 할 노선버스는 뭐라구요? 행복행!

"내가 오늘 네 행복을 위하여 네게 명하는 여호와의 명령과
규례를 지킬 것이 아니냐"(신 10:13)

행복! 성경 원어 히브리어로 토브! 그 기원은 창세기 1장 천지창
조, 하나님이 보시기에 좋았더라! 하나님이 보시기에 좋은 삶, 그
런 삶이 진정 행복한 삶입니다. 그런 행복한 삶을 살라고 오늘 나
에게 명하시는 여호와의 명령과 규례. 그것이 다름 아닌 행복플러
스!

이것이 이번에 저에게 주신 병상의 소명입니다. 새로운 소명이
아닙니다. 더 선명해진 소명입니다. 그리고 이제는 너 혼자가 아
니다. 내가 너에게 붙여준 협력자들이 있잖니! 이제는 장로님들
과 함께해라. 이제는 안수집사님들과 권사님들과 집사님들과 함
께 해라. 이제는 청년들과 자녀들과 온 성도들과 함께해라. 더 확
대된, 더 깊어진 소명입니다.

사랑하는 성도 여러분, 제가 얼마나 더 살지는 아무도 모릅니다.
저도 모릅니다. 그리고 또 여러분이 얼마나 더 살지도 아무도 모릅
니다. 생명을 주관하시는 하나님만 아십니다. 그렇다면 이제 남은
삶, 어떻게 살 것인가? 회개하라, 천국이 가까웠느니라! 천국의 행
복을 외치셨던 예수님처럼, 태초에 잃어버린 천국의 행복을 되찾
고 누리고 전하며 살아가는 것. 여러분, 우리, 이 일을 같이하지 않
으시렵니까?

사랑하는 성도 여러분, 이번에 하나님께서 저를 이렇게 살려주
셨습니다. 그렇다면 이제 남은 삶, 또 어떻게 살 것인가? 주님께서
는 과연 뭐라고 말씀하실까요?

다시, 영혼의 친구로 살아가라!

여러분이 보시기에 제가 좀 조용한 사람 같습니까? 아니면 좀 활발한 사람 같습니까? 사실, 저는 굉장히 조용한 사람입니다. 외딴 산골에서 자라서 그런지, 혼자 있는 걸 좋아합니다. 혼자 있으라고 하면, 24시간도 혼자 틀어박혀 있습니다. 음악 듣고, 책 보고, 설교 준비하고, 묵상하고. 혼자 지내는 게 참 좋습니다.

혼자 있을 때, 제 심정은 꼭 주님의 이런 심정입니다.

> "만일 내가 판단하여도 내 판단이 참되니 이는 내가 혼자 있는 것이 아니요 나를 보내신 이가 나와 함께 계심이라"(요 8:16)

혼자 있는 것이 아니라 나를 보내신 하나님이 나와 계신다는 느낌. 저는 그게 너무 좋습니다. 반대로, 사람 만나는 건 무척 어려워합니다. 어떻게 누구라도 한번 만나면 쉽게 피곤을 느낍니다. 교단 군목단 수련회를 가면 저는 늘상 졸고 있었습니다.

그래서 많은 선배 군목들이 제가 논산 육군훈련소 연무대군인교회로 갈 차례가 되었을 때, 다들 뜯어말렸습니다. 훈련소 교회를 말아먹을 일 있냐? 다른 종교들과 영적 전쟁을 치르는 곳인데, 네가 가면 완전히 침체될 것이다. 훈련소랑은 안 맞다. 조용한 곳으로 보내 줄 테니, 가서 연구하고 가르치고 책이나 써라.

물론 그분들의 염려는 일리가 있었습니다. 저는 아주 말 없고 조용한 사람으로 알려져 있었으니까요. 저는 신학교 때부터 조용히 공부만 했습니다. 어떻게 해서 간 신학교인데! 신학 공부가 너무 좋아서, 죽기 살기로 공부만 했습니다. 한신대 학부 대학원 다 수석으로 졸업했습니다. 한신대 역사상 실천신학 분야에서는 1호 신학박사가 되었습니다. 군목으로 들어가서도 군종초군반, 군종고군반, 군종참모반, 군종의 모든 교육을 다 1등으로 수료했습니다.

저는 또 책을 번역하고 저술하는 것을 좋아했습니다. 박근원 교수님의 한국전문화 목회연구원 초대연구원으로 들어가서, 세계교회 예배자료들과 목회자료들을 번역하고, 우리 실정에 맞게 새롭게 저술해서 40여 권을 펴냈습니다. 그리고 그것을 이어받은 아침영성지도연구원에서, 영성생활, 영성훈련, 영성지도에 관한 고전과 필독서들을 100여 권 펴냈습니다. 그리고 군목으로 들어와서도, 국방부나 육군본부 명령을 받아, 자살예방 비전캠프와 행복플러스 매뉴얼들을 끊임없이 펴내고, 전군에 교관화 교육을 했습니다.

그런 제 모습만 보셨으니, 제가 훈련소 군목으로 가면 분위기가 완전히 가라앉아 버릴 것이라고 생각하셨을 터. 그러나 그것은 저에 대한 편견이었습니다.

"하나님과 그리스도 예수와 택하심을 받은 천사들 앞에서 내가 엄히 명하노니 너는 편견이 없이 이것들을 지켜 아무 일도 불공평하게 하지 말며"(딤전 5:21)

현복이는 너무 조용한 사람이라 훈련소는 안 된다는 편견. 편견이 이렇게나 무섭더라구요. 내가 너무 한쪽으로만 비쳐졌구나! 내 책임도 있구나! 반성을 많이 했습니다.

아무튼 그분들이 저에 대해서 모르는 것이 있었습니다. 제가 중학교 2학년 때부터 교회학교를 맡아, 마을 동생들과 형 누나들 앞에서 매주 설교를 하고, 동화구연을 하고, 소창 레크리에이션을 진행해 왔다는 것. 그 경험이 보통 경험입니까! 그리고 그분들이 진짜 모르는 것이 있었습니다. 제가 초중고 계속 웅변을 1등을 했다는 것. 그리고 그분들이 진짜 모르는 것이 있었습니다. 제가 초중고 계속 운동장에서 전교생 지휘를 도맡아 했다는 것. 그리고 그분들이 진짜 모르는 것이 있었습니다. 제가 중학교 때 사이클 전라남도 도대표 선수였다는 것. 샌님은 네가 무슨! 하도 안 믿으셔서 제가 이번에 병상에서 상장을 다시 찾아냈어요.

저는 선배 군목들을 설득했습니다. 저에게도 기회는 달라. 기회도 주지 않고 아래 기수로 뛰어넘는 것은 역차별 아니냐. 도대체 여러분이 저를 아시면 얼마나 아시냐. 저도 잘할 수 있다. 저도 언제나 조용하지만은 않다. 나름 뜨거울 때는 뜨거운 사람이다. 제가 그동안 공부만 했기 때문에 여러분이 나를 모르시는 게 많다.

그렇게 저는 모든 사람의 우려를 한 몸에 안고 명령을 받았습니다. 육군훈련소로! 연무대군인교회로! 매주일 5번의 예배. 15,000명. 고도의 집중력이 필요했습니다. 그래서 영화설교라는 것을 처음으로 시도해 보았습니다. 다행히 한 사람도 조는 사람이 없었습니다. 그 감동적인 예배, 지금도 잊을 수가 없습니다.

이번에 병상에서 하나님께서 부르신 제 소명의 길을 돌아보았습니다. 역시나 가장 강렬했던 소명의 자리는 논산 육군훈련소 연무대군인교회였구나, 여전히 가슴이 뛰었습니다.

> "그러므로 너희는 가서 모든 민족을 제자로 삼아 아버지와 아
> 들과 성령의 이름으로 세례를 베풀고"(마 28:19)

이 말씀대로, 육군훈련소 2년간 15만 명에게 세례를 베풀었습니다. 많을 때는 하루에만 9,514명.

기네스북에 세계 최대 세례예식 공식기록으로 등재되었습니다. 초코파이세례 장난세례가 아니었습니다. 얼마나 뜨거운 가슴으로 눈물범벅 기쁨범벅 세례를 받는지!

그러나 안타까운 건, 예배당이 너무 비좁다는 것. 주일이면 2,400명 좌석에 3,000명씩 5번을 꽉꽉 집어넣어도 15,000명을 다 수용할 수가 없습니다.

> "주의 권능의 날에 주의 백성이 거룩한 옷을 입고 즐거이 헌
> 신하니 새벽이슬 같은 주의 청년들이 주께 나오는 도다"(시
> 110:3)

정말 새벽이슬 같은 주의 청년들 15,000명이 주께 나왔습니다! 허나, 너무 많은 훈련병들이 몰려오기에 항상 먼 곳에서 오는 1,000여 명의 훈련병들은 교회 밖에서 서성이다 돌아가고 마는 현실. 비 오는 날이면 30분을 밖에서 비 맞으며 예배 입장을 기다리다 돌아가는 훈련병들. 들어와도 본당은 이미 제단 위까지 꽉 차고, 교육관에서 화상으로 예배도 드리지만, 보기에 너무나 안타까

운 현실.

꼭 제 심정이 예수님 심정과 같았어요.

"예수께서 나오사 큰 무리를 보시고 그 목자 없는 양 같음으로 인하여 불쌍히 여기사 이에 여러 가지로 가르치시더라"(막 6:34)

목자 없는 양처럼 성전 밖에서 유리하며 방황하는 청년들.

어느 날은 한 훈련병이 저를 찾아왔어요. 어머니랑 약속을 했다는 거예요. 훈련소 가면 꼭 교회 나가겠다고. 그런데 오늘도 자리가 없어 못 들어갔다고. 다음 예배 시간이라도 들어갈 수 없냐고. 그런데 군대는 그 연대병력이 함께 움직여야 하잖아요. 그건 안 된단다! 그렇게 말하며 그 훈련병을 놓고 우리 교인들이 함께 기도해 주는데 모두 눈시울을 붉혔습니다. 이건 말도 안 된다!

더 안타까운 건, 교회가 지은 지 너무 오래되었다는 것. 한번 태풍이 몰아치더니 지붕이 다 벗겨져 버렸습니다. 본당 천정이 뻥 구멍이 뚫려버렸습니다. 아, 주님의 십자가마저 무너져 버렸습니다.

그래서 한국교회 대형교회 목사님들에게 간곡히 호소했습니다. 새 예배당을 지어달라고. 한국교회 희망은 여기에 있다고. 이 훈련소를 한국교회가 포기하지 말아 달라고.

마침내 기공예식을 베푸는 날, 눈물이 하염없이 쏟아졌습니다. 그래서 정복을 입은 채로 흙바닥에서 큰절을 올렸습니다. 한국기독교군선교연합회 이사장이신 소망교회 곽선희 목사님, 새 예배당 건축후원회장이신 명성교회 김삼환 목사님 앞으로 가서. 돈도 없이 기공은 시작했지만, 끝까지 이 예배당 밖에서 배회하는 훈련병들을 기억해 주시라고. 이 훈련병들이 한 번에 5,000명 들어갈 수 있는 새 예배당만 지어주시면 큰절을 몇 번이라도 올리겠다고.

어느 주일밤, 김장환 목사님이 미국 목사님들을 모시고 오셨다가 제가 훈련병 예배를 인도하는 걸 보시고 마음에 전율이 이셨나 봐요.

다음날 새벽 6시, 직통전화를 주셨어요. 당장 서울 극동방송으로 올라오라고. 달려갔더니, 즉석에서 1억을 주시는 거예요. 이것으로 당장 새 예배당 건축을 시작하라고. 김장환 목사님 자신은 침례교 목사고, 저는 한국기독교장로회 목사고, 알아보니 교단은 다르지만, 그래서 더 귀하다며, 제 손을 잡고 즉석 인터뷰를 하자고 스튜디오로 끌고 들어가시는 거예요. 김장환 목사님도 한신대 출신 군목인 저를 보고 깜짝 놀라신 거예요. 거기서 한국교회여, 훈련소 교회를 도와달라고 눈물로 호소를 했습니다.

그 반응은 가히 폭발적이었습니다. 논산에 도착할 즈음부터 제 핸드폰에 불이 나는데, 순식간에 30억이 모이더라구요. 다 작은 헌금들이었어요. 콩나물 파시는 할머니 권사님. 30년 전 훈련소 출신인데, 아직도 그 낡은 건물이냐고, 한국교회는 뭐하냐고 탄식을 하시는 아버지 집사님. 세상에 그런 교회가 있느냐, 어서 지어라, 하루 일당을 다 보내 주신 여자 택시기사 집사님. 생애 마지막 헌금일지도 모른다고 보내 주신 말기암 환자 중국 선교사님. 시력을 잃게 될지 모르는 수술장에 들어가기 직전, 병상에서 극동방송을 듣고, 세상에 내 수술보다 더 급한 게 이거 아니냐, 딸에게 수술 전 어서 건축헌금을 보내라고 재촉하신 어머니 권사님. 미국에서 극동방송을 들었다며 한국교회 희망 100년이 목사님 어깨에 달려 있다고 격려하시며 한 달 연금을 그대로 다 보내주신 노년의 목사님.

이런 헌금들이 모여모여, 제가 떠나온 몇 년 뒤, 마침내 165억 새 예배당을 하나님께 헌당했습니다. 우리 교회가 우리 교단이 맡은 세례예식 때 새 예배당에 가서 특송도 했지요.

육군훈련소 연무대군인교회! 정말 잊을 수 없는 교회입니다. 매주 15,000명이 교회로 나오는데, 그중 30퍼센트는 교회를 다니던 친구들이고, 나머지 70퍼센트가 교회를 처음 나온 젊은이들입니다. 이렇게 교회 처음 나온 훈련병들이 가장 좋아하는 찬양이 뭔지 아십니까? 실로암! 얼마나 좋아하는지 교회가 떠나갈 기세입니다.

어두운 밤에 캄캄한 밤에 새벽을 찾아 떠난다.

실은 신상근 목사님이 고3 때 신학을 결심하면서 즉흥적으로 작사 작곡한 것인데, 최전방 GOP철책에서 새벽 밀조를 타고 초소 근무를 떠나는 군인의 모습과 겹치면서, 교회를 처음 나온 훈련병들도 뭔가 무의식적으로 끌리는 것 같아요.

근데 이 실로암을 너무너무 좋아하다 보니까, 교회 지하에서 여신도회가 붕어빵을 굽고 있는데, 머리 위 본당 바닥이 철렁철렁거립니다. 당시 육군훈련소 소장님도 아주 신실하셔서 장로임직을 베풀어 드렸는데, 매주 이렇게 본당이 철렁거리는 모습을 보시고, 이거 15,000명이 무너지면 세계적인 톱뉴스감이니 제발 목사님이 제지해 달라고 하시는데, 그 열정, 그 감동을 제어할 길이 없었습니다. 좀 조용히 부르자 하면, 되려 파도타기까지 합니다. 청개구리처럼. 미워서 화를 내도 안 됩니다. 속상해서 울어도 안 됩니다.

그때 하나님께서 저에게 주신 음성이 있었습니다. 훈련병들이 저에게 보내온 간증문을 통해서였어요.

김 모 훈련병의 간증문입니다.

"저는 20년간 살아오면서 특정한 종교가 없었습니다. 훈련소에서 처음으로 교회라는 곳을 접하게 되었습니다. 세례를 이번에 받음으로써 진정한 예수님의 제자가 되었다고 생각을 합니다. 세례를 받은 지금은 달라졌습니다. 일어나자마자 '오늘도 잠을 무사히 잘 수 있게 해주셔서 감사합니다.'라고 하나님께 감사하다고 말을 전합니다. 군대에 입대하고 나서 혼자라는 생각에 외로웠는데, 이제는 항상 하나님께서 함께 해주시니 외롭지 않습니다. 앞으로는 훈련소에서 배출돼서도 교회에 나가서 함께 할 것입니다. 저에게 이런 변화를 준 훈련소 교회에 정말로 감사하다고 생각합니다. 20년 만의 큰 변화가 늦었다고 생각하지는 않습니다. 이제 새로운 출발을 한다고 생각합니다. 이러한 변화를 짧은 시간에 주셔서 정말 감사합니다. 충성!"

양 모 훈련병의 간증문은 이렇습니다.

"저는 사회에 있을 때 종교가 없었습니다. 교회에 첫발을 내딛는 순간, 그곳은 군대와 너무도 달랐습니다. 신나는 찬송가도 부르고 목사님 말씀을 듣고 있자면 마음이 너무 편해졌습니다. 교회가 이렇게 따뜻하고 아름다울 줄은 그때 깨달았습니다. 저는 매주 일요일 교회 가는 것만 생각하며 한 주를 보냅니다. 처음에는 귀찮고 힘들기만 했던 훈련이 목사님의 좋은 말씀을 듣고 나니 긍정적으로 바뀌었습니다. 통제된 집단에서 답답해하던 제가 주님을 믿으니 마음이 든든해졌습니다. 언제 어디서나 저를 지켜봐 주시고 보살펴주시는 주님의 은총을 생각하니 없던 힘도 생깁니다. 사회에 있을 때 왜 진작 교회의 참된 진리를 깨닫지 못했을까 하는 후회가 듭니다. 이제부터라도 저는 절실한 기독교 신자로 살아가려 합니다. 저는 느꼈습니다. 주님은 항상 제 곁에 계시다는 것을. 다시 한번 주님과 목사님께 감사드립니다. 앞으로 주님 아래서 열심히 살겠습니다.”

한 모 훈련병의 간증문은 이렇습니다.

“처음에 입대하고 나서 저의 기분은 절망적이었고 외로웠습니다. 저는 종교도 없었습니다. 그런데, 찬송가를 듣고 목사님의 말씀을 듣고 기도를 드리면서 제 마음이 편해지고 앞으로의 훈련도 잘 해낼 수 있겠다는 느낌을 받았습니다. 그때부터 저의 생활은 크게 달라졌습니다. 훈련을 하면서 내내 진작에 왜 교회에 가지 않았을까 하는 생각이 들었습니다. 저는 이제 교회에 오는 것이 너무 즐겁습니다. 오늘도 저를 향해 무한한 사랑을 주시는 하나님께 기도드리겠습니다.”

이 모 훈련병의 간증문은 이렇습니다.

“저는 원래 아무 종교도 믿지 않는 ‘무교’였습니다. 교회를 처음 접해본 저로서는 어리둥절했습니다. 정말 큰 실내, 가득 채운 군인들과 목사님 설교를 듣고 기도하며, 훈련기간 동안 힘들 때 찬양을 흥얼거리기도 하고 목사님의 좋은 말씀도 생각하면서 힘내고, 4주차 때 세례도 받았습니다. 예수님을 존경하게 되고 선하고 남을 배려하며 살아야겠다는 마음가짐을 가지게 되었습니다. 군대에 와서 기독교를 믿게 된 것이 정말 좋은 기회가 된 것 같습니다. 제대하고도 꾸준히 교회를 다니면서 예수님 믿으며 사회에서 새로운 시작을 하고 싶습니다."

김 모 훈련병의 간증문입니다.

"21년을 살면서 저는 무교로 살아왔고, 종교에 대해 별다른 관심 없이 살아왔습니다. 일요일마다 솔직한 심정으론 소소한 먹거리가 목적이었지만, 전우들과 어울리고 저를 위해 희생하신 예수님의 이야기를 알게 되었고, 하루하루 이겨낼 용기와 힘을 얻을 수 있었습니다. 지금 당장이라도 포기하고 싶었지만, 멀리 보이는 희미한 교회의 십자가를 보며, 한 걸음 한 걸음 내일을 위해 딛어나갈 수 있었습니다. 5시간째 야간행군, 머리가 어지럽고 미칠 듯한 통증, 그 순간 기독교에서 부르던 '실로암'이 기억났습니다. 저도 모르게 통증을 잊어버리기 위해 실로암을 흥얼거렸고, 고통스럽고 흥분된 마음을 예수님께서 잠재워 주셨습니다. 예수님의 사랑을 알려주신 논산훈련소 기독교에 감사드리며 자대에 가서도 찬양드릴 것을 약속합니다. 충성!"

성 모 훈련병의 간증문은 이렇습니다.

"내면의 어려움이 극에 달했던 1주차 새벽에 저도 모르게 눈물을 흘리기도 했습니다. 군대에서 첫 주일, 교회에 들어가는 순간, 22년 제가 살아온 순간 동안 익숙하게 들어왔던 '아주 먼 옛날'이라는 찬양이 흘러나왔고, 저는 그 순간 눈물을 참을 수 없었습니다. 목사님 말씀처럼, 하나님과 함께하는 저에게 이 기간은 '동굴'이 아닌, 더 밝은 곳으로 나아가기 위한 '터널'인 줄을 이젠 믿습니다. 하나같이 만만치 않은 훈련들만 있지만, 하나님과 함께 하기에 두렵지 않습니다. 매주일 은혜로운 설교를 해주시고 훈련병들을 섬겨주시니 감사합니다. 전우들도 매주일 힘을 얻고 있습니다. 목사님, 주 안에서 평안하시기를 바랍니다. 샬롬!"

박 모 훈련병의 간증문은 이렇습니다.

"사회에서 사람들은 말합니다. 군대는 신앙의 무덤이라고. 하지만 제가 연무대에서 느낀 교회는 전혀 그렇지 않았습니다. 군인의 특성을 고려한 목사님의 설교 또한 복음을 전하기에 부족함이 없었습니다. 이제는 매주 주일이 기다려집니다. 찬양부터 설교까지 하나하나 소중합니다. 다음 한 주 또한 주님 안에서 사는 삶을 살기를 소망합니다."

김 모 훈련병의 간증문은 이렇습니다.

"저는 중학교 3학년 때부터 교회에 다녔습니다. 하지만 제 생활이 바빠지고 주님과 나, 관계의 시간이 적어지다 보니, 어느새 저는 형식적으로 예배를 드리고 있었고, 훈련소에 배치를 받은 저는, 주일날 연무대교회에 가게 되었습니다. 들어가자마자 한 형제가 찬양을 인도하는데, 그 가사가 어찌나 제 마음을 찌르고 주님께 머리 숙이며 회개하게 하던지 …… 너무 감사합니다. 설교 시간, 목사님이 꿈을 파는 슈퍼마켓이라는 제목으로 말씀을 선포해 주실 때, 너무 감사한 말씀이었습니다. 주일이 이렇게 저에게 기쁨이 되고, 교회가 이렇게 영혼의 쉼을 주는 곳인지, 다시 한번 깨닫게 되었습니다. 남은 군 생활 가운데 이를 계기로 더욱 주님 앞에 나아갈 수 있었으면 좋겠습니다."

임 모 훈련병의 간증문은 이렇습니다.

"저는 기독교 신자가 아닙니다. 그치만 제가 느낀 것들을 너무 말하고 싶어서 이렇게 펜을 들었습니다. 밤에 불침번을 서다가 자살을 할까, 이런 생각도 했었습니다. 헌데 교회를 처음 가보았는데, 몇천 명이나 되는 또래 군인들이 너무 활기차고, 목사님께서도 함께 어우러져서 찬양하고 이야기하고, 그런 모습들이 입대하고 나서 처음 보는 광경이었습니다. 가슴 속에서 무언가 벅차오름을 느꼈습니다. 세례, 이번에 꼭 받고 싶습니다. 자대배치를 받고도 교회에 열심히 나가볼 생각입니다. 우울했던 군 생활에 크나큰 활력소가 되어 준 교회 종교행사, 목사님, 전우들, 모두 너무 감사함을 느끼고 있습니다. 제가 이렇게 희망을 얻었듯이, 누군가도 이렇게 교회를 나감으로써 희망을 느낄 수 있으면 좋겠습니다."

김 모 훈련병의 간증문은 이렇습니다.

"저는 멀리 외국에서 20년 동안 생활을 하다가, 부모님과 헤어지고, 너무 힘들고 죽고 싶다는 생각을 했습니다. 그런 와중에 교회를 가게 되었는데, 눈물이 많이 나오더라구요. 우리 어머니와 동생, 그리고 저는 원래 교회를 다니는 신도였으나, 혼자 생활을 할 때부터 하나님 곁을 떠나게 되었습니다. 너무 슬펐습니다. 여기서도 자신감이 떨어지는 거 같아요. 목사님, 저 어떻게 하면 되겠습니까?"

강 모 훈련병의 간증문은 이렇습니다.

"저는 낙심했습니다. 실망했습니다. 절망했습니다. 낙망했습니다. 세상을 원망했습니다. 일요일에 난 자살을 해야겠다, 마음먹었습니다. 그런데 갑자기 종교 집합을 한다는 겁니다. 잠시 다녔던 교회가 끌려 교회로 가게 되었습니다. 당시 전 곧 죽을 거라는 생각에 별 생각 없이 한 선택이었습니다. 그런데 이 선택이 제 인생을 연장시키는 귀중한 선택이 되었습니다. 처음 목사님이 하신 말씀. 희망에 관한 이야기였던 것 같습니다. 전 목사님 말씀을 듣고 다시 한번 희망을 가져도 될까라는 생각을 하게 되었습니다. 실로암이라는 찬양을 부르며 신나게 뛰어놀다 보니, 새로운 전우들도 사귀게 되고, 조금만 더 살아야겠다는 생각을 하게 되었습니다. 목사님이 보여 주신 어린 서퍼. 불의의 사고. 한쪽 팔을 잃고. 저는 자살이라는 극단적인 선택을 하였던 것이 너무 부끄러웠습니다. 저는 저의 큰 시련을 교회에서 이겨낸 것에 대해 깊이 감사드리고 있습니다."

손 모 훈련병의 간증문은 이렇습니다.

"저는 교회를 한 번도 가본 적이 없습니다. 문턱조차 밟은 적이 없었습니다. 기독교의 첫 관문이 연무대군인교회였습니다. 첫주 때 들었던 목사님의 말씀, 이 또한 지나가리라, 힘든 훈련 속에 가슴에 각인되었습니다. 힘든 행군에도, 화생방 들어가는 문 앞에서도, 마음속으로 외쳤습니다. 이 또한 지나가리라. 삶의 엔돌핀이 되어 주셔서 감사합니다. 가나파이나 다른 선물을 바래서 올리는 글이 아닙니다. 감사의 말씀을 드리고 싶었습니다. 정말 감사합니다. 좋은 마음, 좋은 말씀, 바른 마음가짐을 갖게 해주셔서……."

이 모 훈련병의 간증문은 이렇습니다.

"처음 연무대교회에서 드렸던 예배는 충격 그 자체였습니다. 목사님 말씀대로, 예배의 눈높이를 입대 전 교회를 다니지 않았던 훈련병들에게 맞추다 보니 막말로 저급한 예배처럼 보였던 것은 사실입니다. 그러나 일주일 내내 예배가 기다려지고, 훈련 중 힘들 때는 저도 모르게 실로암을 흥얼거리게 되었습니다. 제 삶에서 찬양이 이렇게 나오고, 주일예배를 기다린 적이 얼마 만인지 모르겠습니다. 그래서인지 실망이다, 정신없다고 하는 전우들의 불평이 있음에도 불구하고, 저는 이런 교회가 있음에 감사합니다. 모든 영광을 주님께 돌립니다!"

강 모 훈련병의 간증문은 이렇습니다.

"사회에 있을 때 저는 한 번도 교회에 가본 적이 없었습니다. 교회의 이미지는 그저 기도하다 졸리는 곳일 뿐이었습니다. 그런 저에게 교회는 일주일을 버틸 수 있게 해주었습니다. 매주 일요일에 교회 갈 생각으로 일요일만 기다렸습니다. 그러던 중, 3주차에 맨 앞줄에서 목사님을 가까이서 뵙고 한 대 맞은 듯한 느낌이 들었습니다. 말씀 하나하나를 귀 기울여 들었습니다. 말씀을 들으면 들을수록 뭔가가 내 안에 채워지는 기분이 들었습니다. 전우의 성경을 빌려 읽고, 내친김에 세례도 받았습니다. 이러한 저의 변화가 그저 일시적인 착각이 아니라고 믿어 의심치 않습니다. 앞으로 자대 가서도, 또 전역 후 사회에 나가서도, 신앙생활을 하며 살겠습니다. 저에게 길을 가르쳐 주셔서 감사합니다, 목사님!"

신 모 훈련병의 간증문은 이렇습니다.

"저는 신을 믿지 않습니다. 아니, 믿지 않았었습니다. 그러다, 군대에 왔습니다. 마음 전체가 텅 비어 있는 느낌. 완전한 공허함. 밥을 먹어도 채워지지 않는! 그래서 너무 답답해졌고, 스트레스도 심하게 받기 시작했습니다. 옆 전우가 저에게 '기독교를 가자, 정말 좋다.'고 말했습니다 …… 희망이 제 가슴을 채우기 시작했습니다. 세례를 받으면서 생각했습니다. 믿자! 하나님을 믿자! 그리고 눈을 뜨니, 세상이 달라졌습니다. 가장 먼저 공허함이 사라졌습니다. 기쁨이 제 가슴을 채워 주는 것 같았습니다. 전 이제 즐겁습니다. 기쁨 없이 살아가는 사람들이 저처럼 하나님을 믿고, 마음을 기쁨으로 가득 채울 수 있도록 기도하고 있습니다. 아멘."

윤 모 훈련병의 간증문은 이렇습니다.

"하루하루 교회에 나갈 때마다 스트레스가 확확 풀리고, 교회에 나가는 것만을 기다리고 있고, 교회에 대한 생각도 긍정적으로 바뀌어 갔습니다. 정말 교회 가는 것이 너무나 즐거워졌습니다. 저는 찬송가가 이렇게 기쁜지 처음 느꼈습니다. 찬송가를 부를 때 정말 행복이란 걸 느낍니다. 저에게 이런 생각을 가질 수 있게 도와주신 신현복 목사님에게 정말 감사를 표하고 싶습니다. 매주 한 마디 한 마디 좋은 말씀 감사합니다. 앞으로 저는 기독교에 몸을 묻을 것입니다. 목사님, 감사합니다."

박 모 훈련병의 간증문은 이렇습니다.

"다 같이 온 맘 다해 예배를 드리는 모습을 보고 얼마나 하나님께 감사한지! 목사님께 너무나 감사할 따름입니다. 목사님께서 더욱 힘내시고 하나님께서 주신 사명을 잘 감당하실 줄 믿습니다. 많은 이들을 주님의 능력으로 변화시켜 주세요. 너무나 감사해요, 목사님! 목사님과 교회를 위해 삶의 예배를 드리겠습니다. 화이팅! 사랑하고 축복합니다. 저의 간증문을 통해 목사님께 힘이 되셨으면 합니다. 사랑해요, 목사님, 너무너무너무!"

양 모 훈련병의 간증문은 이렇습니다.

"저는 교회를 다닌 적도 없고 하나님이 누구인지 뭔지 아무것도 모르지만, 이렇게 사람들이 열광하는 뒤에는 무언가가 있다고 생각합니다. 원래 제가 생각해 왔던 교회라는 이미지는 무겁고 경건한 느낌이었는데, 연무대군인교회는 너무 즐겁고 재미있었습니다. 지금은 하루하루를 일요일만 보고 살아갑니다. 간증이 뭔지도 모르고 그냥 목사님께 편지를 쓰는 것 같지만, 하나님이 누구신지에 대해 궁금하기도 합니다. 주일에 뵙겠습니다."

이 모 훈련병의 간증문은 이렇습니다.

"초등학교 때 교회를 다니다가 입대한 저는 노는 걸 좋아하지만, 기도드리는 시간만큼은 누구보다 진중합니다. 너무 개방적인 느낌도 들었지만, 그렇기에 더 즐거운 시간이 되었던 것 같습니다. 매일매일 일요일만, 교회 가는 날만 기다리고 있으며, 오랜만의 신앙 활동이라서 그런지 더 들뜨는 기분도 들고 더 기대되는 것 같습니다. 방황의 끝은 시작이라고, 앞으로 더욱 진중하고 깊게 신앙생활을 할 수 있을 것 같습니다. 감사합니다!"

오 모 훈련병의 간증문은 이렇습니다.

"저는 원래는 정신과 전문의인데 공부를 더 하고 싶어 카이스트 박사과정으로 입학하고 전문연구요원으로 와 있습니다. 이러한 제가 간증문을 쓰는 이유는 오늘 말씀을 들으면서 느낀 바가 크기 때문입니다. 오늘 목사님께서 '리멤버 크리스천'이라는 제목으로 말씀을 전해 주셨습니다. 처음에는 무슨 뜻인지 이해가 되지 않았지만, 에베소서 말씀을 들으면서 차츰 하나님의 인도하심이 있다는 확신이 들었습니다. 저는 훈련소에서 교회에 예배드리러 가는 30%의 크리스천입니다. 지난주도 그렇고, 오늘도 그렇고, 그 어느 때보다도 저에겐 뜨거운 예배였습니다. 남몰래 눈물이 글썽이고 그동안 교만했던 모습들이 눈앞에 스쳐 갔습니다. 지금은 말씀 하나하나가 어찌나 달고 귀한지 모르겠습니다. 언제나 주 안에서 능력 있는 말씀을 전해 주시도록 기도드립니다. 모든 것을 주시는 하나님께 감사드립니다."

김 모 훈련병의 간증문은 이렇습니다.

"저는 모태신앙으로서 어렸을 적부터 교회를 다녔습니다. 매주 주일성수를 하고 다녔지만, 하나님에 대한 믿음이 부족했습니다. 저의 신앙심과 믿음이 약해진 이유는 너무 지루한 예배입니다. 항상 고민은 지루한 예배를 극복하는 거였습니다. 연무대교회 와서 신현복 목사님의 말씀 중, 처음 시작에 '재미를 넘어 감동으로' 했을 때, 처음 오는 신도의 눈높이를 맞췄구나, 예배가 이럴 수 있구나, 저에게 교회에 대한 지루한 편견을 깨줬습니다."

양 모 훈련병의 간증문은 이렇습니다.

"평소 교회를 다녔지만, 논산 육군훈련소 예배를 통해 큰 은혜를 받았고 하나님의 역사하심을 느낄 수 있었습니다. 평소 부르던 실로암이 이곳에서 정말 은혜가 넘치는 찬양으로 느껴졌고, 3천 명의 전우들이 함께 부를 때 전율을 느꼈습니다. 사회로 돌아가도 잊을 수 없는 은혜를 주신 하나님께 감사와 영광을 돌립니다. 이곳에서 함께 훈련받는 전우들이 모두 하나님의 큰 은혜를 받고 영접하여, 나의 주 하나님을 고백하는 역사가 일어나길 항상 기도하겠습니다. 하나님, 사랑합니다. 목사님, 감사합니다. 전우 여러분, 축복합니다."

박 모 훈련병의 간증문은 이렇습니다.

"저는 모태신앙으로 자라다, 군대 오기 전부터 40일 작정기도를 군대 생활을 위해 기도했습니다. 처음에 연무대군인교회를 갔을 때 예배의 모습은 예상한 모습보다도 더 당황스러웠습니다. 그래서 솔직히 그때는 통제를 필요만큼 하지 않으시는 목사님 벌 주시라고, 하나님 예배를 놀이터로밖에 모르는 자들, 비록 몰라서 그런 것이지만 꼭 벌 주시라고 어린 마음에 기도했습니다. 그리고 다음 주일에 갔을 때, 달라진 예배의 분위기에 많이 놀랐습니다. 주님을 사모하는 자들의 마음이 예배를 주도함이 느껴졌습니다. 찬양 속에 진정성이 많이 느껴지고, 제 자신도 영이 기쁨으로 주를 찬양하고 있음을 알고, 하나님과 교회에 감사했습니다. 목사님, 힘내시고 제가 앞으로 갈 자대에서도 하나님께 드리는 기도 놓치지 않고, 하나님의 놀라운 역사를 늘 체험할 수 있도록 기도해 주신다면 감사하겠습니다. 할렐루야!"

이 모 훈련병의 간증문은 이렇습니다.

"안녕하세요, 목사님! 저는 목사님 아들입니다. 목사님 아들이라는 명목에 힘들고 신앙도 제자리걸음을 걷고 있었습니다. 연무대교회에서 정말 믿음의 안식처와, 정체기를 믿음의 전진으로 바꿈에 주님께 감사드리고, 항상 수고하시고 주님의 진실된 종으로 큰 사역을 담당하시는 신현복 목사님에게 감사드립니다. 정말 경이로운 것은 믿지 않는 자가 70%임에도 불구하고, 성령님의 임재와 주님의 함께하심! 다 주님의 축복과 목사님의 기도와 주님께서 주신 지혜로 오전예배와 저녁예배를 구성하시는 신현복 목사님의 수고입니다! 정말 매주 힘든 훈련에 위로가 되며, 제대 후 진정한 신앙인으로서 천국의 기쁨을 알리는 사람으로서, 귀한 생명, 마음을 다하여 전도하겠습니다. 아멘! 할렐루야! 항상 수고해 주십시오!"

지 모 훈련병의 간증문은 이렇습니다.

"저는 지난 6년간 필기류를 손에 잡아본 적이 없었습니다. 중학교 2학년 때부터 학업을 포기하였고, 고등학교에 올라가서는 학교를 두 번이나 옮기면서 생활하였지만, 결국 고등학교를 마치지 못했습니다. 군대 오기 전에는, 저에게 어떤 종교도 삶의 위안이 되지 못했습니다. 연무대교회! 이 순간은 군 생활이 끝날 때까지, 아니 평생 잊지 못할 것 같습니다. 신나는 노래를 부르며 전우들과 함께 하나님을 찬미하고, 하나님이 절 사랑하신다는 것을 느낀 그 순간, 군대에 입대하고 처음으로 저의 얼굴에 웃음이 퍼졌습니다. 지난주 토요일에도 기쁘게 세례를 받고, 앞으로 저의 남은 삶 동안 이 믿음을 지켜갈 것이라고 다짐했습니다. 저를 이렇게 아름다운 길로 이끌어 주신 주님의 목자 신현복 목사님께 하나님의 은총이 가득하길 바랍니다."

간증문마다 다 이렇습니다. 예배의 첫 감격, 세례의 다짐, 실로암 찬양의 기쁨. 한 자 한 자 너무나 진지하게, 빼곡빼곡, 고스란히, 적혀 있습니다. 저는 이런 간증문들을 매주 500여 통씩, 2년간 52,000통을 받았습니다. 하나님이 이 땅을 버리지 않으시는구나! 어떻게 교회를 처음 나와 본 이 신세대 청년들이 5주 만에 이렇게 변화될 수 있는가! 하나님께서 하시는 일이구나! 밤마다 눈시울을 붉히면서 읽었습니다.

"그러면 그 사람은 사람들에게 간증하기를 '내가 죄를 지었습니다. 올바른 것을 그르다 하였고, 그른 것을 올바르다 하였습니다. 그런데도 하나님께서는 나를 징벌하지 않으셨습니다. 그분께서는 자비의 손길을 뻗쳐 무덤으로 내려가는 내 영혼을 건져주셨고, 그래서 오늘날 나로 하여금 이렇게 생명의 빛을 즐기며 살게 해 주셨습니다.' 할 것입니다."(욥 33:27-28, 쉬운말)

훈련병들의 간증! 제가 교회 처음 나왔는데 5주 만에 이렇게 주님을 영접하고 변화되었습니다. 저는 지금 너무너무 기쁩니다. 실로암 찬양이 너무너무 힘이 됩니다. 죽고 싶었는데 이제는 살고 싶습니다! 이 간증을 듣게 하시려고 나를 이곳에 보내셨구나! 이것이 나를 향하신 하나님의 선한 뜻이었구나! 이 땅의 젊은이들 생명을 건져내는 복음의 통로가 되는 것. 그리고 그들의 생생한 간증을 온 세상에 알려라. 이것이 나를 이곳으로 부르신 하나님의 소명이었구나!

그때 주님께서 제 마음에 주신 성경 구절이 있습니다.

"찬양으로 화답하며 여호와께 감사하여 이르되 주는 지극히 선하시므로 그의 인자하심이 이스라엘에게 영원하시도다 하니 모든 백성이 여호와의 성전 기초가 놓임을 보고 여호와를 찬송하며 큰 소리로 즐거이 부르며"(라 3:11)

실로암 찬양으로 교회가 떠나가라 화답하는 것. 그건 훈련병 잘못이 아니다. 큰 소리로 즐거이 실로암을 부르는 것. 그건 훈련병 잘못이 아니다. 오히려 더 성경적이다. 내가 더 원하던 바다. 주님이 그렇게 말씀하시는 거예요. 결국 훈련병들의 문제가 아니고, 내 영성 리더십의 문제구나! 그래서 결단했습니다. 그래, 아예 자율적으로 맡기자. 그리고 구호를 만들었습니다. 저를 따라 외치게 했습니다. "재미를 넘어 감동으로! 감동을 넘어 복음으로! 복음의 핵심은? 원 웨이 지저스 크라이스트! 여러분의 군 생활을 인도해 주실 분은? 원 웨이 지저스 크라이스트!" 그랬더니 분위기가 좀 잡히는 거예요. 한쪽에서 파도타기를 하려 하면, 다른 쪽 친구들이 쉬 하면서 자신들끼리 스스로 통제를 하는 거예요. 아, 이거였구나!

그래서 구호를 하나 더 외치게 했습니다. "찬양은 뜨겁게, 예배는 경건하게!" 2011년에 만든 구호인데, 지금도 외치고 있더라구요. 그렇게 구호를 외치게 했더니, 놀랍게도 그 말대로 되더라구요. 자율적으로 스스로 변하는 거예요. 찬양은 뜨겁게, 예배는 경건하게!

사랑하는 성도 여러분, 저는 병상에서 이 훈련병들에게 가르쳐 준 구호를 다시 한번 떠올렸습니다. 찬양은 뜨겁게, 예배는 경건하게! 그런데 병상에서 주님이 이러시는 거예요. 현복아, 그다음 구호를 만들어라! 예? 그다음 구호라구요? 그래, 그다음 구호가 이제 네 남은 소명이다. 그러면서 주님이 저에게 주신 그다음 구호가 뭔지 아십니까? 따라합시다. 예배는 경건하게, 일상은 거룩하게!

교회에 오셔서 예배는 경건하게 드리는데, 일상은 전혀 엉망인 그리스도인들. 저도 별다르지 않습니다. 저의 위선적인 모습은 요즘 10도를 오르내리는 초가을 일교차보다 더 심합니다. 제단 위에서는 천사, 제단 아래에서는 악마, 바로 저의 위선입니다. 여러분은 어떻습니까? 가정에서, 직장에서, 아파트에서, 정치 경제 사회 문화 종교 도덕 군대 예술 스포츠 각계 방면에서, 전혀 그리스도인답지 못한 교인들. 더 갑질하고 더 이기적이고 더 스트레스를 줍니다. 더 욕심이 많습니다. 전혀 거룩하지 못합니다.

> "기록되었으되 내가 거룩하니 너희도 거룩할지어다 하셨느니라"(벧전 1:16)

레위기 11장 44절 말씀을 사도 베드로가 인용한 것입니다. 여기서 거룩이라는 말은 성경 원어 헬라어로 하기오스입니다. 하기오스란 세상 것들과 구별되었다는 뜻입니다. 성부(聖父), 성자(聖子), 성령(聖靈), 성전(聖殿), 성도(聖徒), 성경(聖經), 성례(聖禮), 성일(聖日). 다 한자로 거룩할 성(聖)입니다. 성경 원어로 다 하기오스입니다.

하여, 기독교의 본질은 거룩입니다. 일상생활의 본질도 거룩이 핵심이어야 합니다. 아무리 상처를 치유 받았다 해도, 아무도 천국의 행복을 되찾고 누리고 전한다 해도, 일상에서 거룩을 놓치면 우리는 가장 중요한 신앙의 본질을 놓치는 것입니다.

교회가 세상과 다를 게 없다면, 예수님이 얼마나 슬퍼하시겠습니까? 세상에서 하던 습관, 세상에서 하던 버릇, 세상에서 하던 주장들을 그대로 교회에 가지고 와서 자기주장만 편다면, 자기를 믿는 거지, 어찌 거룩하신 주님을 믿는다 하겠습니까?

그러므로 훈련병들이 "찬양은 뜨겁게, 예배는 경건하게!"라고 외쳤다면, 이제 우리는 새롭게 외쳐야 합니다. "예배는 경건하게,

일상은 거룩하게!" 그리고 그 외침이 현실이 되어야 합니다. 그래야 여러분이 가는 곳마다 거룩해지고 하나님의 나라가 이루어질 것입니다.

일상에서 거룩을 추구하는 그리스도인들. 그런 그리스도인들을 2천 년 기독교 전통에서는 영혼의 친구(soul friend)라는 아름다운 언어로 불러왔습니다. 예수님 말씀에서 기원한 것입니다.

"너희는 내가 명하는 대로 행하면 곧 나의 친구라 이제부터는 너희를 종이라 하지 아니하리니 종은 주인이 하는 것을 알지 못함이라 너희를 친구라 하였노니 내가 내 아버지께 들은 것을 다 너희에게 알게 하였음이라"(요 15:14-15)

예수님이 나를 친구라 불러주시겠다는 것. 단, 전제조건이 붙어 있습니다. 내가 명하는 대로 행하면! 어떤 명입니까?

"오직 너희를 부르신 거룩한 이처럼 너희도 모든 행실에 거룩한 자가 되라"(벧전 1:15)

모든 행실에 거룩한 자가 되는 것! 그러면 예수님이 우리를 종이라 하지 않으시고 너는 내 친구라고 부르시며 파격적인 신분 이동을 시켜주시겠다 약속하십니다.

그래서 우리도 거룩한 자 되어 예수님과 영혼의 친구로 살아가는 것! 이것이 이번에 저에게 주신 병상의 소명입니다. 새로운 소명이 아닙니다. 더 확실해진 소명입니다. 이제는 저 혼자만의 소명이 아닙니다. 너에게 붙여준 온 성도들과 함께 서로 거룩을 추구하며, 영혼의 친구로 살아가라. 장로님들과 안수집사님들과 권사님들과 집사님들과 새가족들과 함께, 청년들과 자녀들과 이 지역 사회와 함께, 저 오대양 육대주 82억 인류를 품고, 복음을 모르는 선교지로 나아가, 서로 거룩을 추구하며, 영혼의 친구로 살아가라. 더 확장된 소명입니다. 지금처럼은 안 된다. 부디 영혼의 친구로서, 서로서로 거룩을 추구하는 영성생활, 영성훈련, 영성수련, 영성지도 프로그램을 개발해서, 거룩의 신비에 더 깊이 들어가라. 더 깊어진 소명입니다.

사랑하는 성도 여러분, 제가 얼마나 더 살지는 아무도 모릅니다. 여러분이 얼마나 더 살지도 아무도 모릅니다. 생명을 주관하시는 하나님만 아십니다. 그렇다면 이제 남은 삶, 어떻게 살 것인가? 내 영혼의 친구 예수님처럼, 교회에서 직장에서 가정에서 일상에서 서로 거룩을 추구하는 영혼의 친구로 살아가는 것. 이제 남은 삶, 이 소명, 이 소명! 세속사회 한복판, 이 외로운 인생길에서, 일상의 거룩을 추구하며 살아가고자, 오늘도 지친 몸, 지친 마음, 지친 영혼, 몸부림을 치며 이 자리에 나오신 나의 영적 동반자들이여, 내 영혼의 친구들이여, 우리, 이 일을 같이하지 않으시렵니까?

세브란스병원에서 퇴원을 하고, 여러분이 배려해 주셔서 수원 아이들 집에서 잠시 지냈습니다. 회복을 위하여 아파트 뒷산에 매일 올라갔습니다. 아주 평이한 길인데, 유독 한 곳만은 경사가 좀 있었습니다. 그런데 어느 날, 그곳을 한번 올려다보다 깜짝 놀랐습니다. 계단 모서리가 깨져 있는 것 아니겠습니까! 꼭 제 처지와 같았습니다. 이번에 이렇게 산산조각 내 몸의 모서리들이 박살 나고 깨져버렸지만, 그래도 올라가야 할 길, 그래도 올라가야 할 소명의 길이 저에게는 남아 있다는 것.

> "형제들아 나는 아직 내가 잡은 줄로 여기지 아니하고 오직 한 일 즉 뒤에 있는 것은 잊어버리고 앞에 있는 것을 잡으려고 푯대를 향하여 그리스도 예수 안에서 하나님이 위에서 부르신 부름의 상을 위하여 달려가노라"(빌 3:13-14)

사도 바울, 평생 몸에 가시를 안고 살았습니다. 모서리가 깨진 몸. 그래도 그 깨진 몸으로, 푯대를 향하여, 부름의 상을 위하여, 달려갔습니다. 이제 저도 그렇게 살려고 합니다. 사도 바울처럼. 예수님처럼. 내 몸의 모서리들이 깨져버렸지만, 그래서 아프지만, 그래서 슬프지만, 그래서 기약이 없지만, 여러분이 도와주신다면, 하나님이 부르신 저 소명의 길, 그래도 나 올라가리라, 나 달려가리라, 노래하는 순례자 되어.

제2부 역경은 훗날 경력이 된다

06
역경은 훗날 경력이 된다

"여호와의 말씀이니라 너희를 향한 나의 생각을 내가 아나니
평안이요 재앙이 아니니라 너희에게 미래와 희망을 주는 것
이니라 (12) 너희가 내게 부르짖으며 내게 와서 기도하면 내가
너희들의 기도를 들을 것이요 (13) 너희가 온 마음으로 나를
구하면 나를 찾을 것이요 나를 만나리라"(렘 29:11-13)

서핑(surfing), 파도타기는 요즘 우리나라에서도 상당히 인기 있
는 스포츠입니다. 사람 키보다 조금 작은 보드 발판 위에 올라서
서, 파도의 흐름에 따라, 다양한 테크닉을 구사하는 해상 스포츠.
능숙한 사람이 아니면, 몇 초도 중심을 못 잡습니다. 밀어 치는 파
도 때문에, 보드 발판 위에 서 있기가 굉장히 어려운 스포츠입니
다.

이 서핑 분야에서 세계적인 여성 프로선수가 있습니다. 베다니
해밀턴(Bethany Hamilton). 1990년 2월 8일 하와이 카우아이
섬에서 서퍼 가문에 태어난 베다니. 8살 때, 오아후에서 열린 서핑
대회에 참가하여, 숏보드와 롱보드 부문에서 둘 다 우승을 차지
했습니다.

그런데 여러분, 이 베다니 해밀턴을 주인공으로 해서 만든 영화 보셨나요? 소울 서퍼(Soul Surfer). 그 영화는 이렇게 시작됩니다. 2003년 10월 31일, 베다니가 13살 때, 하와이 카우아이 북쪽 해안에서 친구들과 서핑을 하던 중, 4미터가 넘는 호랑이 식인상어에게 기습공격을 받습니다.

이 사진이 실제 식인상어 이빨에 뜯겨져 나간 베다니의 당시 서핑 보드입니다. 그 식인상어의 공격으로 베다니는 왼팔이 잘립니다. 온몸의 피가 60퍼센트 이상 빠져나가 솟구칩니다. 이 영화에서, 베다니가 구조를 받으며 해안가에 도착했을 때, 부르짖던 절규. 하나님, 제발!

저도 어머니가 오토바이 사고로 병원에 실려 가셨다는 말을 들었을 때, 넋이 나가 털썩 그 자리에 주저앉아 드렸던 외마디 기도가 바로 이 기도였습니다. 하나님, 제발!

저도 3년 전, 폐암 4기라는 진단을 받았을 때, 뇌까지 전이되어 급하게 뇌종양 수술을 받지 않으면 살 날이 1주일밖에 안 남았다는 말을 들었을 때, 넋이 나가 외쳤던 기도가 바로 이 기도였습니다. 하나님, 제발!

사랑하는 성도 여러분, 인생은 서핑과 같습니다. 모험의 연속입니다. 언제 사나운 파도가 나를 덮칠지 모릅니다. 언제 식인상어가 내 팔을 물어뜯을지 모릅니다. 너무 아프고, 너무 외롭고, 너무 슬프고, 너무 암울하고, 너무 답답하고, 너무 속상하고. 여러분, 지금이 그런 때라구요?

그렇다면, 이런 역경이 닥쳐올 때, 저와 여러분이 꼭 기억해야 할 것은 무엇일까요?

역경 속에서도 놀랍도록 '평안'을 주신다는 것입니다.

<소울 서퍼>. 이 영화의 주인공 베다니처럼, 서핑선수에게 한쪽 팔이 없다는 것, 이게 재앙이 아니면 무엇이란 말입니까? 더 이상 시합에 나갈 수도 없습니다. 더 이상 예쁜 드레스를 입을 수도 없습니다. 더 이상 한 발자국도 뗄 수 없습니다. 모든 문이 닫혀 버렸습니다. 이것이 재앙이 아니면 무엇이란 말입니까?

그런데 오늘 성경을 보면, 하나님의 생각은 좀 다르십니다.

"여호와의 말씀이니라 너희를 향한 나의 생각을 내가 아나니 평안이요 재앙이 아니니라 너희에게 미래와 희망을 주는 것이니라"(렘 29:11)

선뜻 받아들이기 어려운 말씀. 여러분을 향한 하나님의 생각이 있는데, 하나님의 생각에 이번 일은 절대 재앙이 아니라는 것입니다.

이게 무슨 의미일까요? 오늘 본문은 어떤 상황에서 하시는 말씀일까요?

"선지자 예레미야가 예루살렘에서 이같은 편지를 느부갓네살이 예루살렘에서 바벨론으로 끌고 간 포로 중 남아 있는 장로들과 제사장들과 선지자들과 모든 백성에게 보냈는데"(렘 29:1)

바벨론으로 포로로 끌려가서, 70년을 고생하고 있는 이들에게 보낸다는 편지가 매우 황당합니다. 포로생활을 하나님이 끝장내시고 고국으로 당장 돌아오게 하실 것이다, 그럴 예언의 내용이 아니었습니다.

> "너희는 집을 짓고 거기에 살며 텃밭을 만들고 그 열매를 먹으라 (6) 아내를 맞이하여 자녀를 낳으며 너희 아들이 아내를 맞이하며 너희 딸이 남편을 맞아 그들로 자녀를 낳게 하여 너희가 거기에서 번성하고 줄어들지 아니하게 하라"(렘 29:5-6)

거기서 아주 평안하게 살라는 말씀이었습니다. 지금 가장 중요한 것은, 이 포로생활의 역경 속에서도 놀랍도록 평안을 누리는 것이라고 말씀하십니다.

> "너희는 내가 사로잡혀 가게 한 그 성읍의 평안을 구하고 그를 위하여 여호와께 기도하라 이는 그 성읍이 평안함으로 너희도 평안할 것임이라"(렘 29:7)

평안을 3번이나 힘주어 말씀하십니다. 누굴 놀리시는 것도 아니고! 하나님은 왜 그런 편지를 보내게 하셨을까요? 하나님의 큰 그림이 있으셨기 때문입니다.

> "이것은 여호와의 말씀이니라 나는 너희들을 만날 것이며 너희를 포로된 중에서 다시 돌아오게 하되 내가 쫓아 보내었던

나라들과 모든 곳에서 모아 사로잡혀 떠났던 그 곳으로 돌아
오게 하리라 이것은 여호와의 말씀이니라"(렘 29:14)

마침내 다시 돌아오게 될 것이다. 마침내 다시 건강이 다시 돌아
오게 될 것이다. 우리는 이런 하나님의 큰 그림을 보지 못합니다.
그래서 좌불안석입니다.

소울 서퍼, 그 영화의 실제 주인공, 베다니 해밀턴의 공식 SNS,
트위터와 홈페이지에 들어가 보면, 이와 똑같은 놀라운 간증이 실
려 있습니다.

"내가 상어의 습격을 받은 뒤, 사람들이 20분 동안 노를 저
어 나를 해안가로 데려와야만 했을 때, [그 역경 속에서도
묘하게] 평안을 주신 분이 계셨으니, 바로 예수님이셨습니
다."(It was Jesus Christ who gave me peace when I was
attacked by the shark. They had to get me to the beach,
which took 20 minutes of paddling.)

그 홈페이지에서 베다니는 성경구절 한 곳을 언급하고 있습니
다.

"그리하면 모든 지각에 뛰어난 하나님의 평강이 그리스도 예
수 안에서 너희 마음과 생각을 지키시리라"(빌 4:7)

사랑하는 성도 여러분, 인생은 서핑과 같습니다. 모험의 연속입

니다. 언제 사나운 파도가 나를 덮칠지 모릅니다. 언제 식인상어가 내 팔을 물어뜯을지 모릅니다. 지금이 그런 때라구요? 내 인생의 문이 닫혀 버렸다구요? 내가 생각했던 진학의 문, 진로의 문, 진급의 문, 건강의 문, 물질의 문, 관계의 문, 취업의 문이 완전히 닫혀 버렸다구요? 아, 이건 재앙이라구요? 그런데 우리 꼭 기억합시다. 저와 여러분을 향한 하나님의 생각은 좀 다르시다는 것. 이것은 절대 재앙이 아니라는 것. 역경 속에서도 하나님은 반드시 저와 여러분에게 '평안'을 주신다는 것. 믿으시면 아멘!

그렇다면, 이런 역경이 닥쳐올 때, 저와 여러분이 꼭 기억해야 할 것은 또 무엇일까요?

온 마음으로 구하면 반드시 '미래'를 주신다는 것입니다.

여러 번의 대수술을 받은 베다니. 베다니는 너무너무 낙심을 하게 됩니다. 이제 내가 할 수 있는 것은 아무것도 없다!

시합에 나가 보지만, 여지없이 떨어지고 맙니다. 창피만 느낄 뿐입니다. 그래서 베다니는 이 모든 상황을 포기해 버리려고 마음먹습니다. 자신의 서핑 도구도 구경 나온 아이들에게 다 줘버립니다. 베다니의 지금 심정은 딱 이 한마디로 요약할 수 있습니다. 내 인생의 문이 닫혀 버렸다!

베다니는 아빠한테 하소연을 합니다. 왜 이런 일이 생긴 거죠? 이제 나는 어떡하면 되죠?

여러분이라면 무슨 말을 해주시겠습니까? 여러분 옆 친구들이 역경을 만나 힘들어할 때, 이제 나는 어떡하면 되니, 속상해하며 울먹일 때, 무슨 말을 해주시겠습니까? 위로가 위로가 될 수 없는 상황. 저도 직접 겪어보니, 참 쉽지 않습니다.

그런 의미에서, 저는 여기 베다니 아빠가 딸에게 해준 세 가지 권면이 참 와 닿았습니다.

이런 때일수록 하나님을 향해 기도하렴!
이런 때일수록 하나님께 귀를 기울이렴!
이런 때일수록 하나님의 때를 기다리렴!

3기로 시작되는 아빠의 권면! 기도하렴! 기울이렴! 기다리렴! 이 외에 무슨 말이 더 필요할까요? 아빠도 그런 과정을 지나왔단다. 기도하자. 기울이자. 기다리자. 얼마나 가슴 찡한 말입니까? 이제는 내 인생의 문이 완전히 닫혀 버렸다고 느낄 때, 우리도 이렇게 3기, 기도하고 기울이고 기다릴 수 있을까요?

분명 쉽지 않겠지요. 그래도 그렇게 해야 합니다. 주님의 약속이 있기 때문입니다.

"너희가 내게 부르짖으며 내게 와서 기도하면 내가 너희들의 기도를 들을 것이요"(렘 29:12)

이것이 주님의 약속입니다. 이것이 오늘 여러분에게 주시는 주님의 복음입니다.

베다니는 아빠 말에 힘입어, 마침내 낙심을 툴툴 털어내 버립니다. 다시 온 마음으로 서핑을 시작합니다. 이제 그 누구도 그녀의 앞길을 막아낼 자 없습니다. 팔이 없다는 게 아무런 문제가 되지 않습니다. 온 마음으로 서핑을 하는 베다니에게 더 이상 낙심은 없습니다.

아무도 파도가 일지 않을 것이라고 단념하고 있을 때, 베다니는 바닷물 위에 손을 얹어, 가만히 가만히, 수평선 저 너머, 파도가 일기 시작하는 것을 감지할 수 있었습니다. 그리고 마침내 세상에서 가장 아름다운 파도타기를 해냅니다. 어떻게 이 일이 가능했을까요? 그것은 베다니가 온 마음으로 파도를 구하고 있었기 때문입니다.

믿음도 마찬가지입니다. 지금은 미래가 전혀 보이지 않지만, 보이지 않는 저 수평선 너머에서 파도가 밀려오기를 온 마음으로 구하는 것, 그것이 믿음입니다. 그래서 히브리서 11장, 믿음은 보이지 않는 것을 내다볼 수 있는 눈이라고 말씀하신 것입니다.

온 마음으로 파도를 구했더니, 파도가 찾아왔다! 온 마음으로 파도를 찾았더니, 파도를 만나게 되었다! 주님께서는 이렇게 여러분이, 온 마음으로 주님을 구할 때, 여러분을 찾아오십니다. 여러분을 만나 주십니다. 여러분의 탄식을 들어주십니다. 여러분의 눈물을 닦아주십니다. 여러분의 아픈 가슴을 안아 주십니다.

오늘 성경 말씀도 바로 그런 약속이십니다.

"너희가 온 마음으로 나를 구하면 나를 찾을 것이요 나를 만나리라"(렘 29:13)

이것이 주님의 약속입니다. 이것이 오늘 여러분에게 주시는 주님의 복음입니다.

역경에 부딪힐 때, 여러분도 다들 괴로우셨죠? 이제 미래가 없다고 생각하셨죠? 그러나 여러분, 그것은 여러분의 생각입니다. 하나님의 생각은 좀 다르십니다.

> "여호와의 말씀이니라 너희를 향한 나의 생각을 내가 아나니 평안이요 재앙이 아니니라 너희에게 미래와 희망을 주는 것이니라"(렘 29:11)

이것이 주님 약속입니다. 이것이 오늘 여러분에게 주시는 주님의 복음입니다.

사랑하는 성도 여러분, 인생은 서핑과 같습니다. 서핑에는 파도가 꼭 있어야 합니다. 안 그런가요? 서핑 선수에게 파도는 재앙이 아닙니다. 파도는 기회입니다. 축복입니다. 파도가 몰려오기를 구해야 합니다. 그 파도가 지금은 당연히 안 보입니다. 허나 저 수평선 너머, 주님이 몰고 오시는 집채만 한 파도를, 저 집채만 한 미래를, 믿음으로 내다보십시오. 그리고 온 마음으로 구하십시오. 성령님! 성령님! 저 파도가, 저 미래가 나에게 몰려오게 하옵소서! 그래서 멋진 파도타기 서핑 선수가 되게 하옵소서!

그렇다면, 이런 역경이 닥쳐올 때, 저와 여러분이 꼭 기억해야 할 것은 또 무엇일까요?

끝은 또 하나의 시작일 뿐이라는 '희망'을 주신다는 것입니다.

이 영화는 실화입니다. 실제로 베다니라는 소녀가 식인상어에게 팔을 물어뜯긴 뒤 재기하는 과정을 영화로 형상화한 것입니다. 그러기에 허구적인 이야기보다 훨씬 더 호소력이 있습니다. 시상식에서 사회자가 묻습니다. 어디서 그런 용기가 나오나요? 베다니의 답변은 이것이었습니다. "제 용기는 예수님으로부터 나오는 것 같아요."

베다니는 올해의 용기상, 올해의 재기상을 휩씁니다. 영화는 그렇게 끝이 납니다. "The End." 그런데 여기 마지막 글씨를 보셨죠? "The End...is just beginning." 저는 보통 영화가 끝날 때처럼, "The End"로 끝나는 줄 알았어요. 그런데 그다음 글씨가 또 있는 거예요. "The End...is just beginning."

"끝...은 또 하나의 시작일 뿐이다." 얼마나 인상적인 문구인지요. 베다니에게 역경은 끝이 아니라, 재앙이 아니라, 또 하나의 시작일 뿐. 식인상어에게 팔을 물어뜯겨 인생의 문이 닫혔을 때, 하나님은 또 다른 길을 열어 주셨습니다. 새로운 길, 이전보다 훨씬 더 좋은 길을 열어 주셨습니다.

역경에 부딪힐 때, 여러분도 다들 한숨을 쉬었을 것입니다. 착잡했을 것입니다. 이제는 끝이라고, 내 인생의 재앙이라고 생각했을 것입니다. 그러나 여러분, 그것은 여러분의 생각입니다. 하나님의 생각은 좀 다르십니다.

"여호와의 말씀이니라 너희를 향한 나의 생각을 내가 아나니

평안이요 재앙이 아니니라 너희에게 미래와 희망을 주는 것이
니라"(렘 29:11)

이것이 주님의 약속입니다. 이것이 오늘 여러분에게 주시는 주
님의 복음입니다.

건강의 역경, 진로의 역경, 사고의 역경, 재난의 역경, 관계의 역
경, 적응의 역경. 그런 것들이 다 역경이라고? 나의 생각은 좀 다
르다. 그런 역경은 재앙이 아니다. 너희에게 희망을 주려는 것이
다! 나한테 기가 막힌 생각이 있다. 나한테 너를 위한 기가 막힌
역전 시나리오가 있다. 이 얼마나 놀라운 말씀입니까? 재앙의 관
점으로 보지 말고, 희망의 관점으로 보아라! 관점의 전환! 여러분
을 향한 주님의 생각은 바로 이런 희망의 관점입니다.

사도 바울도 그렇게 희망의 관점을 말합니다.

"그러므로 나는 희망을 주시는 하나님께서 여러분에게 믿음
에서 오는 행복과 평화를 넘치게 베풀어 주시기를 기도합니
다. 또 여러분 속에 역사하시는 성령의 능력을 통해 여러분이
희망으로 넘치게 해주시기를 기도합니다."(롬 15:13, 현대어)

사랑하는 성도 여러분, 이 영화가 주는 메시지처럼, 우리 인생은
서핑과 같습니다. 언제 집채만 한 파도가 들이닥칠지 모릅니다. 언
제 식인상어가 입을 벌리고 달려들지 모릅니다.

그러나 분명한 것은, 우리 인생에 아무리 집채만 한 시련이 다가
오고, 아무리 식인상어가 달려들지라도, 그것은 재앙이 아니라 희

망을 주시려는 하나님의 놀라운 계획이라는 것.

이 고통스러운 현실, 이것은 여러분 인생에 재앙이 아니라, 10년 후 20년 후 30년 후, 정치 경제 사회 문화 종교 도덕 군대 예술 문화 스포츠 각계방면에서, 놀라운 희망을 주시려는 하나님의 또 다른 시작입니다. 이것이 우리 주 예수 그리스도의 십자가 복음입니다. 부활의 복음입니다.

다시 한번 오늘 말씀을 가슴에 새겨볼까요?

"여호와의 말씀이니라 너희를 향한 나의 생각을 내가 아나니 평안이요 재앙이 아니니라 너희에게 미래와 희망을 주는 것이니라"(렘 29:11)

이 성경 구절이 영어성경에는 이렇게 되어 있습니다.

"For I know the thoughts that I think toward you, says the LORD, thoughts of peace and not of evil, to give you a future and a hope."(렘 29:11, NKJV)

그런데 이 성경 구절이 놀랍게도 이 영화 초반에 나옵니다. 베다니가 다니는 갈보리교회 중고등부 예배. 그날 중고등부 전도사님이 읽어주신 성경 본문이 오늘 우리가 읽은 본문이었습니다.

그날 중고등부 전도사님의 설교 내용. 그것은 관점 바꾸기에 대한 것이었습니다. 중고등부 전도사님은 먼저 학생들에게 하나의 사진을 보여 주시며 맞추어 보라고 합니다. 여러분도 맞추어 보세요. 이게 무엇일까요? 학생들은 농구공이라고 말합니다. 그런데 중고등부 전도사님이 보여 주신 다음 사진에 학생들은 놀랍니다. 그것은 파리의 눈이었던 것입니다.

중고등부 전도사님은 또 하나의 사진을 보여주며 학생들에게 맞추어 보라고 합니다. 여러분도 맞추어 보세요. 이게 뭘까요? 학생들은 인간의 뇌라고 합니다. 그런데 중고등부 전도사님이 보여준 다음 사진에 학생들은 다시 한번 놀랍니다. 그것은 호두였던 것.

중고등부 전도사님은 이렇게 설교를 마칩니다. "인생도 마찬가지다. 감당하기 너무 힘들거나, 이해가 안 될 때는, 다른 시각에서 봐보아라." 그렇습니다. 똑같은 사건도 관점을 바꾸면, 180도 새롭게 보입니다.

처음에 말씀드린 베다니의 심정, 희망은 그 어디에도 없다! "Hope is no where!" 그런데 Hope is no where!에서 마지막 단어 where의 앞글자 w를 그 앞 단어 no에다 갖다 붙이면 뭐가 되지요? 맞습니다. 관점을 바꾸니, Hope is now here! 희망은 지금 여기에 있다! 여러분이 예배드리는 여기 이 자리, 지금 여기에, 우리의 희망 되시는 예수 그리스도께서 여러분과 함께 계십니다. 이것보다 더 큰 희망이 어디 있겠습니까?

'자살'의 반대말이 뭐지요? '살자!' 맞습니다. 관점을 바꾸니, 자살할 힘으로 살자는 말이 됩니다. 그렇다면 '역경'의 반대말은 뭐지요? '경력!' 맞습니다. 관점을 바꾸니, 지금 역경이 훗날 여러분의 소중한 경력이 될 거라는 말입니다.

사랑하는 성도 여러분, 하나님은 살아계십니다. 저도 그렇고 여러분도 그렇고, 지금 겪고 있는 이 역경이 훗날 저와 여러분의 소중한 경력으로 반드시 쓰이게 될 것입니다. 이 사실을 믿으십니까?

07
내가 네 기도를 들었고 네 눈물을 보았노라

"그 때에 히스기야가 병들어 죽게 되니 아모스의 아들 선지자 이사야가 나아가 그에게 이르되 여호와께서 이같이 말씀하시기를 너는 네 집에 유언하라 네가 죽고 살지 못하리라 하셨나이다 하니 (2) 히스기야가 얼굴을 벽으로 향하고 여호와께 기도하여 (3) 이르되 여호와여 구하오니 내가 주 앞에서 진실과 전심으로 행하며 주의 목전에서 선하게 행한 것을 기억하옵소서 하고 히스기야가 심히 통곡하니 (4) 이에 여호와의 말씀이 이사야에게 임하여 이르시되 (5) 너는 가서 히스기야에게 이르기를 네 조상 다윗의 하나님 여호와께서 이같이 말씀하시기를 내가 네 기도를 들었고 네 눈물을 보았노라 내가 네 수한에 십오 년을 더하고 (6) 너와 이 성을 앗수르 왕의 손에서 건져내겠고 내가 또 이 성을 보호하리라 (7) 이는 여호와께로 말미암는 너를 위한 징조이니 곧 여호와께서 하신 말씀을 그가 이루신다는 증거이니라 (8) 보라 아하스의 해시계에 나아갔던 해 그림자를 뒤로 십 도를 물러가게 하리라 하셨다 하라 하시더니 이에 해시계에 나아갔던 해의 그림자가 십 도를 물러가니라"(사 38:1-8)

여러분, 이것이 무슨 뜻인지 아십니까? <이생망>. 이번 생은 망했다! 그런 뜻입니다. 실제로 이번 생은 망했다고 생각하는 사람들이 많습니다. 여러분은 어떻습니까?

제가 이번에 그런 분을 알게 되었습니다. 이번 생은 망했다고 생각하시는 분. 그분이 누구냐구요? 여러분, 혹시 이원준 씨를 아십니까? 우연히 세바시, 세상을 바꾸는 시간 15분을 보다가, 저도 알게 된 분인데요.

놀랍게도 고향이, 제 고향, 땅끝 해남이더라구요. 어, 해남? 혹시 내가 아는 사람인가? 18살이 되던 해, 농부셨던 아버지는 간암 말기로 아들이 보는 앞에서 돌아가십니다. 그때부터 장손으로서 가족의 생계를 책임져야만 했습니다.

그래서 이원준 씨가 가족들을 먹여 살리기 위해 택한 길이 뭐였는지 아세요? 놀랍게도, 군인의 길이었어요. 군목이었던 저로서는, 더 빨려들 수밖에 없더라구요.

그런데 더 놀라운 건, 제가 마지막 전역을 했던 장성 상무대에서 이분도 같이 중사로 계셨다는 거예요. 어, 뭐지? 진짜 내가 아는 분인가? 그래서 더 귀를 쫑긋하고 이분의 이야기를 듣게 되었어요. 사연이 기가 막히더라구요.

이분이 너무너무 좋아하는 게 있었는데, 싸이클이었어요. 그것도 저랑 똑같더라구요. 어느 주말, 장성에 축제가 있었는데, 싸이클 시합도 같이 열린 거예요. 군인이라 도전정신에, 훈련으로 다져진 꿀벅지. 싸이클 선수들 300명이 산 정상을 올라타는데, 거침없이 올라간 이원준 중사. 7등이었대요.

그런데 문제는 그날 아침부터 비가 온 거에요. 산 정상에서 싸이클을 타고 급속도로 내려오다가 빗물에 미끄러지면서, 어어, 앞으로 그대로 꼬꾸라진 거예요. 몇 시간이 지나, 정신이 돌아왔을 때 보니, 벼랑에 처박힌 자신의 모습. 목뼈가 완전히 꺾여있었습니다.

경추 3, 4번을 다친 거라, 신경에 피가 튀어 수술도 불가능했습니다. 33살의 아이가 되어버린 이원준 중사. 당신은 평생 움직일 수 없습니다! 평생 휠체어를 타야 됩니다! 그리고 스스로는 대소변을 가릴 수가 없습니다! 의사의 충격적인 말.

군대훈련 중이었다면, 국가유공자라도 되었을 텐데! 이번에 천국으로 이사 가신 전동석 원로권사님. 6.25참전용사시더라구요. 얼마나 영광스럽습니까! 그런데 이원준 중사는 주말에 취미로 싸이클을 탄 거라, 군대에서도 아무 보상도 못 받고 그대로 내쫓깁니다. 세 아이와 아내를 데리고 길바닥에 나앉습니다. 가족들에게 부담이 안 되려면, 이 세상을 뜨는 것밖에 없구나! 동반자살 온라인 까페를 기웃거린 이원준 중사.

그러다 이 땅의 250만 장애인 온라인 까페에서, 한 장애 선배를 만납니다. 3살 때, 세발자전거를 타고 가다, 교통사고를 당한 여성. 배꼽 밑 5센티미터 아래를 전부 절단한 여성. 그런데 여행도 다니고, 할 것 다 하고 사는 여성. 당신도 저처럼 할 수 있어요!

이원준 중사는 정신이 번쩍 듭니다. 저분도 저렇게 멀쩡하게 사는데! 나도 다시 살아야겠다, 마음을 다잡습니다. 장애인 특수 휠체어를 구입하고, 처음으로 마트에 가서, 세 아이에게 줄 과자를 사 올 때, 그때 그 감격을 잊을 수 없다는 이원준 중사.

지금은 부천합창단에서 비록 립싱크만 2년. 혼자 힘으로 광주도 다녀오고. 자신처럼 장애라는 역경을 만난 이들에게, 당신도 나처럼 재기할 수 있다, 희망을 전하는 장애 인식 개선 강사로 씩씩하게 살고 있었습니다.

이분의 이야기를 듣는 내내, 큰 감동이었습니다. 아, 이렇게 역경을 이겨낸 사람도 있구나! 저는 요즘 딱 1달째 계속 몸이 힘들고 쏵쏵 쏟고 있어요. 의사선생님이, 이런 부작용과 고비가 몇 번은 있을 겁니다, 예고하셨기에, 마음준비는 하고 있었지만, 폭염에 폭우에 몸도 마음도 막 무너지는 거예요. 그러다 이원준 중사 이야기를 듣고 생각했어요. 나도 다시 정신을 차려야겠구나!

그런데 여러분, 이렇게 큰 역경을 만난 사람이 성경에 또 있습니다. 바로 히스기야입니다.

“그 때에 히스기야가 병들어 죽게 되니 아모스의 아들 선지자 이사야가 나아가 그에게 이르되 여호와께서 이같이 말씀하시기를 너는 네 집에 유언하라 네가 죽고 살지 못하리라 하셨나이다 하니”(사 38:1)

무슨 병이 들었는지는 구체적으로 밝히지 않고 있습니다. 죽을 병이라고 하는 걸 보면, 악성 종양, 말기 암이 아니었을까, 성경학자들은 추정을 합니다. 여하튼 이제 얼마 못 사니 가족들에게 유언을 미리 해놓으라는 말씀입니다.

같은 장면이 이스라엘 왕들을 기록해 놓은 열왕기하에도 나옵니다.

“그 때에 히스기야가 병들어 죽게 되매 아모스의 아들 선지자

이사야가 그에게 나아와서 그에게 이르되 여호와의 말씀이 너
는 집을 정리하라 네가 죽고 살지 못하리라 하셨나이다"(왕하
20:1)

여기서는 가족들에게 유언을 미리 해놓으라는 말 대신에, 너는
이제 집을 정리하라, 주변 정리를 잘 마무리하라고 말씀하십니다.

사랑하는 성도 여러분, 우리는 지금 역경은 훗날 경력이 된다는
주제로, 역경을 이겨낸 사람들에 대해서 살펴보고 있습니다. 지난
주는 소울 서퍼, 베다니 해밀턴이 어떻게 역경을 이겨냈는지 살펴
보았지요. 오늘은 두 번째 히스기야에 대해서 살펴보려고 합니다.

우리도 히스기야처럼 갑자기 큰 역경을 만날 수 있습니다. 죽을
병에 걸린 히스기야. 이게 인생입니다. 우리도 언제 히스기야처럼
죽을 병에 걸릴지 모릅니다. 지금이 바로 그런 상황이라구요?

그렇다면, 이렇게 큰 역경이 찾아올 때, 우리는 어떻게 해야 할
까요?

얼굴을 벽으로 향하고 통곡기도를 드려야 합니다.

"히스기야가 얼굴을 벽으로 향하고 여호와께 기도하여 (3) 이
르되 여호와여 구하오니 내가 주 앞에서 진실과 전심으로 행
하며 주의 목전에서 선하게 행한 것을 기억하옵소서 하고 히
스기야가 심히 통곡하니"(사 38:2-3)

얼굴을 벽으로 향하고 드리는 기도. 일명, 면벽기도. 일체 다른 것은 쳐다보지 않겠다. 오직 하나님만 바라보고 기도드리겠다. 결연한 의지입니다.

왜 이런 결연한 의지가 필요할까요? 여러분도 경험해 보셨겠지만, 큰 역경에 부딪치면 가장 먼저 찾아오는 게 두려움이기 때문입니다.

피터 윌슨 목사님이 쓴 책이 있습니다. <두려움이 속삭일 때>. 그 책에 보면, 이런 말이 있습니다. "두려움은 비열한 적이다. 밤에는 우리 귀에 거짓말을 속삭이고, 아침에는 우리를 무기력에 빠뜨리는 무시무시한 놈이다." 그렇다면 이 두려움을 어떻게 물리칠 것인가? 저자는 이런 방법을 제시합니다. "우리 자신과 두려움을 우리 이야기 중심에 두면, 상황이 풀리지 않는다. 대신 하나님을 우리 이야기 중심에 모시면, 하나님이 원하시는 사람이 되어, 우리가 상상했던 것보다 훨씬 더 큰 꿈을 이루게 될 것이다."

그렇습니다. 우리가 이렇게 비열한 적, 두려움에 압도당하지 않으려면, 두려움 대신 하나님을 우리 역경 이야기 중심에 모셔야 합니다. 그러려면, 저와 여러분이 믿는 하나님이 어떤 분이신지를 먼저 알아야 합니다. 히스기야는 이렇게 하나님이 어떤 분이신지를 잘 알았던 왕이었습니다.

때는 산헤립까지 거슬러 올라갑니다.

"산헤립이 또 편지를 써 보내어 이스라엘 하나님 여호와를 욕하고 비방하여 이르기를 모든 나라의 신들이 그들의 백성을 내 손에서 구원하여 내지 못한 것 같이 히스기야의 신들도

그의 백성을 내 손에서 구원하여 내지 못하리라 하고"(대하
32:17)

산헤립이 하나님을 욕하고 비방하고, 히스기야를 능멸합니다.
그때 히스기야가 어떻게 했을까요?

"히스기야가 사자의 손에서 편지를 받아보고 여호와의 성전에
올라가서 히스기야가 그 편지를 여호와 앞에 펴 놓고 (15) 그
앞에서 히스기야가 기도하여 이르되 그룹들 위에 계신 이스라
엘의 하나님 여호와여 주는 천하 만국에 홀로 하나님이시라
주께서 천지를 만드셨나이다 (16) 여호와여 귀를 기울여 들으
소서 여호와여 눈을 떠서 보시옵소서 산헤립이 살아 계신 하
나님을 비방하러 보낸 말을 들으시옵소서"(왕하 19:14-16)

히스기야가 알고 있는 하나님은 어떤 분이셨습니까? 주는 천하
만국에 홀로 하나님이시라. 히스기야가 알고 있는 하나님은, 많은
신들 가운데 한 분이 아니라, 세상에서 딱 한 분밖에 안 계신, 유
일하신 하나님이셨습니다. 주께서 천지를 만드셨나이다. 히스기야
가 알고 있는 하나님은, 천지를 만드신 창조주 하나님이셨습니다.
여호와여, 귀를 기울여 들으소서. 히스기야가 알고 있는 하나님은,
저와 여러분의 통곡기도를 외면하지 않으시고, 귀를 기울여 들으
시는 하나님이셨습니다. 여호와여, 눈을 떠서 보시옵소서. 히스기
야가 알고 있는 하나님은, 저와 여러분이 어떤 고통을 겪는지, 두
눈 뜨시고 보고 계시는 하나님이셨습니다.

그 하나님이 어떻게 하십니까?

"이 밤에 여호와의 사자가 나와서 앗수르 진영에서 군사 십팔
만 오천 명을 친지라 아침에 일찍이 일어나 보니 다 송장이 되
었더라"(왕하 19:35)

히스기야가 알고 있는 하나님은, 천사를 보내셔서, 185,000명을
송장으로 만들어 버리시는 하나님이셨습니다.
그러자, 산헤립이 어떻게 됩니까?

"앗수르 왕 산헤립이 떠나 돌아가서 니느웨에 거주하더니
(37) 그가 그의 신 니스록의 신전에서 경배할 때에 아드람멜
렉과 사레셀이 그를 칼로 쳐죽이고 아라랏 땅으로 그들이
도망하매 그 아들 에살핫돈이 대신하여 왕이 되니라"(왕하
19:36-37)

히스기야가 알고 있는 하나님은, 산헤립이 돌아가서, 자신 신에
게 경배할 때, 칼로 죽임을 당하게 하시는 하나님이셨습니다.
히스기야는 이렇게 지난날 큰 역경에 처했을 때, 큰 도움을 주
셨던 바로 그 하나님을 너무너무 잘 알고 있었습니다. 그래서 지난
날 나에게 도움을 주셨던 그 하나님께, 지금 비록 죽을 병에 걸렸
지만, 심히 통곡하며 다시 나아간 것입니다.
그의 통곡기도가 어느 정도였는지 더 자세히 기록한 본문이 오
늘 나옵니다.

"나는 제비같이, 학같이 지저귀며 비둘기같이 슬피 울며 내 눈
이 쇠하도록 앙망하나이다 여호와여 내가 압제를 받사오니 나
의 중보가 되옵소서"(사 38:14)

제비. 학. 비둘기. 슬피 우는 소리. 들어보셨나요? 히스기야가 지
금 그런 심정으로 슬피 울며 통곡기도를 드리고 있습니다.

"주께서 내게 말씀하시고 또 친히 이루셨사오니 내가 무슨 말
씀을 하오리이까 내 영혼의 고통으로 말미암아 내가 종신토록
방황하리이다 (16) 주여 사람이 사는 것이 이에 있고 내 심령
의 생명도 온전히 거기에 있사오니 원하건대 나를 치료하시며
나를 살려 주옵소서"(사 38:15-16)

눈물로 하소연을 드리고 있습니다. 그랬더니,

"이에 여호와의 말씀이 이사야에게 임하여 이르시되 (5) 너는
가서 히스기야에게 이르기를 네 조상 다윗의 하나님 여호와께
서 이같이 말씀하시기를 내가 네 기도를 들었고 네 눈물을 보
았노라 내가 네 수한에 십오 년을 더하고 (6) 너와 이 성을 앗
수르 왕의 손에서 건져내겠고 내가 또 이 성을 보호하리라"(사
38:4-6)

네 눈물을 보았다. 네 통곡기도를 들었다. 하나님이 계획을 바꾸
셔서, 15년 생명연장을 해주십니다. 그리고 히스기야를 죽을 병에

서 건져내시고, 보호해 주십니다.

사랑하는 성도 여러분, 저와 여러분을 창조하신 하나님은 이런 하나님이십니다. 그러니 우리가 이 하나님께, 저 좀 살려 주세요, 저 좀 치료해 주세요, 통곡기도를 드리지 않을 수 있겠습니까?

그렇다면, 이렇게 큰 역경이 찾아올 때, 우리는 또 어떻게 해야 할까요?

내가 어떻게 살아왔는지 기억해 달라고 간구해야 합니다.

히스기야가 얼굴을 벽으로 향하고 제일 먼저 하나님께 기도한 게 무엇이었습니까?

"이르되 여호와여 구하오니 내가 주 앞에서 진실과 전심으로 행하며 주의 목전에서 선하게 행한 것을 기억하옵소서 하고 히스기야가 심히 통곡하니"(사 38:3)

기억해달라. 무엇을요? 내가 그동안 어떻게 살아왔는지! 내가 그동안 주 앞에서 얼마나 진실과 전심으로 행했는지! 내가 그동안 주의 목전에서 얼마나 선하게 행했는지!

이것은 정말 사실이었습니다. 성경에 그대로 나옵니다. 악한 왕이었던 히스기야의 아버지 아하스.

"아하스가 하나님의 전의 기구들을 모아 하나님의 전의 기구

들을 부수고 또 여호와의 전 문들을 닫고 예루살렘 구석마
다 제단을 쌓고 (25) 유다 각 성읍에 산당을 세워 다른 신에
게 분향하여 그의 조상들의 하나님 여호와를 진노하게 하였더
라"(대하 28:24-25)

성전 기구들을 부수고, 성전 문들을 다고 우상을 모신 산당들
을 세워 여호와를 진노하게 했던 아하스.
그런데, 그 뒤를 이어, 25세에 왕이 된 아들 히스기야.

"히스기야가 그의 조상 다윗의 모든 행위와 같이 여호와께서
보시기에 정직하게 행하여 (4) 그가 여러 산당들을 제거하며
주상을 깨뜨리며 아세라 목상을 찍으며 모세가 만들었던 놋
뱀을 이스라엘 자손이 이때까지 향하여 분향하므로 그것을
부수고 느후스단이라 일컬었더라 (5) 히스기야가 이스라엘 하
나님 여호와를 의지하였는데 그의 전후 유다 여러 왕 중에 그
러한 자가 없었으니 (6) 곧 그가 여호와께 연합하여 그에게서
떠나지 아니하고 여호와께서 모세에게 명령하신 계명을 지켰
더라"(왕하 18:3-6)

여호와께서 보시기에 정직하게 행했습니다. 우상 산당들을 제
거했습니다. 하나님 여호와만 의지했습니다. 여호와께서 모세에게
명령하신 생명의 계명들을 잘 지켰습니다.

"첫째 해 첫째 달에 여호와의 전 문들을 열고 수리하고 (4) 제

사장들과 레위 사람들을 동쪽 광장에 모으고 (5) 그들에게 이르되 레위 사람들아 내 말을 들으라 이제 너희는 성결하게 하고 또 너희 조상들의 하나님 여호와의 전을 성결하게 하여 그 더러운 것을 성소에서 없애라"(대하 29:3-5)

성전 문들을 다시 열고 수리했습니다. 지금 우리가 하는 리모델링 공사를 주님를 위하여 해드린 것입니다. 성직자들을 광장에 모으고 성직자들부터 성결하라고 강조했습니다. 성전도 성결하게 하라고 명령했습니다.

"너희는 마음을 강하게 하며 담대히 하고 앗수르 왕과 그를 따르는 온 무리로 말미암아 두려워하지 말며 놀라지 말라 우리와 함께 하시는 이가 그와 함께 하는 자보다 크니 (8) 그와 함께 하는 자는 육신의 팔이요 우리와 함께 하시는 이는 우리의 하나님 여호와시라 반드시 우리를 도우시고 우리를 대신하여 싸우시리라 하매 백성이 유다 왕 히스기야의 말로 말미암아 안심하니라"(대하 32:7-8)

히스기야의 고백. 우리와 함께 하시는 이가, 하나님 여호와가, 그와 함께 하는 자보다 크다! 우리와 함께 하시는 이는 우리의 하나님 여호와시다! 반드시 우리를 도우시고 우리를 대신하여 싸우시리라! 백성이 히스기야의 그 말을 듣고 안심했습니다. 얼마나 놀라운 믿음입니까!

이렇게 살아온 히스기야였습니다. 그런데 그가 지금 죽을 병에 걸렸습니다. 할 수 있는 게 무엇이겠습니까? 하나님, 내가 어떻게 살아왔는지 아시지요? 그것을 기억해 주세요. 기억해 달라는 기도 밖에 드릴 게 없었습니다.

사랑하는 성도 여러분, 저와 여러분에게도 언제 어떻게 역경이 다가올지 모릅니다. 순식간에, 예고 없이, 누구에게나, 역경은 찾아올 수 있습니다. 그때 중요한 것은, 평소에 내가 어떤 삶을 살아왔느냐 하는 것입니다. 그리고 하나님께 내가 어떻게 살아왔는지 잘 아시잖느냐, 그것을 기억해 달라고 간구할 수 있어야 합니다. 그 간구에 하나님은 반드시 반응을 보이십니다. 죽을 병도 방향을 트십니다. 히스기야처럼. 보세요.

"너는 돌아가서 내 백성의 주권자 히스기야에게 이르기를 왕의 조상 다윗의 하나님 여호와의 말씀이 내가 네 기도를 들었고 네 눈물을 보았노라 내가 너를 낫게 하리니 네가 삼 일 만에 여호와의 성전에 올라가겠고 (6) 내가 네 날에 십오 년을 더할 것이며 내가 너와 이 성을 앗수르 왕의 손에서 구원하고 내가 나를 위하고 또 내 종 다윗을 위하므로 이 성을 보호하리라 하셨다 하라 하셨더라"(왕하 20:5-6)

이런 일이 저와 여러분이라고 왜 안 일어나겠습니까?

하나님께서 선지자 이사야를 보내, 히스기야를 고치시는 방법을 보세요.

"이사야가 이르되 무화과 반죽을 가져오라 하매 무리가 가져

다가 그 상처에 놓으니 나으니라"(왕하 20:7)

이런 일이 저와 여러분이라고 왜 안 일어나겠습니까?
그것뿐만이 아닙니다. 놀라운 치유의 징표까지 보여 주십니다.

"히스기야가 이사야에게 이르되 여호와께서 나를 낫게 하시
고 삼 일 만에 여호와의 성전에 올라가게 하실 무슨 징표가 있
나이까 하니…(11) 선지자 이사야가 여호와께 간구하매 아하스
의 해시계 위에 나아갔던 해 그림자를 십 도 뒤로 물러가게 하
셨더라"(왕하 20:8, 11)

우리 지구의 역사를 연구하는 많은 학자들은, 당시에 실제로 해
그림자가 십 도 뒤로 물러갔다는 역사적 고증을 밝혀내기도 합니
다. 이런 일이 저와 여러분이라고 왜 안 일어나겠습니까?
그렇다면, 이렇게 큰 역경이 찾아올 때, 우리는 또 어떻게 해야
할까요?

**내게 큰 고통을 더하신 이유가 반드시 있다는 것을 영적으로 분
별해야 합니다.**

인생은 절대로 호락호락하지 않습니다. 여러분도 수많은 우여곡
절을 겪으셨잖습니까? 특히 중년의 위기는, 어찌 보면, 내 인생의
통과의례입니다. 히스기야도 그 중년의 위기를 말합니다.

"유다 왕 히스기야가 병들었다가 그의 병이 나은 때에 기록한 글이 이러하니라 (10) 내가 말하기를 나의 중년에 스올의 문에 들어가고 나의 여생을 빼앗기게 되리라 하였도다"(사 38:9-10)

이런 중년의 위기를 저와 여러분도 겪고 있습니다. 지금이 그때라구요? 정말 지치고 힘드시다구요? 히스기야도 그랬습니다.

"내가 또 말하기를 내가 다시는 여호와를 뵈옵지 못하리니 산 자의 땅에서 다시는 여호와를 뵈옵지 못하겠고 내가 세상의 거민 중에서 한 사람도 다시는 보지 못하리라 하였도다 (12) 나의 거처는 목자의 장막을 걷음 같이 나를 떠나 옮겨졌고 직공이 베를 걷어 말음 같이 내가 내 생명을 말았도다 주께서 나를 틀에서 끊으시리니 조석간에 나를 끝내시리라 (13) 내가 아침까지 견디었사오나 주께서 사자 같이 나의 모든 뼈를 꺾으시오니 조석간에 나를 끝내시리라"(사 38:11-13)

아, 이제 나는 이렇게 끝나는 거구나. 히스기야처럼, 저와 여러분도 이런 극단적인 생각이 들 때가 있습니다. 아, 내 인생도 이제 이렇게 끝나는 건가?

이때 가장 중요한 것이 무엇일까요? 영적 분별입니다. 히스기야는 자신에게 큰 고통을 더하신 이유를 이렇게 영적으로 분별해 냅니다.

"보옵소서 내게 큰 고통을 더하신 것은 내게 평안을 주려 하심

이라 주께서 내 영혼을 사랑하사 멸망의 구덩이에서 건지셨고
내 모든 죄를 주의 등 뒤에 던지셨나이다"(사 38:17)

평안을 주신다? 이게 무슨 뜻일까요? 히브리어로는 샬롬이에요. 흔히 샬롬은 평안, 평강, 평화라고 번역되지요. 그런데 샬롬에는 또 다른 뜻이 있습니다. 건강이라는 뜻이에요. 하나님께서 이 고통을 통해서 저와 여러분을 육체적으로, 심리적으로, 영성적으로, 전인적으로 과거보다 훨씬 더 건강하게 변화시키시려는 놀라운 계획이 숨어 있다는 뜻이지요.

그 놀라운 계획을 영어성경에서는 이렇게 번역하고 있습니다.

"Surely it was for my benefit that I suffered such anguish. In your love you kept me from the pit of destruction; you have put all my sins behind your back."(사 38:17, NIV2011)

확실히 나를 이롭게 하기 위해서, 내가 이런 고통을 겪고 있습니다! 내가 이렇게 고통을 겪는 것은 분명 나를 이롭게 하기 위함이라는 것. 고통에도 반드시 하나님의 뜻이 있다. 그러니 고통이 다 나쁜 것만은 아니다. 고통에도 유익한 것이 반드시 있다. 절대 그 고통의 유익한 부분을 허투루 낭비하지 말아라. 그 고통의 학교에서 그 고통의 유익을 잘 배워라. 고통의 유익!

그래서 우리말성경에는 놀랍게도 이렇게 번역되어 있습니다.

"보십시오. 제가 그런 고통을 당한 것은 분명히 제게는 유익이 었습니다. 주께서는 주의 사랑으로 멸망의 구덩이에서 제 생 명을 지키셨습니다. 주께서 제 모든 죄들을 주의 등 뒤로 던지 셨습니다."(사 38:17, 우리말)

그렇게 고통의 유익를 영적으로 분별하게 될 때, 우리에게 어떤 변화가 생길까요? 히스기야는 이렇게 말합니다.

"스올이 주께 감사하지 못하며 사망이 주를 찬양하지 못하며 구덩이에 들어간 자가 주의 신실을 바라지 못하되 (19) 오직 산 자 곧 산 자는 오늘 내가 하는 것과 같이 주께 감사하며 주 의 신실을 아버지가 그의 자녀에게 알게 하리이다 (20) 여호 와께서 나를 구원[치유]하시리니 우리가 종신토록 여호와의 전에서 수금으로 나의 노래를 노래하리로다"(사 38:18-20)

지옥이 주께 감사하는 것 보았느냐, 그런 뜻입니다. 오직 산 자 만이 주께 감사할 수 있다. 내가 그 증인이다! 여호와께서 반드시 나를 구원하시리니, 치유하시리니, 나의 노래를 노래하리로다! 이 것이 히스기야의 통곡기도 결론이었습니다.
그런데, 통곡기도는 히스기야에게서만 나타나는 게 아닙니다. 예수님도 통곡기도를 드리셨다는 것 알고 계십니까?

"그는 육체에 계실 때에 자기를 죽음에서 능히 구원하실 이에 게 심한 통곡과 눈물로 간구와 소원을 올렸고 그의 경건하심

으로 말미암아 들으심을 얻었느니라"(히 5:7)

예수님이 이렇게 통곡기도를 드리신 이유는 무엇일까요? 이사야는 그 이유를 이렇게 예언합니다.

"그는 실로 우리의 질고를 지고 우리의 슬픔을 당하였거늘 우리는 생각하기를 그는 징벌을 받아 하나님께 맞으며 고난을 당한다 하였노라"(사 53:4)

여기서 질고는 히브리어로 홀리, 고치지 못할 병이라는 뜻입니다. 예수님이 저와 여러분의 고치지 못할 병을 대신 짊어지시고 하늘 아버지께 통곡기도를 드리실 것이라는 예언의 말씀입니다.
그리고 이사야의 예언은 이렇게 이어집니다.

"그가 찔림은 우리의 허물 때문이요 그가 상함은 우리의 죄악 때문이라 그가 징계를 받으므로 우리는 평화를 누리고 그가 채찍에 맞으므로 우리는 나음을 받았도다"(사 53:5)

여기서 나음을 받았다는 히브리어로 라파, 치료되었다는 뜻입니다. 예수님이 채찍에 맞으실 때, 저와 여러분은 이미 치료되었다는 놀라운 예언입니다.
그리고 이 이사야의 예언은 예수 그리스도를 통하여 100퍼센트 그대로 성취됩니다.

"그리고 몸소 우리의 모든 죄를 걸머지고 십자가 위에서 죽으
셨습니다. 그래서 우리는 죄를 떠나서 올바른 생활을 할 수 있
게 된 것입니다. 그리스도께서 상처를 입으신 대신 우리가 낫
게 된 것입니다."(벧전 2:24, 현대어)

이 믿음이 지금 저와 여러분에게 있습니까? 이 강력한 믿음의
반열 위에 서 있을 때, 저와 여러분은 그 어떤 두려움도 물리쳐 버
릴 수 있습니다. 이 놀라운 복음을 믿으십니까?
　히스기야는 통곡기도를 통하여, 생명을 15년 연장받았습니다.
그렇다면 저와 여러분은 예수님의 이 통곡기도를 통하여, 생명을
어느 정도까지 연장받았을까요? 15년? 30년? 아닙니다. 놀라지
마세요.

"하나님이 세상을 이처럼 사랑하사 독생자를 주셨으니 이
는 그를 믿는 자마다 멸망하지 않고 영생을 얻게 하려 하심이
라"(요 3:16)

영생. 영원한 생명을 연장받게 되었습니다. 히스기야는 15년, 저
와 여러분은 영생. 이것이 오늘 저와 여러분에게 주시는 예수 그
리스도의 생생한 복음입니다.

여러분, 그저께 밤 파리올림픽 개막식 보셨나요? 저도 100년 만
에 파리에서 다시 올림픽이 열린다고 해서 많은 기대를 했습니다.

예술의 나라, 파리에서 정말 아름다운 개막식을 준비했겠지? 파리 센강에서 배를 타고 진행되는 선상 개막식. 에펠탑에서 펼쳐지는 화려한 개막 쇼. 상상만 해도 멋질 것 같았습니다.

그런데, 개막식 3시간 전, 올림픽 방해 세력들이 파리로 오는 고속철도 선로 3곳을 불태워 버렸습니다. 전 세계에서 몰려드는 관람객 80만 명의 발이 묶여버렸습니다. 공항에는 지금도 폭탄 위협이 계속되고 있습니다.

게다가, 기후 위기를 전 세계에 알리자는 기획 아래, 저탄소 환경올림픽을 표방하는 것까지는 좋았는데, 선수들을 실어 나르는 버스는 에어컨도 없고, 좌석도 몇 개 없었습니다. 버스 바닥에 앉아 가는 선수들 보세요. 테러 대비로 버스 문도 못 열고, 코로나 대비로 마스크까지 썼습니다. 급기야 한증막 사우나 버스에서 쓰러지는 선수도 생겼습니다. 불만이 이만저만 아닙니다.

거기다, 보셨지요? 예술의 나라, 파리가 이렇게 무질서한지. 선수들 차량과 장비를 훔쳐 가는 강도들이 곳곳에 노리고 있습니다.

여기까지는 이해한다 치고, 보셨지요? 개막식. 비는 철철 내리고, 우리나라 선수들이 배를 타고 입장하는데, 장내 아나운서가 우리를 뭐라고 소개하지요? 북한!

그게 끝이 아니었습니다. 더 기가 막힌 것, 보셨지요? 올림픽 오륜기를 게양했는데, 거꾸로 매단 것.

이게 예술의 나라, 파리올림픽 수준인가? 100년 만에 다시 준비했다는 게, 고작 이런 건가? 한숨이 나면서, 이런 생각이 들더라구요. 이번 올림픽은 망했다!

그런데, 그런데, 의외의 순서가 기다리고 있었습니다. 프랑스 불어권 최고의 가수. 셀린 디옹의 개막식 마지막 축하공연. 영화 타이타닉의 OST 주제가를 부른 사람. 레이디 가가와 함께 세계적인 3대 여가수 디바. 그녀가 부른 노래는, 우리도 잘 아는, 사랑의 찬가였습니다.

그런데 그 노래보다, 그녀를 소개하는 아나운서의 멘트가, 내 가슴을 울렸습니다. 실은 셀린 디옹이 1년 8개월 전, 전 세계 무대에서 갑자기 사라져 버렸다는 것. 이유는 온몸의 근육이 서서히 굳어가는 희귀병. 강직인간증후군(Stiff-Person Syndrome).

그런데, 1년 8개월 만에 다시 파리올림픽 축하무대에 나타난 거예요. 투병 중, 그 역경을 딛고.

저는 그저께 밤, 처음에는, 상상 밖, 최악의 개막식을 보면서 생각했습니다. 이번 올림픽은 망했다!

그런데, 놀랍게도, 셀린 디옹이 나타나, 다 다시 살려냈습니다. 아, 이거구나! 투병 중, 그녀의 재기한 모습을 보며, 저도 가슴이 뭉클했습니다. 나도 저렇게 재기하면 되겠구나! 셀린 디옹을 보면서, 갑자기 그런 생각이 들더라구요. 이번 올림픽은 망했다가 아니라, 셀린 디옹 때문에, 이번 올림픽은 희망했다!

08
나의 발을 사슴과 같게 하사

"내가 들었으므로 내 창자가 흔들렸고 그 목소리로 말미암아 내 입술이 떨렸도다 무리가 우리를 치러 올라오는 환난 날을 내가 기다리므로 썩이는 것이 내 뼈에 들어왔으며 내 몸은 내 처소에서 떨리는도다 (17) 비록 무화과나무가 무성하지 못하며 포도나무에 열매가 없으며 감람나무에 소출이 없으며 밭에 먹을 것이 없으며 우리에 양이 없으며 외양간에 소가 없을지라도 (18) 나는 여호와로 말미암아 즐거워하며 나의 구원의 하나님으로 말미암아 기뻐하리로다 (19) 주 여호와는 나의 힘이시라 나의 발을 사슴과 같게 하사 나를 나의 높은 곳으로 다니게 하시리로다 이 노래는 지휘하는 사람을 위하여 내 수금에 맞춘 것이니라"(합 3:16-19)

1981년 4월, 미국에서 수상스키 선수를 꿈꾸던 타드 허스턴. 20세의 청년. 수상스키 경주를 마치고 로프를 풀려는데, 그만 배에 달린 기어 프로펠러에 다리가 말려 들어가고 맙니다. 결국 두 다리를 절단하게 되지요. 두 개의 의족에 의지하여 사는 처지가 되었습니다.

역경은 그렇게 시작되었습니다. 하지만, 이 청년은 그리스도인이었습니다. 그래서 성경을 펼쳐 읽었습니다. 그게 하박국이었습니다. 그는 하박국처럼, 이렇게 기도했습니다. "하나님, 포기할 수 없는 내 인생, 아직도 남아 있는 나의 가능성, 내가 도달해야 할 산은 도대체 어디까지입니까?"

그러던 어느 날, 기도하다가 잠이 들었는데, 꿈을 꾸었습니다. 꿈속에서, 하나님께서 미국 각 주(州)를 보여 주셨습니다. 캘리포니아주, 몬타나주, 뉴멕시코주 등등. 그리고 자꾸만 그 주에서 가장 높은 산으로 올라가라, 하셨습니다. 그는 꿈속에서 하나님께 응답했습니다. "하나님께서 자꾸 올라가라 하시면, 올라가야지요."

그리고 곧바로, '서킷 아메리카'라는 프로젝트를 만들었습니다. 미국 50개 주, 최고봉들을 의족으로 정복하는 프로젝트. 1994년 6월 1일, 드디어 저 알래스카주 매킨리봉에서부터 최고봉들을 향한 그의 정복 여행이 시작되었습니다. 위험한 고비. 아슬아슬.

기자들이 따라가며 물었습니다. "어찌하여 이런 무모한 일에 도전하십니까?" 타드는 대답했습니다. "나는 전능하신 하나님을 믿습니다. 나는 하나님께서 내게 주신 가능성의 산에 도전하려고 합니다. 그리고 이 도전이 나의 사랑하는 장애인 친구들에게 꿈과 용기가 될 수 있기를 소망합니다."

드디어 그는, 66일 21시간 47분 만에, 50번째 주, 50번째 산, 하와이 마흐나키아 정상에 우뚝 섰습니다. 의족으로.

그때 부른 찬송이 바로 '저 높은 곳을 향하여!' 가사를 한번 음미해 볼까요?

491장(저 높은 곳을 향하여)

1절
저 높은 곳을 향하여 날마다 나아갑니다
내 뜻과 정성 모아서 날마다 기도합니다
내 주여 내 맘 붙드사 그곳에 있게 하소서
그곳은 빛과 사랑이 언제나 넘치옵니다

5절
내 주를 따라 올라가 저 높은 곳에 우뚝 서
영원한 복락 누리며 즐거운 노래 부르리
내 주여 내 맘 붙드사 그곳에 있게 하소서
그곳은 빛과 사랑이 언제나 넘치옵니다

이 찬송하는 장면이 미국 전역에 텔레비전으로 생방송됩니다. 의족을 신은 타드 허스턴. 산 정상에서 엎드려 서킷 프로젝트 마침기도를 드립니다. "전능하신 하나님, 나의 가능성이 어느 정도인지, 그 가능성의 산 정상을 도전케 하신 하나님을 찬양합니다. 이 땅의 모든 장애인이 저마다 그 가능성의 산 정상을 포기하지 않고, 저 높은 곳을 향하여 오르게 하옵소서."

사랑하는 성도 여러분, 역경은 훗날 경력이 된다는 주제로, 우리는 지금 역경을 이겨낼 수 있는 생명줄 말씀들을 매주 한 알씩 먹고 있습니다. 지지난주는 예레미야에게 주신 말씀, 너희를 향한 나의 생각은 평안과 미래와 희망을 주는 것이니라! 지난주는 히스기야에게 주신 말씀, 내가 네 기도를 들었고 네 눈물을 보았노라!
그리고 오늘은 세 번째로 하박국에게 주신 말씀을 살펴보려고 합
니다.

주전 600년경. 강대국 갈대아 곧 바벨론 제국의 위협을 바라보
며, 하박국은 기울어져 가는 민족, 남유다의 운명을 내다봅니다.
이기주의. 방종. 사치. 과소비. 살인. 간음. 그러나 자신들은 북이
스라엘처럼 하나님이 버리시지 않을 거라 자부하는 그 근거 없는
자만. 경제적 번영이 계속될 것이라는 헛된 욕망. 그러나 남유다
는 한순간에 기울기 시작합니다. 모든 게 당황스럽습니다. 그럼에
도 정신을 못 차리는 남유다 정치지도자, 종교지도자. 시대의 역경
이 계속됩니다. 백성들의 역경도 끝 갈 줄 모릅니다. 얼마 전까지
만 해도, 생각지도 못한 역경들, 역경들, 역경들. 너무 지칩니다. 너
무 괴롭습니다. 너무 암담합니다. 이게 인생입니다.

그렇다면, 하박국처럼 역경이 찾아올 때, 우리는 어떻게 해야 할
까요?

진노 중에라도 긍휼을 잊지 말아 달라고 호소하는 것입니다.

하박국이라는 이름은 껴안다는 뜻입니다. 하박국은 이 민족, 남
유다의 역경을 껴안고, 성전에 나아갑니다.

"오직 여호와는 그 성전에 계시니 온 땅은 그 앞에서 잠잠할지
니라 하시니라"(합 2:20)

시대의 역경, 백성들의 역경을 껴안고, 하나님 앞에 자조 섞인 항의를 합니다.

"오 여호와여, '사람 살려' 하고 아무리 외쳐도 주님은 들어 주지를 않으시고, '사람 패 죽인다' 하고 소리를 질러도 주님은 구출해 주지를 않으시니, 이런 일이 언제까지 계속되어야 합니까?왜 나에게 악하고 거짓된 일들을 보게 하십니까? 왜 이토록 고통스러운 일들을 그저 보고만 계십니까? 이 나라에는 어디에나 탄압과 폭력이 가득 차 있고, 싸움과 불화가 꼬리를 물고 일어납니다."(합 1:2-3, 현대어)

"어찌하여 주님은 저 갈대아 사람들이 몰려와서 우리 민족을 바닷속의 물고기 떼처럼 취급하고 또 지도자도 없는 벌레들과 같이 다루는 것을 허용하십니까?"(합 1:14, 현대어)

그러나 하박국, 이내 하나님의 진노가 마땅하다는 결론에 도달합니다.

"여호와여 내가 주께 대한 소문을 듣고 놀랐나이다 여호와여 주는 주의 일을 이 수년 내에 부흥하게 하옵소서"(합 3:2상반절)

수년 내에 부흥하게 하옵소서. 이 성구가 교회 표어나 가게 액자에 많이 걸려 있지요. 그런데 전후좌우 맥락을 모르고 사용하

면, 큰 오류를 범하게 됩니다. 본디 히브리어 성경 원문은 이렇게
되어 있습니다.

"오 주님, 제가 방금 주님의 답변을 들었습니다. 주께서 계획하
신 그 무서운 일들이 두려워 저는 떨립니다. 그 일을 너무 먼
미래에 하지 마시고 속히 이루어 주소서!"(합 3:2상반절, 현대어)

이 민족을 속히 심판해 달라. 매우 심각한 본문이 되는 거지요.
그러나 하박국, 그렇게 이 민족을 심판해 달라고 기도하면서도,
울면서 호소합니다.

"진노 중에라도 긍휼을 잊지 마옵소서"(합 3:2하반절)

이것이 예레미야의 슬픈 노래에도 나옵니다.

"여호와의 인자와 긍휼이 무궁하시므로 우리가 진멸되지 아니
함이니이다 (23) 이것들이 아침마다 새로우니 주의 성실하심
이 크시도소이다"(애 3:22-23)

눈물의 선지자, 예레미야는 이렇게 말합니다.

"주께서 인생으로 고생하게 하시며 근심하게 하심은 본심이
아니시로다"(애 3:33)

사랑하는 성도 여러분, 하나님의 본심은 저와 여러분의 역경이 아닙니다. 하나님의 본심은 저와 여러분이 이 역경 속에서 하나님을 더욱 깊이 만나는 것입니다. 영성이 우리 영혼, 가장 깊은 곳까지, 가 닿는 것입니다. 그러므로 역경 중에 계십니까? 진노 중에라도 긍휼을 잊지 말아 달라, 호소했던 하박국처럼, 역경 중에라도 긍휼을 잊지 마옵소서, 이 아침 간절히 호소하시기를 주님의 이름으로 축원합니다.

그렇다면, 하박국처럼 역경이 찾아올 때, 우리는 또 어떻게 해야 할까요?

치유의 하나님으로 말미암아 기뻐하는 것입니다.

하나님의 심판 계획. 바벨론을 들어 남유다 왕국을 멸하시겠다는 것. 그 계획을 알게 되었을 때, 하박국은 큰 두려움에 압도당합니다.

> "주께서 이 모든 일을 내게 들려주셨을 때 내 뱃속의 창자가
> 모두 뒤틀렸고 내가 주님의 우렁찬 음성을 들었을 때 두 입술
> 이 떨리기 시작하였습니다. 내 모든 뼈가 물러지고 내 두 무릎
> 은 후들거렸습니다."(합 3:16, 현대어)

여러분이라면, 이런 두려움이 압도해 올 때, 어떻게 하시겠습니까? 사람들은 너무 두려우면, 이 현실에서 도피하고 싶어 합니다.

그러나 그럴수록 두려움은 더 크게 쫓아옵니다. 정면돌파가 필요합니다. 더 기도의 자리로 나아가야 합니다. 기도 속에서 영의 눈을 활짝 떠야 합니다. 그래야, 세미하게 들려오는 주님의 음성을 들을 수 있습니다. 그 음성은 이런 것들입니다.

> "내가 네게 명령한 것이 아니냐 강하고 담대하라 두려워하지 말며 놀라지 말라 네가 어디로 가든지 네 하나님 여호와가 너와 함께 하느니라 하시니라"(수 1:9)

> "두려워하지 말라 내가 너와 함께 함이라 놀라지 말라 나는 네 하나님이 됨이라 내가 너를 굳세게 하리라 참으로 너를 도와 주리라 참으로 나의 의로운 오른손으로 너를 붙들리라"(사 41:10)

하박국은 이렇게 역경 속에서, 더 깊은 기도의 오솔길로 나아갔습니다. 그리고 놀랍게도, 정말 놀랍게도, 하박국은 그 기도의 오솔길에서, 지금 겪고 있는 역경의 두려움이 눈 녹듯 녹아내리는 것을 목격합니다.

> "나는 여호와로 말미암아 즐거워하며 나의 구원[치유]의 하나님으로 말미암아 기뻐하리로다"(합 3:18)

신기하게도, 역경 속 기쁨이 샘솟습니다. 이것이 기도의 신비입니다.

실은, 역경 속 하박국의 기쁨은, 3장 1절부터 예사롭지 않습니다.

"시기오놋에 맞춘 선지자 하박국의 기도라"(합 3:1)

시기오놋은 악기 이름이거나 음악 부호라고 성경학자들은 말합니다. 특히 절정의 기쁨, 터져 나오는 기쁨, 그 말할 수 없는 기쁨을 시기오놋이라고 했을 것이라고 추정합니다. 이 시기오놋에 맞춰, 하박국은 놀라운 기쁨을 주님께 올려드립니다.

"주 여호와는 나의 힘이시라 나의 발을 사슴과 같게 하사 나를 나의 높은 곳으로 다니게 하시리로다 이 노래는 지휘하는 사람을 위하여 내 수금에 맞춘 것이니라"(합 3:19)

처음에는 역경의 음침한 골짜기였으나, 어느새 저 정상 높은 곳을 뛰어다니는 사슴의 발. 그 기쁨을 하박국은 역경 속에서 미리 내다보고 있었던 것입니다.

느헤미야도 이 역경 속 기쁨을 고백하고 있습니다.

"이 날은 우리 주의 성일이니 근심하지 말라 여호와로 인하여 기뻐하는 것이 너희의 힘이니라 하고"(느 8:10하반절)

사도 바울도 이 역경 속 그리스도인의 기쁨을 곳곳에서 힘주어 말합니다. 특히 로마서 5장 3-4절, 고린도후서 12장 9절, 빌립보

서 4장 4절을 주목할 필요가 있습니다. 보시면 정말이지 너무나
놀랍습니다.

> "다만 이뿐 아니라 우리가 환난[역경] 중에도 즐거워하나니 이
> 는 환난[역경]은 인내를, (4) 인내는 연단을, 연단은 소망을 이
> 루는 줄 앎이로다"(롬 5:3-4)

> "나에게 이르시기를 내 은혜가 네게 족하도다 이는 내 능력이
> 약한 데서 온전하여짐이라 하신지라 그러므로 도리어 크게 기
> 뻐함으로 나의 여러 약한 것[역경]들에 대하여 자랑하리니 이
> 는 그리스도의 능력이 내게 머물게 하려 함이라"(고후 12:9)

> "주 안에서 항상 [지금 역경 중이라도] 기뻐하라 내가 다시 말
> 하노니 [지금 역경 중이라도] 기뻐하라"(빌 4:4)

사랑하는 성도 여러분, 지금 하박국처럼 역경 중에 계십니까?
정말 쉽지 않으시지요? 정말 무너지기 직전이시라구요? 여러분의
그 마음, 그 심정, 조금이라도 알 것 같습니다. 제가 지금 그런 상
황이니까요. 그런데, 그런데 여러분, 이런 때, 바로 이런 때, 저와
여러분도, 하박국처럼, 매우 역설적으로, 역경 속 기쁨을 노래할
수는 없을까요?

그렇다면, 하박국처럼 역경이 찾아올 때, 우리는 또 어떻게 해야
할까요?

나의 발을 사슴과 같게 하실 것을 믿는 믿음으로 말미암아 사는 것입니다.

최악의 역경 속에서, 지금 외로운 인생길을 걷고 있는 하박국.

> "무화과나무가 무성하지 못하며 포도나무에 열매가 없으며
> 감람나무에 소출이 없으며 밭에 먹을 것이 없으며 우리에 양
> 이 없으며 외양간에 소가 [없는 나의 상황]"(합 3:17)

이렇게 상황에 묶이면, 낙심밖에 안 됩니다. 절망밖에 안 됩니다. 한숨만 나옵니다.

그러므로, 우리, 최악의 역경 속에서, 그럼에도 불구하고, 이 상황 저 너머 계신, 예수님을 바라보시면 어떨까요? 예수님이 내 대신 나의 십자가를 지셨습니다. 나의 고통을 대신 아파하셨습니다. 나의 스트레스를 대신 가져가셨습니다. 나의 가난을 대신 책임지셨습니다. 나의 질병을 대신 담당하셨습니다. 그리고 죽어 주셨습니다. 나를 위해, 여러분을 위해, 이 인류를 위해. 예수님의 이 죽으심으로 저와 여러분은 이제 새 생명을 얻게 되었다는 것. 이것이 예수 그리스도의 피 묻은 십자가 복음입니다. 역경 중, 이 십자가 복음을 바라보시면 어떨까요?

> "우리가 사방으로 우겨쌈을 당하여도 싸이지 아니하며 답답
> 한 일을 당하여도 낙심하지 아니하며 (9) 박해를 받아도 버
> 린 바 되지 아니하며 거꾸러뜨림을 당하여도 망하지 아니하고

(10) 우리가 항상 예수의 죽음을 몸에 짊어짐은 예수의 생명
이 또한 우리 몸에 나타나게 하려 함이라"(고후 4:8-10)

이렇게 역경 중인 저와 여러분에게, 오늘 이 시간, 새 생명, 예수
의 생명이 내 몸에 들어왔음을 믿으시면 아멘! 이게 저와 여러분
을 살리는 복음, 예수 그리스도 생명의 복음입니다.
이런 예수님과 함께라면, 고난도 역경도 내게 유익이 될 수 있습
니다.

"고난[역경] 당한 것이 내게 유익이라 이로 말미암아 내가 주
의 율례들을 배우게 되었나이다"(시 119:71)

그동안 간과했던 성경 말씀의 깊이를 심오하게 배울 수 있기 때
문입니다. 세상에 버릴 것은 아무것도 없습니다. 고난도 역경도.
저도 지금 그렇습니다.
이때 진정 소중한 것은, 저와 여러분의 믿음, 믿음, 믿음입니다.

"보라 그의 마음은 교만하며 그 속에서 정직하지 못하나 의인
은 그의 믿음으로 말미암아 살리라"(합 2:4)

이 믿음이 하박국 전체의 신학입니다. 역경 속에서도 저와 여러
분이 간과해서는 안 될 소중한 생명줄이 바로 이 믿음입니다.
사도 바울도 이 믿음에 대해서 힘주어 말합니다.

"복음에는 하나님의 의가 나타나서 믿음으로 믿음에 이르게 하나니 기록된 바 오직 의인은 믿음으로 말미암아 살리라 함과 같으니라"(롬 1:17)

그러므로, 우리, 이 믿음을 가지고, 저와 여러분 앞에, 이제 전혀 새롭게 펼쳐질, 역경 이후의 삶, 역경 이후의 희망을, 담대히 선포하며, 담대히 노래하시면 어떨까요? 하박국처럼.

"비록 무화과나무가 무성하지 못하며 포도나무에 열매가 없으며 감람나무에 소출이 없으며 밭에 먹을 것이 없으며 우리에 양이 없으며 외양간에 소가 없을지라도 (18) 나는 여호와로 말미암아 즐거워하며 나의 구원[치유]의 하나님으로 말미암아 기뻐하리로다 (19) 주 여호와는 나의 힘이시라 나의 발을 사슴과 같게 하사 나를 나의 높은 곳으로 다니게 하시리로다"(합 3:17-19)

사랑하는 성도 여러분, 놀라운 것은 예수님도 이 믿음에 대해서 말씀하고 계신다는 것입니다. 그것도 하바국에 나오는 무화과나무 이야기를 그대로 하시면서.

"그들이 아침에 지나갈 때에 무화과나무가 뿌리째 마른 것을 보고 (21) 베드로가 생각이 나서 여짜오되 랍비여 보소서 저주하신 무화과나무가 말랐나이다 (22) 예수께서 그들에게 대답하여 이르시되 하나님을 믿으라 [믿으라 믿으라] (23) 내가 진실로 너희에게 이르노니 누구든지 이 산더러 들리어 바다에 던져지라 하며 그 말하는 것이 이루어질 줄 믿고 [믿고 믿고 믿고] 마음에 의심하지 아니하면 그대로 되리라 (24) 그러므로 내가 너희에게 말하노니 무엇이든지 기도하고 구하는 것은 받은 줄로 믿으라 [믿으라 믿으라] 그리하면 너희에게 그대로 되리라"(막 11:20-24)

이번 파리올림픽에서 계속 우리나라 승전보가 날아오고 있습니다. 우리 대전시청 소속의 펜싱미남 오상욱 선수. 전 세계 팬들, 특히 브라질 여성 팬들이 난리가 났어요. 지난 4년, 오늘 하루를 위해, 그 고된 훈련과 역경을 이겨낸 오상욱 선수에게 박수!

러셀 비티라는 저널리스트가 있어요. 이번에 양궁의 정의를 새롭게 내렸더라구요. "양궁이란 4년마다, 전 세계 궁사들이, 오직 한국인에게만 금메달을 걸어주기 위하여 모이는, 유서 깊은 전통 행사!" 올림픽 10연패, 40년 연속금메달. 어쩌면 이렇게 잘하는지! 지난 4년, 오늘 하루를 위해, 그 고된 훈련과 역경을 이겨낸 양궁 선수들에게도 박수!

삐약이 탁구신동 누구죠? 신유빈 선수. 고등학교도 안 갔어요. 탁구가 너무 좋다고. 근데 너무 귀여워요. 잠시 휴식 시간, 이마에 얼음주머니 올려놓고, 바나나 먹고, 복숭아 먹고, 에너지젤 먹고, 엄마표 주먹밥 먹고. 너무 귀여워요. 지난 4년, 오늘 하루를 위해, 그 고된 훈련과 역경을 이겨낸 삐약이 신유빈 선수에게도 박수!

그런데, 그런데, 그 가운데 참 감동이 되는 선수가 있더라구요.

아프리카에서 가장 가난한 나라. 저는 그런 나라가 있는지도 몰랐어요. 차드라는 나라, 들어보셨나요? 올림픽에 3명의 선수가 출전했더라구요. 그 가운데, 양궁선수로 출전한 마다예. 본업은 전기 기사. 양궁을 우리 대한민국 양궁선수들 유튜브를 보며 독학으로 공부했대요. 저는 대한민국 양궁선수들이 너무너무 존경스러워요, 그 말에 저도 가슴이 시리더라구요. 그 흔한 양궁 장비도 없습니다. 체스터 가드, 가슴 보호대도 없습니다. 돈이 없어 활도 못 삽니다. 화살도 못 삽니다. 과녁도 못 삽니다. 우리나라에서는 그 흔한 어린이 장난감 화살도 없습니다. 엄두를 못 냅니다. 아예 구할 수도 없습니다. 좀 보내 주고 싶더라구요.

그런데 그 마다예 선수. 세계최강 우리나라 김우진 선수를 만나, 쏜 양궁이 마지막에 몇 점이었죠? 10점 만점에 1점.

"0점보다는 낫잖아요." 너무너무 의연합니다. "땡큐, 꼬레아, 대한민국, 고마워요!" 자신을 격려해 준 대한민국에 고마워서 어쩔 줄 몰라 합니다. 이렇게라도 전 세계에 차드라는 나라가 있다는 것, 이렇게 올림픽에 출전하기 위하여 최선을 다하는 사람이 있다는 것, 그걸 알리게 된 것만으로도, 너무너무 기뻐합니다.

"유튜브로만 봤는데, 이번에 대한민국 선수들을 실물로 보며, 한 수 배워갑니다. 다음번에는 더 잘할 자신 있습니다. 저, 두고 보세요." 양궁 속 실력은 1점이지만, 역경 속 믿음은 10점 만점입니다. 그 척박한 땅, 아프리카 오지, 세계 최빈국. 지난 4년, 올림픽 출전, 그 하나의 꿈을 향하여, 그 역경을 이겨낸, 마다예 선수에게 진심으로 박수 한번 보냅시다.

"다음번에 더 잘할 자신 있습니다. 두고 보세요!" 마다예의 이 역경 속 믿음! 이것이 오늘 본문, 역경 속 하박국의 믿음이었습니다. 그렇다면, 역경 속 저와 여러분의 믿음은 지금 어떤가요?

09
때가 이르매 거두리라

"우리가 선을 행하되 낙심하지 말지니 포기하지 아니하면 때가 이르매 거두리라"(갈 6:9)

파리올림픽이 끝났습니다. 개막식부터 폐회식까지, 너무 엉성해서 예술의 나라, 파리가 맞나 실망도 많았습니다. 특히 개막식부터 반기독교적인 색채가 강해서, 아연실색. 그래도 올림픽은 역시 올림픽! 참 감동적인 사연도 많았습니다.

특히, 우리나라 탁구 여자단체전 동메달. 전지희, 신유빈, 이은혜. 이 세 선수가 시합 전 기도하는 모습 보셨나요? 너무 감동이 되더라구요. 하나님이 얼마나 기뻐하실까!

그 가운데, 기도하는 삐약이 신유빈 선수. 삐약삐약 그 어린애가, 고등학교도 안 나오고, 탁구에 올인. 얼마나 힘들었을까! 그 긴 시간, 포기하지 않고 잘 커 주었구나! 바나나 까먹는 모습이 얼마나 귀여운지! 아니나 다를까, 엊그제 바나나우유 광고모델로 스카웃됐더라구요. 최고의 적임자라고.

또 그 옆에, 기도하는 전지희 선수. 16년 전, 김형석 감독이 일찍이 중국에서 그 재능을 알아보고, 우리나라로 귀화시킨 선수더라구요. 그렇지만, 따가운 시선, 따라다니는 꼬리표, 그리고 16년의 기다림. 그 긴 시간을 포기하지 않고 기다렸더니, 마침내 16년 만에 여자단체전 동메달. 정말 고맙고 정말 멋졌어요.

또 그 옆에, 기도하는 이은혜 선수. 승리할 때마다, 무릎 꿇고 기도하는 세리머니, 보셨지요?

어디서 저런 믿음이 생겼을까! 사연을 듣고 보니, 이은혜 선수는, 88서울올림픽에서 현정화 선수와 함께, 우리나라 탁구 여자복식 금메달을 딴 선수가 누구죠? 양영자 선수! 그 양영자 선수가 이 이은혜 선수에게 저런 믿음을 최초로 심었더라구요.

양영자 선수가 남편 이영철 선교사와 함께, 1997년 한국 WEC 국제선교회 몽골선교사로 파송을 받아, 거기서 14년 동안, 탁구 선교를 하면서 믿음을 심은 선수였어요. 이번에 그 믿음을 심은 대로 거둔 거예요.

양영자 선교사는 내몽골에서 유소년 탁구선수로 활동하던 이은혜 선수를 보고, 자기 집에서 성경공부를 하며 믿음을 심어준 거예요. 이은혜 선수는 그런 양영자 선교사를 엄마라고 생각하며 따랐대요. 양영자 선교사가 몽골선교 사역을 마치고 귀국할 때, 한족인 이은혜 선수를 데리고 와서, 귀화를 시켜, 탁구를 계속하게 한 거더라구요.

귀화 후, 이은혜 선수가, 갖은 편견과 서러움과 눈치를 받으며 선수생활을 그만두려 했을 때, 붙잡아 준 것도 양영자 선교사였습니다. 공황장애가 와서 힘들어하는 이은혜 선수에게, 40년지기 친구, 김포 하나로교회 백선기 목사님을 소개해 준 것도 양영자 선교사였습니다. 이번에 하나로교회 청년회가 파리까지 날아가서,

자기 교회 청년회 소속 이은혜를 선수를 위하여 금식기도와 중보기도를 펼친 것도 참 감동이었습니다.

기자회견에서, 이은혜 선수는 이렇게 말했습니다. "첫 올림픽에서 첫 메달까지 따게 된 것은, 모든 게 하나님의 은혜였습니다. 하나님의 은혜가 아니었으면, 저는 여기까지 올 수 없었습니다. 저에게는 이 모든 게 하나님의 은혜입니다."

아나운서가 이은혜 선수가 승리 후 기도드릴 때, 그러더라구요. 어메이징 그레이스! 우리말로, 놀라운 은혜! 아나운서도 안 거예요. 이 모든 게 하나님의 은혜라는 걸! 그래서 그녀의 이름도 이은혜! 보면서 참 감동이 되었습니다.

사랑하는 성도 여러분, 오늘은 갈라디아교회에 보낸 바울의 편지를 통해, 주님의 복음을 경청하고자 합니다.

그렇다면, 갈라디아교회에 보낸 바울의 편지를 통해, 오늘 저와 여러분에게 주시는 주님의 복음은 무엇일까요?

심는 대로 거둔다는 것입니다.

한 아버지가 홀로 4남매를 잘 키웠습니다. 모두 대학을 졸업시키고, 결혼도 시켰습니다. 이제 자신만의 인생을 살고 싶었는데, 그만 중병에 걸렸습니다. 그래서 자식과 며느리, 딸과 사위를 모두 불러 모았습니다.

"내가 너희들을 키우고 대학에 보내고 시집 장가 보내고 사업을 하느라, 7억 정도 빚을 졌다. 알다시피, 내 건강이 안 좋고 이제 능력도 없으니, 너희들이 얼마씩 좀 갚아다오. 이 종이에 얼마씩 갚 겠다고 좀 적어라."

사업을 하신 아버지라, 재산이 좀 있는 줄 알았는데, 자식들은 의외라는 눈치로, 서로 얼굴만 멀뚱히 쳐다보았습니다. 형제 중 그리 잘 살지 못하는 둘째아들이 종이에 5천만 원을 갚아드리겠다고 적었습니다. 그러자 마지못해 나머지 자식들도, 큰아들이 2천만 원, 셋째아들이 1천5백만 원, 딸이 1천만 원을 적었습니다. 그리고 그 후, 자식들은 아버지 문병을 끊었습니다. 한 번도, 그 흔한 휴대폰 안부전화도 없었습니다. 그래서 아버지가 다시 자식들을 불러 모았습니다. 이번에는 며느리 사위는 오지도 않았습니다. 4남매만 왔습니다. 아버지는 자식들에게 말했습니다.

"내가 죽고 나면, 너희들이 얼마 되지 않는 유산으로, 싸움질하고 형제간 반목할까 봐, 전 재산을 정리하고 재산증여 공증까지 마쳤다. 지난번 너희가 적어준 액수의 딱 5배씩 지금 주겠다. 이것으로 너희에게 내가 줄 유산은 끝이다."

장남 1억 원, 둘째 2억 5천만 원, 셋째 7천5백만 원, 딸은 5천만 원을 받았습니다. 딱 5배씩! 적게 받은 자식들의 안색, 사색이 되었습니다. 심은 대로 거둔 것입니다.

그래서 오늘 본문에서도 이렇게 말씀하고 있습니다.

"스스로 속이지 말라 하나님은 업신여김을 받지 아니하시나니
사람이 무엇으로 심든지 그대로 거두리라"(갈 6:7)

이것이 바로 심은 대로 거둔다는, 하나님 나라 법칙입니다.

그렇다면, 우리는 무엇을 위하여 심어야 할까요? 그것은 두 부류로 나누어집니다.

"자기의 육체를 위하여 심는 자는 육체로부터 썩어질 것을 거두고 성령을 위하여 심는 자는 성령으로부터 영생을 거두리라"(갈 6:8)

자기의 육체를 위하여 심는 자가 거둘, 육체의 열매는 오늘 우리가 읽은 갈라디아서 5장 19-21절에 나와 있습니다.

"여러분이 본성이 시키는 대로 육체의 욕망에 따라 살면 여러분의 생활은 다음과 같은 결과를 가져옵니다. 곧 더러운 생각, 육신의 쾌락을 찾는 마음, (20) 우상숭배, 마술, 헐뜯음과 싸움, 질투와 분노, 언제나 자기 이익을 추구하는 일, 불평과 비판적인 태도, 자기의 작은 당파 외에는 모두 나쁜 것으로 인정하는 배타주의와 거기서 나오는 잘못된 교설 (21) 시기, 살인, 술주정, 흥청대며 먹고 마시는 것 따위입니다. 전에도 말했지만 한번 더 당부합니다. 누구든지 이런 생활을 하는 사람은 하나님 나라를 물려받을 수 없습니다."(갈 5:19-21, 현대어)

반대로, 성령을 위하여 심는 자가 거둘, 성령의 열매는 갈라디아서 5:22-23절에 나와 있습니다.

"하지만 성령께서 우리 생활을 지배하실 때 그분은 우리 속에서 다음과 같은 열매를 맺게 해주십니다. 사랑, 기쁨, 평화, 인내, 친절, 선의, 진실, (23) 온유, 그리고 절제입니다. 여기에는 율법에 반대되는 것이 하나도 없습니다."(갈 5:22-23, 현대어)

예수님도 이렇게 심은 대로 거둔다는 하나님 나라 법칙을 말씀하십니다.

"너희를 환영하는 사람은 나를 환영하는 사람이고, 나를 환영하는 것은 아버지 하나님을 환영하는 것이다. (41) 만일 너희가 예언자를 하나님의 사람이라 하여 환영한다면 너희는 예언자가 받는 것과 같은 상을 받을 것이다. 또 만일 너희가 선하고 믿음이 깊은 사람을 믿음의 사람이라 하여 환영한다면 너희는 그들이 받는 상과 같은 상을 받을 것이다. (42) 또 아무리 보잘 것 없는 사람일지라도 그가 내 제자라고 하여 냉수 한 그릇이라도 대접하는 사람은 반드시 상을 받을 것이다.'"(마 10:40-42, 현대어)

사랑하는 성도 여러분, 인생은 농사를 짓는 것과 같습니다. 심은 대로 거두기 때문입니다. 앞으로 내가 무엇을 거둘 것인가는, 지금 내가 무엇을 심는가에 달려 있습니다. 지금 내가 거둔 열매는, 그동안 내가 심은 것의 결과입니다. 심은 대로 거둔다! 하나님 나라 법칙! 부디 잘 심으셔서, 잘 거두시기를, 주님의 마음으로 축원합니다.

그렇다면, 갈라디아교회에 보낸 바울의 편지를 통해, 오늘 저와 여러분에게 주시는 주님의 복음은 또 무엇일까요?

선을 행하되 낙심하지 말라는 것입니다.

"우리가 선을 행하되"(갈 6:9상반절)

선을 행하되. 앞에 나와 있는 말로 하면, 선을 심으라, 그런 말씀입니다.

그렇다면, 왜 선을 심어야 할까요? 저와 여러분을 향하신 주님의 명령이기 때문입니다.

"아무에게도 악을 악으로 갚지 말고 모든 사람 앞에서 선한 일을 도모하라"(롬 12:17)

또, 왜 선을 심어야 할까요? 저와 여러분이 이 세상에 창조된 가장 중요한 목적이기 때문입니다.

"우리는 그가 만드신 바라 그리스도 예수 안에서 선한 일을 위하여 지으심을 받은 자니"(엡 2:10상반절)

그렇다면, 누구에게 선을 심어야 할까요?

"그러므로 우리는 기회 있는 대로 모든 이에게 착한 일을 하

되"(갈 6:10상반절)

예외를 두어서는 안 된다는 말씀입니다. 나에게 잘해 주는 사람에게 잘해 주는 것은 믿지 않는 사람도 다 합니다. 나의 자존심을 상하게 하는 이에게도, 나를 욕하는 이에게도, 나를 원수처럼 대하는 이에게도 선을 심으라는 말씀입니다. 예수님도 십자가에서 그렇게 하셨습니다.

또, 누구에게 선을 심어야 할까요? 10절 하반절을 다시 보면,

"그러므로 우리는 기회 있는 대로 모든 이에게 착한 일을 하되
더욱 믿음의 가정들에게 할지니라"(갈 6:10하반절)

믿는 그리스도인들, 지금 여러분 옆자리에 앉아 있는 분들에게 더 잘하라는 말씀입니다. 여기서도 안 되는데, 어떻게 바깥에 나가서 잘하겠습니까? 교회 다니는 사람 가운데도 고약한 사람들이 있습니다. 원수도 사랑하라는 예수님의 말씀. 끝까지 더욱 선으로 악을 이겨야 합니다. 함께 천국 가서 살 사람들입니다.

또, 누구에게 선을 심어야 할까요?

"가르침을 받는 자는 말씀을 가르치는 자와 모든 좋은 것을
함께 하라"(갈 6:6)

말씀을 가르치는 자. 목회자를 말하는 거지요. 목회자의 허물을 들춰내려 독기를 내뿜고, 교묘하게 가짜뉴스를 퍼뜨리고, 교인과

목회자 사이를 이간질을 시킵니다. 이간질시키는 자. 헬라어로, 디아볼로스. 마귀라는 뜻입니다. 목회자에게도 선을 심어야 합니다. 그래야 후손들이 복을 받습니다. 모든 좋을 것을 함께 하라. 수고하십니다. 사랑합니다. 존경합니다. 모든 좋은 것 가운데, 선한 말보다 더 좋은 것은 없습니다. 이것이 오늘 저와 여러분에게 주시는 주님의 복음입니다.

그렇다면, 어떻게 선을 심어야 할까요? 9절을 다시 보면,

"우리가 선을 행하되 낙심하지 말지니"(갈 6:9상반절)

낙심하지 말고 선을 심어야 한다는 말씀입니다.

낙심이라는 말은, 한자로 떨어질 낙에 마음 심, 마음이 저 바닥으로 떨어져 버리는 것입니다. 바라던 일이 뜻대로 되지 않아 마음이 상하는 것입니다.

교회 봉사를 하는데, 다른 성도들이 협력해 주지 않고 나만 혼자 나와 봉사하면, 얼마나 낙심이 되겠습니까? 교회학교 교사로 아이들을 신앙으로 잘 양육하기 위해 노력하는데, 아이들이 학원 간다고 나오지 않으면, 얼마나 낙심이 되겠습니까? 목장장, 신도회장, 예배, 음악, 찬양대원, 찬양팀, 주차, 식당, 청소, 관리, 전도, 선교, 새가족, 행사, 교육, 재정, 기도, 안내, 올해만 하고 끝내겠다고 하면, 서로 얼마나 낙심이 되겠습니까? 주님은 또 얼마나 낙심이 되시겠습니까?

어느 날, 사탄이 중고 가정용품을 내놓고 경매에 부쳤습니다. 사람들을 골탕 먹이고 위협하고 유혹하고 비난할 때 써먹던 도구들

이, 탁자 위에 가지런히 진열되어 있었습니다. 물건들에는 가격이 매겨져 있습니다.

'탐욕'이라는 물건에는 꽤 비싼 가격표가 붙어 있었습니다. 그러나 '수군거림'이라는 물건 가격에는, 반도 못 미쳤습니다. '교만'에는 더 비싼 가격이 붙어 있습니다. 그렇다고 해도 '교만'이 가장 비싼 가격은 아니었습니다.

그런데, 탁자 한 모퉁이에, 퀴퀴한 냄새를 풍기는 물건 하나가 있었습니다. 그날 나온 물건 중에, 가장 비싼 것이었습니다. 손님이 물었습니다. "이게 뭔데, 이렇게 비싼가요?" 사탄이 대답합니다. "아, 그거 말씀이군요. 그건 제가 가장 아끼는 겁니다. 여기 있는 것들 가운데 가장 쓸모 있는 도구거든요. 시기와 탐욕과 나태와 정욕이 교회 다니는 사람들을 꺾지 못할 때, 이 녀석이 신통하게 재주를 부려서 내 목적을 이루어 준단 말이에요. 솔직히 말해서, 이 탁자 위에 있는 모든 도구로 그리스도인을 넘어뜨린 숫자보다, 이놈 하나로 넘어뜨린 숫자가 훨씬 더 많을 겁니다." "이거 이름이 뭔데요?" "아, 그건 '낙심'이라는 물건입니다."

사랑하는 성도 여러분, 사탄이 저와 여러분을 넘어뜨리려 할 때, 가장 강력하게 쏘는 무기가 바로 낙심입니다. 낙심은 전염성이 아주 강합니다. 사탄은 낙심시키는 전문가입니다. 그것 한 방이면, 저와 여러분의 선한 마음을 여지없이 꺾어 버릴 수 있습니다.

그렇다면, 선을 행하면서 왜 낙심할까요? 나를 위해 돌아가신 예수 그리스도의 십자가를 바라보지 않고, 사람을 바라보고 교회 일을 하기 때문입니다.

그렇다면, 낙심을 이기는 길은 무엇일까요? 일에 의미를 부여하는 것입니다. 사명을 따라 사는 것입니다. 평소에 내 영혼의 정원을 아름답게 일구고 가꾸는 것입니다. 낙심을 이기는 길은, 주님께서 나에게 맡기신 이 작은 일에 충성을 다하는 것입니다. 그러면 주님께서 이렇게 알아주십니다. 주님께서 여러분을 칭찬하시는 말씀을 같이 한번 읽어봅시다.

"그 주인이 이르되 잘하였도다 착하고 충성된 종아 네가 적은 일에 충성하였으매 내가 많은 것을 네게 맡기리니 네 주인의 즐거움에 참여할지어다 하고"(마 25:21)

그렇다면, 갈라디아교회에 보낸 바울의 편지를 통해, 오늘 저와 여러분에게 주시는 주님의 복음은 또 무엇일까요?

포기하지 아니하면 때가 이르매 반드시 거두게 된다는 것입니다.

9절을 다시 보면,

"우리가 선을 행하되 낙심하지 말지니 포기하지 아니하면"(갈 6:9하반절)

선을 심다가 낙심하면, 자연스럽게 그다음 수순은 포기해 버리는 것입니다.

갈라디아교회 교인들도 지금 그런 심정이었습니다. 갈라디아교회는 바울이 전도하여 세운 교회였지요. 그러나 교인들 중에, 바울이 예수 그리스도께서 직접 뽑은 12사도는 아니지 않느냐, 그러면서 바울의 사도권을 인정하지 않는 사람들이 생겨났습니다. 그래서 교회가 흔들흔들 요동을 쳤습니다. 그래서 바울이 그런 소식을 전해 듣고, 마음이 아파, 갈라디아교회에 애절한 편지를 보낸 것입니다. 그 편지가 오늘 우리가 읽은 갈라디아서입니다. 갈라디아서, 그 편지의 시작, 1장 1절은 이렇습니다.

> "[나는] 사람들에게서 난 것도 아니요 [나는] 사람으로 말미암은 것도 아니요 [나는] 오직 예수 그리스도와 [나는] 그를 죽은 자 가운데서 살리신 하나님 아버지로 말미암아 사도 된 [나] 바울은"(갈 1:1)

오죽하면, 이렇게까지 직접 편지에 쓰고 있겠습니까! 나도 다메섹 가는 길에서 예수님을 만나, 사도로 부르심을 받았다! 평생을 오직 예수 그리스도를 위하여, 사도로 죽을 고비를 수없이 넘겼다! 너희도 알잖냐? 나도 예수님의 제자다! 나도 예수님의 사도다!

그러면서, 지금 갈라디아교회에서 들려오는 이상한 소문을 염려합니다.

> "그리스도의 은혜로 너희를 부르신 이를[나 사도 바울을] 이같이 속히 떠나 다른 복음을 따르는 것을 내가 이상하게 여기노라"(갈 1:6)

결국, 바울을 사도로 인정하는 교인들과, 바울을 사도로 인정하지 않는 교인들 사이에, 충돌이 생겼습니다. 서로 말로 안 섞습니다. 서로 으르렁거립니다. 둘로 쪼개진 갈라디아교회. 이 소식을 전해 듣고, 사도 바울, 얼마나 낙심이 됐겠습니까?

그러나 사도 바울, 어떤 조롱, 어떤 험담, 어떤 뒷담화에도, 갈라디아교회를 포기하지 않았습니다. 그리고 갈라디아 교인들에게 간곡히 호소합니다. 9절을 다시 보면,

"우리가 선을 행하되 낙심하지 말지니 포기하지 아니하면"(갈 6:9)

사탄이 아무리 우리 갈라디아교회를 흔들어도, 우리 절대 절대 포기하지 맙시다. 마귀가 아무리 저와 여러분 사이를 이간질해도, 우리 절대 절대 포기하지 맙시다. 포기는 배추를 셀 때나 쓰는 말입니다. 그렇게 호소합니다. 이게 이 갈라디아서의 가장 절절한 표현입니다.

여러분도, 때로는 포기하고 싶을 때가 있으시죠? 이제쯤은 가정 경제도 좋아지고, 남편도 술을 끊고, 자녀들도 잘 풀리고, 질병도 완치되고, 그러면 너무 좋겠는데! 그러나 교회를 1년, 2년 다녀도! 1년, 2년 기도해도! 별로 달라지는 것은 없고! 예수 믿어도 별수 없네! 교회 다녀보았자 똑같네! 포기하고 싶어집니다.

나는 이렇게 한다고 하는데! 남편도 몰라주고! 아내도 몰라주고! 부모님도 몰라주고! 자식들도 몰라주고! 윗사람들도 몰라주고! 아랫사람들도 몰라주고! 목사님도 몰라주고! 교인들도 몰라주

고! 다 때려치우고 싶은 마음. 다 포기하고 싶은 심정!

여러분, 이런 때 어떻게 해야 할까요? 오늘 주님께서 하시는 복음이 있습니다. 9절을 다시 읽어봅시다.

> "우리가 선을 행하되 낙심하지 말지니 포기하지 아니하면 때
> 가 이르매 거두리라"(갈 6:9)

하나님께서 준비해 놓으신 때가 있다는 것입니다.
지혜의 왕 솔로몬도 이 하나님의 때에 대해서 말하고 있지요.

> "범사에 기한이 있고 천하 만사가 다 때가 있나니 (2) 날 때가
> 있고 죽을 때가 있으며 심을 때가 있고 심은 것을 뽑을 때가
> 있으며 (3) 죽일 때가 있고 치료할 때가 있으며 헐 때가 있고
> 세울 때가 있으며"(전 3:1-3)

오늘 이 시대, 조급증이 그 특징입니다. 냉장고도 급속냉각. 엘리베이터도 타자마자 닫힘버튼. 홈페이지 열리는 로딩시간 1, 2초도 기다리지 못해 뒤로버튼. 만남도 번개팅. 복권도 즉석복권. 아이스께끼도 물자마자 꽉. 이빨이 부러집니다.

나무가 자라려면 100년을 기다려야 한다는데! 우리는 지금 너무 조급합니다. 제가 그렇습니다. 빨리 나아야 되는데! 여러분은 지금 무엇에 그렇게 조급하십니까?

그래서 정신분석학자 구스타프 칼 융은 이렇게 말했습니다. "조급함은 마귀에게서 나온 것이 아니라, 그 자체가 마귀다."

아브라함은 아들을 주시겠다는 하나님의 말씀을 붙들고, 25년을 기다렸습니다. 마침내 25년째, 아들 이삭을 선물로 받았습니다. 만일 24년째, 이거 안 되나보다, 하나님의 때를 직전에 포기해 버렸다면, 아들 이삭은 이 세상에 없었을 것입니다.

요셉은 감옥에서 3년을 포기하지 않고 하나님의 때를 기다렸습니다. 마침내 애굽의 총리가 되었습니다.

모세는 애굽에서 하나님의 백성을 해방시키기 위하여 바로 왕에게 10번을 찾아가서 마침내 설득했습니다. 만일 9번째, 이거 안 되나보다, 하나님의 때를 직전에 포기해 버렸다면, 출애굽은 없었을 것입니다.

여호수아는 광야 40년을 포기하지 않고 하나님의 때를 기다렸습니다. 마침내 젖과 꿀이 흐르는 약속의 땅에 들어갈 수 있었습니다.

갈렙은 45년을 포기하지 않고 하나님의 때를 기다렸습니다. 마침내 85세에 원하는 산지를 받았습니다.

엘리야는 하나님의 약속을 듣고 비 오기를 7번까지 기도하여 응답받았습니다. 만일 6번째, 이거 안 되나보다, 하나님의 때를 직전에 포기해 버렸다면, 가뭄을 해갈할 단비는 응답받지 못했을 것입니다.

다니엘은 금식기도를 드리다가, 세 이레, 21일 만에 기도 응답을 받았습니다. 만일 20일째, 이거 안 되나보다, 하나님의 때를 직전에 포기해 버렸다면, 기도 응답을 받지 못했을 것입니다.

사랑하는 성도 여러분, 다 하나님의 때가 있습니다. 모든 것은 하나님의 시간표대로 착착 진행되고 있습니다. 마침내 하나님의 때가 이르면, 저와 여러분은 축복의 그릇이 될 수 있습니다. 간증의 도구가 될 수 있습니다. 복음의 증인이 될 수 있습니다. 선을 심는 자는, 그러기에, 오늘도, 절대 절대 포기하지 말고, 하나님의 때를 기다려야 합니다.

지난 목요일, 동아일보에 한 사람이 소개가 되었습니다. 필름출판사 대표 김상현 작가. 31세더라구요. 아주 젊어요.

2016년, 첫 번째 책을 냈는데. 3만 권이 팔린 거예요. 요즘 사람들이 거의 책을 안 읽는 추세라, 500권만 찍어도 잘하는 건데, 3만 권이면 거의 기적이죠.

사실, 이런 이야기만 있었다면, 저는 신문을 덮어버렸을 거예요. 너무 내 자신이 초라해 보이니까요. 그런데 이렇게 되기까지 좀 사연이 있더라구요. 그 사연이 제 가슴에 파고들어 오더라구요.

실은, 김상현 작가는 지방대생이었어요. 그것도 책과는 관련이 없을 것 같은 경영학을 전공했어요. 그런데 어려서부터 생각하는 걸 좋아했고, 그 생각을 자꾸 글로 표현하고 싶어했대요.

그래서 지방대 대학생 때, 텔레비전 선전 문구를, "침대는 과학입니다" 이런 식으로, 딱 한 줄로 임팩트 있게 뽑아내는, 카피라이터가 되고 싶어, 공모전에 응모를 했대요. 응모한 횟수가 총 30번. 다 탈락. 아픔이 있더라구요. 텔레비전 선전 문구 한 카피를 만들려면, 매번 일주일에서 한 달이 걸리는데, 탈락할 때마다 너무 낙심이 되었을 것 같더라구요. 무언가에 떨어져 본 사람은 그 심정 알지요. 저도 그 심정 알겠더라구요.

그래서 그다음엔, 까페를 열었는데, 문을 닫은 게 2번. 3번째 까페를 열었는데, 7개월 만에 코로나. 하루 매출 10만 원. 한 달 적자만 2억. 빚은 16억. 아버지는 교통사고로 오른쪽 다리가 부러지시고. 엎친 데 덮친 격. 갈피를 잡지 못하던 그를 붙잡아 준 게, 그래도 자기가 가장 좋아하는, 글쓰기였다는 거예요.

네가 무슨 글을 쓰냐? 네가 무슨 책을 내냐? 조롱과 핀잔과 우려, 그래도 나같이 실패를 거듭하고 있는 사람들에게, 따뜻한 위로와 공감이 되는 글을 쓰고 싶다, 그런 마음으로 글을 써서, 출판사들에 기획안을 보냈는데, 거절 거절 거절. 퇴짜를 맞은 게 딱 70번.

그러다가 개인 후원을 받을 수 있는 크라우드 펀딩이라는 걸 알게 되고, 그렇게 처음 책을 냈는데, 그게 독자들의 사랑을 받게 되었다는 거예요. 70번의 실패 속에서도, 포기하지 않은 결과, 이제는 진정으로 독자들의 아픈 마음을 어루만지는 진짜 책을 쓰게 된 거예요.

김상현 작가, 지난 2022년, 직접 출판사를 차립니다. 그리고 또 하나의 또 책을 냅니다. <______는 결국 무엇이든 해내는 사람>.

책표지 맨 윗줄에 밑줄만 그어놓았는데, 거기다 사람들이 상대방 이름을 직접 써서 막 선물로 주는 거예요. 또 기적이 일어납니다. 독자들이 너무너무 공감을 하는 거예요. 지금까지 20만 권이 팔렸습니다. 출판사 연간매출이 지금은 50억. 거기다 까페이름 공명도 3곳이나 운영하고 있는데, 거기서도 연간매출이 20억.

그런데 부럽지만 않았습니다. 오히려 박수를 보내고 싶더라구요. 지방대생으로서, 그 숱한 조롱과 멸시, 30번의 응모전 탈락,

매달 2억 원의 까페 적자, 출판사들에게서 70번의 퇴짜. 그럼에도 불구하고, 낙심하지 아니하고, 포기하지 아니하고, 끝끝내 다시 일어선 사람. 이제는 자신처럼 실패의 쓰라림 속에 신음하고 있는, 독자들의 가장 아픈 마음을, 가장 공감해 줄 수 있는 사람.

김상현 작가님, 지금 보고 계시지요? 작가님이 쓰신 이번 책 제목처럼, 당신은 결국 무엇이든 해내는 사람이군요!

10
거인들이 앞을 막을 때

"나의 힘이신 여호와여 내가 주를 사랑하나이다 (2) 여호와
는 나의 반석이시요 나의 요새시요 나를 건지시는 이시요 나
의 하나님이시요 내가 그 안에 피할 나의 바위시요 나의 방패
시요 나의 구원의 뿔이시요 나의 산성이시로다 (3) 내가 찬송
받으실 여호와께 아뢰리니 내 원수들에게서 구원을 얻으리로
다"(시 18:1-3)

<페이싱 더 자이언츠>(Facing the Giants). 우리말로 하면, <거
인들이 앞을 막을 때>. 현재까지 56개국 5,000만 명이 본 영화입
니다. 세계적인 명작 가운데 하나입니다.

이 영화의 주인공은 그랜트 테일러입니다. 샤이로고등학교, 이글
스 미식축구팀 코치. 그런데, 6년째 패배를 거듭합니다.

사랑하는 성도 여러분, 여러분도 인생을 살다 보면, 이런 느낌이
들 때가 있지 않습니까? <Facing the Giants>. 거인들이 앞을 막
을 때가 있지 않습니까? 아니, 지금도 여러분 앞에 이런 거인들이
길을 막고 있다구요? 그래서 앞이 막막하시다구요? 그래서 이제
는 다 포기하고 싶으시다구요?

그렇다면, 이렇게 거인들이 저와 여러분 앞을 막을 때, 우리는 그리스도인으로서 어떻게 해야 할까요?

생명줄 말씀을 붙드는 것입니다.

이 영화에서 말하는 내 앞의 거인은 '두려움'입니다. 6연패 속에, 이제 여기서 잘리면, 나는 어디 가서 무엇을 해야 하나, 경질의 두려움. 게다가 아내가 아이를 가질 수 없는데, 그 원인이 나에게 있다는 불임의 두려움. 그 두려움 앞에서 테일러는 아내에게 이렇게 마음을 토로합니다. "하나님은 뭐 하시지? 왜 이렇게 어려운 거지?"

여러분이라면, 이런 때 어떻게 하시겠습니까? 내 앞의 거인, 이 두려움을 치유하기 위하여 테일러는 어디서부터 출발했을까요?

테일러는 경질의 두려움, 불임의 두려움, 그 두려움의 자리에서 무엇보다도 우선 말씀을 붙잡습니다. 이 거인 같은 두려움을 치유하는 첫 번째 비결은, 바로 하나님께서 하늘에서 내려주시는 생명줄 말씀이었습니다.

테일러가 두려움의 자리에서 꼭 붙잡았던 생명줄 말씀, 그것이 바로 오늘 우리가 읽은 시편 18편 1절입니다. 우리 같이 한번 읽어보실까요?

"나의 힘이 되신 여호와여, 내가 주를 사랑하나이다."

바로 오늘 우리가 읽은 본문 말씀이지요. 이 시편 18편은 다윗의 시입니다. 이 시를 지을 때, 다윗은 어떤 상황이었을까요? 놀랍게도 다윗이 이 시를 쓰게 된 배경이 성경에 그대로 나와 있습니다. 시편 18편은 이런 해설로 시작됩니다.

"[여호와의 종 다윗의 시, 인도자를 따라 부르는 노래, 여호와께서 다윗을 그 모든 원수들의 손에서와 사울의 손에서 건져주신 날에 다윗이 이 노래의 말로 여호와께 아뢰어 이르되] 나의 힘이신 여호와여 내가 주를 사랑하나이다"(시 18:1)

아, 하나님이 다윗을 죽음의 손에서 건져주셨구나! 나도 하나님이 다윗처럼 이 죽음의 손에서 건져주시겠구나! 나만이 아니라, 우리 자녀들도, 우리 교우들도, 여러분도! 그래서 사람들이 이렇게 이 시에 공감을 많이 하는구나! 이제 알 것 같습니다. 그래서 복음성가에도 있구나!

나의 힘이 되신 여호와여,
내가 주님을 사랑합니다!

그렇습니다. 세상은 거인 같은 두려움을 조종해서 우리 앞을 막고 있지만, 그 두려움을 물리칠 수 있는 힘은, 나의 힘이 되신 여호와! 나의 힘이 되신 여호와여, 내가 주를 사랑하나이다!

테일러는 시편 18편 1절, 이 말씀을 생명줄 말씀으로 붙잡습니다. 그리고 이렇게 자신의 솔직한 심정을 주님께 기도드립니다.

"주님, 두려움과 실패라는 거인이 제 앞에 있습니다." 그리고 이렇게 주님께 호소합니다. "주 예수님, 절 도와주세요." 그리고 아내에게도 우리, 이 생명줄 말씀 붙잡고 다시 일어서자고 서로를 격려합니다.

사랑하는 성도 여러분, 이 폭염 속, 끝이 없는 열대야, 여러분의 지친 영혼에 묻고 싶습니다. 지금 여러분을 두렵게 하는 거인들은 무엇입니까?

진학과 진로와 진급이라는 저 거인들. 건강과 물질과 관계라는 저 거인들. 부모와 자녀와 부부를 비집고 들어오는 저 거인들. 취업과 직장과 사업이라는 저 거인들. 만남과 교제와 결혼이라는 저 거인들. 육아와 신혼과 갈등이라는 저 거인들. 중년과 노년과 죽음이라는 저 거인들. 두려우시다구요? 그래요, 맞습니다. 그게 정상입니다.

외로움과 그리움과 괴로움이라는 인생의 트라이앵글, 저 거인들. 삶의 무의미함과 상처와 중독이라는 저 거인들. 질투와 스트레스와 분노라는 저 거인들. 무기력과 피곤함과 탈진이라는 저 거인들. 부작용과 수치와 통계라는 저 거인들. 전이와 재발과 내성이라는 저 거인들. 두려우시다구요? 그래요, 맞습니다. 그게 정상입니다.

그러나 한 가지 기억할 것! 우리가 믿는 하나님은 우리를 두렵게 하는 이 거인들보다 더 크시다는 것! 내 앞을 가로막고 있는 저 거인들보다 더 큰 힘이신 여호와! 나의 힘이신 여호와여, 내가 주를 사랑하나이다! 여호와 하나님은 살아계십니다. 그러니, 오늘도 그분이 주시는 이 생명줄 말씀을 꼭 붙잡읍시다. 그래서 이 거인 같은 두려움, 싹 다 몰아내 버리시기를, 예수님의 이름으로 축원합니다.

그렇다면, 이렇게 거인들이 저와 여러분 앞을 막을 때, 우리는 그리스도인으로서 또 어떻게 해야 할까요?

내 인생의 목적을 가장 건강하게 잡는 것입니다.

테일러는 거인 같은 이 두려움을 물리치기 위해 소중한 결단을 합니다. 그것은 바로 우리 팀이 존재하는 목적을 원점에서부터 다시 점검해 보는 것이었습니다. 그리고 테일러 코치는 성경을 읽으며 하나님께서 주시는 세미한 음성에 귀를 기울이게 됩니다. 그리고 자신이 받은 그 하나님의 음성을 선수들과 나눕니다.

"이 팀의 목적이 뭐지?"

"게임에서 이기는 거요."

그러자 테일러 코치가 말합니다.

"풋볼 게임에서 이기는 것이 삶의 이유가 되어선 안 돼. 이 성경을 읽을수록 삶은 우리의 것이 아니라고 깨닫게 돼. 성경은 하나님이 우리를 그분을 위해 만드셨다고 말하고 있어. 풋볼은 하나님께 영광을 돌리기 위한 하나의 도구일 뿐이라는 거야. 그리고 우리가 이겨도 주님께 찬양하고 우리가 져도 주님을 찬양하는 거야. 둘 중에 어떻게 되든 간에, 우리의 행동과 태도로 주님께 영광 돌려야 해. 그래서 너희들에게 묻는다. 무엇을 위해 사니? 나는 내가 가진 모든 것을 그분께 드리기로 결심했단다. 그리고 모든 결과를 주님께 맡길 거야."

그렇습니다. 테일러 코치는 자신이 이끄는 풋볼팀의 존재 목적을 다시 분명히 했습니다. 우리 팀이 존재하는 목적은 단순히 이기는 데 있지 않다! 우리 팀이 존재하는 목적은 하나님께 영광을 돌려드리기 위해서다! 그러기에 이겨도 하나님께 영광, 져도 하나님께 영광! 오직 하나님께만 영광!

사실, 지금 좀 지면 어떻습니까? 그것이 죽고 사는 것도 아니지 않습니까? 지금 잠시 좀 낙오하면 어떻습니까? 그렇다고 인생의 영원한 낙오자는 아니지 않습니까? 지금 좀 넘어지면 어떻습니까? 다시는 일어설 수 없을 정도는 아니지 않습니까? 지금 좀 아프면 어떻습니까? 세상에 안 아픈 사람이 어디 있습니까? 그렇게 기죽을 일입니까? 그렇게 위축될 일입니까? 그렇게 고개를 떨굴 일입니까? 지금 인생의 문이 닫혀 버렸다고요? 저기 열려 있는 다른 쪽 문으로 나가면 되잖습니까! 때로는 지는 것도 하나님께 영광입니다.

테일러 코치가 어떻게 이런 건강한 목적에 이르게 되었을까요? 그것도 역시 테일러 코치가 하나님 말씀, 생명줄 말씀을 붙잡았기 때문입니다. 그 생명줄 말씀이 시편 18편 2절이었습니다. 우리 같이 한번 읽어보실까요?

> "여호와는 나의 반석이시요 나의 요새시요 나를 건지시는 이시오 나의 하나님이시오 내가 그 안에 피할 나의 바위시요 나의 방패시요 나의 구원의 뿔이시요 나의 산성이시로다."

사랑하는 성도 여러분, 이 폭염 속, 끝이 없는 열대야, 여러분의 지친 영혼에 묻고 싶습니다. 지금 여러분의 인생 목적은 무엇입니까? 그 목적이 건강해야 인생이 건강해집니다. 그것은 바로 하나님께 영광을 돌려드리는 것입니다. 살아도 하나님께 영광, 죽어도 하나님께 영광, 오직 하나님께만 영광이라는, 내 인생의 가장 우선 되는 목적을, 다시 한번 분명히 선포하시기를 주님의 이름으로 축원합니다.

그렇다면, 이렇게 거인들이 저와 여러분 앞을 막을 때, 우리는 그리스도인으로서 또 어떻게 해야 할까요?

여호와께 내 두려움을 아뢰는 것입니다.

테일러 코치가 이렇게 선수들과 팀의 존재 목적을 이겨도 하나님께 영광, 져도 하나님께 영광, 오직 하나님께만 영광, 그렇게 가장 건강하게 다시 잡자, 하나님께서 하늘의 축복을 장대비처럼 쏟아부어 주십니다. 기적처럼 승리에 승리를 거듭합니다. 마침내 전국 결승에 나가게 됩니다.

그런데, 결승전, 테일러가 이끄는 샤이로고등학교 이글스팀 선수들은 결승전에서 상대팀 선수들을 보고, 다시 엄청난 두려움에 압도당하고 맙니다. 상대팀의 거인 같은 체구를 보고, 지레 겁을 집어먹은 것입니다.

그런데, 더 의미심장한 것은, 상대팀의 이름이 바로 자이언츠, 우리말로, 거인들. <Facing the Giants>. 영화의 제목을 가리키기라도 하듯, 자이언츠 상대팀 거인들이 앞을 막을 때, 과연 샤이로 고등학교 이글스팀은 어떻게 되었을까요?

몇 초 남지 않은 시간. 테일러 코치는 마지막 승부수를 겁니다. 가장 약하게 보이는 데이빗 선수에게 마지막 킥을 차라고 한 것. 주변에서 그건 안 된다고 말립니다. 데이빗도 자기는 도저히 못 하겠다고 손사래를 칩니다. 그때 테일러 코치가 말하지요.

"데이빗, 이리 와봐. 넌 지금 네 자신에게 이 킥을 찰 수 없을 거라고 말하고 있어. 내 말 들어봐. 하나님께서 이 킥을 차는 데 도와주실 거라고 믿니? 난 네가 할 수 있으리라 믿는다. 네 최선을 다하고, 결과는 하나님께 맡겨."

테일러 코치의 격려에 힘입어, 데이빗 선수가 결단을 하고 기도합니다.

"주님, 잘 찰 수 있도록 도와주세요."

그리고 뻥 찼습니다. 평상시 같으면 말도 안 되는 긴 거리. 그런데, 그날, 아나운서의 멘트.

"찼습니다! 쭉 가고 있습니다! 충분한 길이입니다! 충분히 높습니다! 좋습니다! 이글스가 챔피언이 되었습니다! 기적이 여기에 일어났습니다."

그렇습니다. 기적이 일어난 것입니다.

테일러 코치의 저 손을 보십시오. 얼마나 감동적입니까? 그런데 감동적인 저 테일러 코치가 실제 목사님이라는 사실입니다. 미국 조지아주 알반, 500명 정도 모이는 쉐어우드교회, 알렉스 켄드릭 목사님인데, 이 목사님의 실제 이야기입니다.

56개국에 상영되어 5,000만 명이나 보았다는 이 영화. 그렇다면 무엇이 5,000만 명, 현대인들의 마음을 사로잡았을까요? 그것은 우리 앞을 가로막고 있는 거인 같은 두려움이, 그만큼 많다는 것, 그리고 그 두려움의 거인들을 물리치기 위해서는, 주님께 가지고 나아가 주님께 아뢰는 것이 가장 낫다는 것, 그것에 진한 공감을 느꼈기 때문 아닐까요?

그런데, 테일러 코치가 어떻게 이렇게 그 두려움을, 주님께 가지고 나아가 주님께 아뢰게 되었을까요? 그것도 역시 테일러 코치가 하나님 말씀, 생명줄 말씀을 붙잡았기 때문입니다. 그 생명줄 말씀이 시편 18편 3절이었습니다. 우리 같이 한번 읽어보실까요?

"내가 찬송 받으실 여호와께 아뢰리니 내 원수들에게서 구원
을 얻으리로다."

사랑하는 성도 여러분, 이 폭염 속, 끝이 없는 열대야, 여러분의 지친 영혼에 묻고 싶습니다. 지금 여러분은 거인 같은 이 두려움들을 주님께 아뢰셨습니까? 주님께 아뢰지 않고 내가 어떻게 해보려 좌불안석이지는 않습니까? 주님을 신뢰하십시오. 이 두려움보다 더 크신 주 예수 그리스도께 아뢰십시오. 그렇게 우리, 믿음으로 승부를 거시기를, 예수님의 이름으로 축원합니다.

두려움. 이 두려움이라는 거인은 예수님께도 큰 문제였습니다. 십자가 위에서, 손과 발에 못이 박힌 채, 옆구리에 창이 찔린 채, 머리에 가시면류관, 피가 철철 흘러내릴 때, 우리 예수님, 얼마나 두려우셨을까요? 아버지여, 이 십자가의 잔이 지나갈 수만 있다면, 지나가게 해주옵소서. 두려움의 극치, 얼마나 인간적인 기도입

니까? 그러기에 두려움의 극치를 경험해 보신 우리 예수님만이, 이 시간 저와 여러분의 두려움을 진정으로 공감해 주실 수 있습니다. 내가 네 두려움 안다! 내가 안다!

저와 여러분의 두려움을 누구보다 잘 아시는 예수님. 그러나 예수님은 그 두려움이라는 거인에게, 결코 압도당하지 않으셨습니다. 분연히 떨치고 일어나, 하늘에 계신 아버지께 모든 것을 맡기셨습니다. 아버지여, 아버지의 뜻이거든, 뜻대로 하옵소서. 아버지의 뜻대로 이루어지기를 원하나이다. 살아도 아버지께 영광, 죽어도 아버지께 영광! 오직 아버지께만 영광! 이렇게 인생의 목적을 가장 건강하게 잡고, 하늘 아버지께 나아가 아버지께 모든 것을 아뢰자, 하늘 아버지께서 강권적으로 개입해 들어오셨습니다. 십자가에서 부활로, 들어 올려주셨습니다.

그 부활하신 주님께서 개입하시니, 테일러 부부, 아직 기뻐할 일이 더 남아 있네요!

"우리 아기가 태어날 거야."

하나님이 불임인 우리 부부에게 마침내 아이를 주셨다는 아내의 말. 그러면서 아내가 말합니다.

"하나님께서 당신 편에 섰을 때, 뭐가 불가능한지 말해봐."

테일러는 그만 눈물을 터뜨립니다.

"오 주님, 감사합니다."

사랑하는 성도 여러분, 이 폭염 속, 끝이 없는 열대야, 여러분의 지친 영혼에 묻고 싶습니다. 거인들이 앞을 막을 때, 우리도 이렇게 해야 되지 않겠습니까? 그러나 그것이 그렇게 쉽지가 않습니다. 자꾸만 포기하고 싶습니다. 자꾸만 그만두고 싶습니다. 그러한 때 어떻게 해야 할까요?

저는 그 대답으로, 이 영화에서 아주 감동적인 부분을 발견했습니다. 우린 이길 수 없어. 상대팀 거인들 앞에서 잔뜩 쫄아 있는 선수들. 그때 테일러 코치가 팀에서 가장 영향력이 있는 브락이라는 선수를 앞으로 나오게 합니다. 그리고 데스 크롤, 동료선수를 등에 거꾸로 태우고 가는 훈련을 해보자, 말합니다. 그러면서 묻지요? "얼마나 갈 수 있겠니?" "많이 가봤자, 운동장 절반이요?" 자신 없는 투로 말합니다. "아냐, 넌 더 갈 수 있어!" "에이, 전 그렇게는 많이 못 가요! 그것도 누군가를 등에 태우고 어떻게 더 가요?" 패배의식에 쩔어 있는 브락 선수. "아냐, 넌 할 수 있어! 하나님께는 불가능이란 없어!" 그리고 테일러 코치는 브락 선수의 눈을 가립니다.

그리고 등에 동료선수를 태우고 기어가게 합니다.

그러면서 브락 선수가 포기하려고 할 때마다, 테일러 코치는 같이 땅바닥을 치며, 브락 선수를 독려합니다.

"넌 잘하고 있어. 계속 가는 거야. 포기하지 마. 계속 가."

그렇게 계속 기어가던 브락 선수. 온몸에 진액이 빠집니다. 더 이상은 갈 수 없는 한계에 이릅니다. 풀썩 땅바닥에 엎어지고 맙니다. 그런데 그때 테일러 코치가 하는 말.

"눈을 들어보렴. 브락, 넌 엔드존에 있어."

브락 선수가 눈가리개를 치우고 보니, 상대편 골대 끝까지 와 있었던 것.

그때 테일러 코치가 브락 선수에게 말합니다.

"브락, 너는 팀에서 가장 영향력 있는 사람이야. 네가 패하려고 하면, 나머지도 그렇게 될 거야. 브락, 네가 필요해. 하나님께서 주신 지도력의 은사를 낭비하지 마."

저는 이 영화에서, 테일러 코치가 브락 선수를 독려하는 이 말들이, 꼭 하나님께서 저를 독려하시는 말씀 같아, 눈물이 핑 돌았습니다. "신현복 목사야, 너는 이 교회 담임목사야. 이 교회에서 가장 영향력 있는 사람이야. 담임목사인 네가 패하려고 하면, 나머지 교인들도 다 그렇게 될 거야. 신현복 목사야, 이 교회는 네가 필요해. 하나님께서 주신 지도력의 은사를 낭비하지 마라."

이 말은 여러분에게도 해당되지 않겠습니까? 아들아, 네가 이 가정의 아버지야. 딸아, 네가 이 가정의 어머니야. 네가 패하려고 하면, 나머지 가족들도 다 그렇게 될 거야. 이 가정엔 네가 필요해.

특히, 테일러 코치가 브락 선수에게 독려한 말 가운데서, 제 가슴을 가장 심쿵하게 울린 말은 바로 이 말이었습니다.

"Don't quit! Keep going! 포기하지 마라! 계속 가라!"

테일러 코치가 땅바닥을 치며, 브락 선수에게 수십 번을 독려하잖아요. 포기하지 마라. 계속 가라. 포기하지 마라. 계속 가라. 포기하지 마라. 계속 가라.

사랑하는 성도 여러분, 인생에 쉬운 게 어디 있습니까? 거인들이 앞을 막을 때, 저와 여러분도 인간이니까, 포기하고 싶을 때가 한두 번이 아닙니다. 그러나 절대 절대 포기해서는 안 되는 법. 고지가 저기, 저기, 얼마 안 남았기 때문입니다. 우리는 고지를 저기, 저기, 눈앞에 두고 포기해 버렸다가, 땅을 치는 사람을 종종 봅니다. 반대로, 끝까지 포기하지 않고 조금만 더, 조금만 더, 갔더니, 마침내 저기 저 고지를 점령한 사람도 심심치 않게 봅니다. 여러분은 어떤 쪽을 선택하시겠습니까? 포기하기엔 항상 너무 이릅니다!

11
에델바이스

"의인은 고난이 많으나 여호와께서 그의 모든 고난에서 건지
시는도다"(시 34:19)

CTS <내가 매일 기쁘게>라는 프로그램에 멕시코 김윤상 선교
사의 간증이 나왔는데 보셨는지요? 멕시코 최남단 치아파스주, 해
발 1,560m 산간 지역으로, 꼬미딴 외곽 지역, 라 뜨리니따리아에
위치해 있는 익투스 선교 공동체에서, 자비량 선교를 하고 있습니
다.

그런데 2018년 10월, 어느 날 밤, 비가 많이 내리던 고속도로에
서 큰 교통사고를 당했습니다. 모든 장기가 손상된 큰 사고였고 왼
쪽 다리는 심하게 복합골절되었습니다. 출혈도 많아서 약 60%
의 피를 흘렸습니다. 중환자실에 들어갔지만, 시골병원이어서 배
에 연결한 호스에 염증이 생겨 재수술을 해야 했습니다. 감염
이 심해져서 복막염, 폐렴, 패혈증까지 겹쳐서 살 가망이 없는 지
경이었습니다. 감염이 폐까지 전이되어서 폐가 기능을 더 이
상 할 수 없었고, 물을 빼내야 했습니다. 이렇게 24일을 위중한 상
태로 병원에 있었습니다.

그런데 이렇게 의식을 잃고 누워 있는 동안에, 신비한 영적 세계를 경험했습니다. 예수님을 만났습니다. 예수님과 사탄 사이에 누워있게 되었습니다. 그때 지나온 삶이 모든 허물까지 파노라마처럼 펼쳐졌습니다. 사탄의 강력하고 끈질기게 참소했습니다. 그에 반하여, 예수님은 어떤 잘못에 대해서도 전혀 정죄하지 않으셨습니다.

예수님은 보시기에 좋았던 순간들을 찾아 뽑아내셨습니다. 모태신앙으로 교회 안에서 많은 시간을 보냈지만, 그런 시간들은 예수님에 의해 뽑히지 않았습니다. 반면에 예수님이 보시기에 좋았던 시간으로 뽑아 주셨던 시간은, 사실은 가장 힘들고 절망적이었던 순간들이었습니다. 사업에 실패해서 거의 망했을 때, 지푸라기라도 잡는 심정으로 하나님을 찾았던 때가 대표적이었습니다.

그래서 사고와 치유 과정 후, 삶의 목표는 예수님과 동행이 되었습니다. 그것만이 심판의 날에 예수님이 인정해 주시는 유일한 가치였기 때문입니다. 예수님은 우리 삶의 성공과 실패에 별로 관심이 없으셨습니다. 오히려 우리 삶에 동행하시는 것에 관심이 있으셨습니다.

사랑하는 성도 여러분, 사노라면 우리도 이렇게 김윤상 선교사님처럼, 이런저런 고난을 만나게 됩니다. 여러분은 지금 어떤 고난을 만나고 계십니까?

그렇다면, 사순절 첫째주일, 예수님의 40일 고난을 묵상하는 계절, 우리는 우리 인생의 고난을 어떻게 바라보아야 할까요?

비가 오지 않으면 사막이 된다.

"의인은 고난이 많으나 여호와께서 그의 모든 고난에서 건지
시는도다"(시 34:19)

의인은 고난이 많다! 그렇습니다. 바르게 살려는 사람은 고난이
많을 수밖에 없습니다. 고난이 없는 인생은 인생이 아닙니다. 고난
은 지극히 정상적인 과정입니다.

아랍 속담에도 이런 말이 있습니다. "해만 밝게 비치고 비가 오
지 않으면 사막이 된다."

그렇습니다. 우리들의 삶에 힘들고 어렵고 우울한 날들이 없다
면 우리의 삶은 메마르게 될 것입니다. 우리 영혼의 깊이도 없을
것이고 성숙함도 없을 것입니다. 성숙한 사람이 되려면 축복의 햇
빛도 있어야 하지만, 고난의 소낙비도 있어야 합니다. 좋은 때와
나쁜 때가 받아들이기에 따라서 다 유익합니다. 그런 의미에서 여
러분이 인생에서 고난을 만날 때, 그것을 이상하게 여기지 마십시
오. 고난은 변장된 축복이기 때문입니다.

물속에서 기도하는 세계적 수영 스타 박태환! 어렸을 때 천식
을 앓았습니다. 기관지염 증세가 있는 그에게 부모는 호흡기능을
좋게 하려고 수영을 시켰습니다. 그런데, 그것이 지금의 박태환
을 탄생시킨 계기가 됐다는 것입니다. 전셋집에 살면서, 버스비
를 아끼려 중학교 때 몇 ㎞를 걸어 다녔습니다. '마린보이' 박태
환. 그런데 그만 4년 전 부정출발로 실격당하고 맙니다. 한 달간
두문불출. 그러나 아테네의 역경을 딛고 다시 일어서서 남자수영

자유형 400m에서 금메달을 따냈습니다.

최민호 유도선수. 베이징 올림픽에서 첫 금메달을 땄습니다! 4년 전의 역경을 딛고 그때의 불운을 확실히 날려버린 최민호 선수. 이번에 그 유명한 딱지치기 전법으로 상대선수를 제압하고 마침내 금빛눈물을 흘렸습니다.

여자 마라톤 수영 10㎞에 도전하는 남아프리카공화국의 나탈리 뒤 투아. 7년 전 오토바이 교통사고로 왼쪽 다리를 잃었습니다. 하지만 수영으로 장애를 극복했습니다. 2002년 영국 맨체스터에서 열린 영연방대회 자유형 800m. 비장애인과 겨뤄 결승에 올랐습니다. 역경을 딛고 일어섰습니다.

소아암으로 한 쪽 눈을 실명한 프랑스의 사격 선수 베로니크 지라르데. 아버지 권유로 16살 때부터 사격에 입문한 지라르데는 이미 클레이 사격 부문에서 네 차례나 세계챔피언에 올랐던 베테랑이었습니다. 그러나 올림픽 금메달이라는 새로운 도전을 위해 7년 전부터 올림픽 종목인 스키트를 집중적으로 연마했습니다. 그녀는 왼쪽 눈 실명이라는 역경에도 불구하고, 사격에 대한 새로운 경지를 열고 있습니다. "사격은 시력이 아니라 집중력으로 판가름난다."는 게 그의 소신이다. 스키트로 종목을 바꾼 뒤에도 2005년 세계선수권에서 우승을 차지했습니다. "아버지는 내게 힘을 주셨습니다. 해낼 수 있다는 확신을 심어주셨습니다. 아버지가 언제나 나를 지켜보고 있다는 마음가짐을 항상 갖고 있습니다." 그의 말입니다.

1984년 LA올림픽 육상 800m에서 금메달을 거머쥔 브라질의 조아큄 크루즈. 오른쪽 다리가 2㎝ 짧게 태어났습니다. 이 때문에 그는 다리를 절었습니다. 다리 길이 조정 수술을 받으면 정상적으로 걷고 뛸 수 있었습니다. 그러나 가난한 집안 형편 때문에 병원 한번 가보지 못했습니다. 하지만 그는 특수하게 고안된 운동화를 신고 피나는 노력 끝에 남미 최고의 육상 스타가 됐습니다.

1960년 로마올림픽 육상 100m, 200m, 400m 계주에서 우승해서, 여자 최초로 올림픽 3관왕이 된 미국의 윌마 루돌프. 태어날 때 체중이 겨우 2㎏인 허약한 아이였습니다. 어린 시절 소아마비를 앓아 목발을 짚고 다녀야 했습니다. 초등학교 시절 맘껏 뛰노는 친구들 모습을 부러워한 그는 남몰래 목발 없이 걷는 연습을 했습니다. 그러고는 중학교 농구 선수가 됐습니다. 특출한 운동 소질을 인정한 학교에서는 그를 육상선수로 키웠습니다. 11살 때까지 목발에 의지했던 그는 결국 육상 세계 신기록의 주인공이 됐습니다.

올림픽에서 금메달 8개 이상의 다관왕으로 뽑힌 미국의 레이 유리. 소년 시절을 휠체어에 의지하며 지냈습니다. 한쪽 다리 소아마비로 달리기가 불편했던 그가 유일하게 할 수 있었던 운동은 선 자세에서 껑충 뛰어오르는 일이었다. 높이뛰기, 멀리뛰기, 세단뛰기는 유리의 주특기가 됐습니다. 그는 1900년 파리올림픽에서부터 1908년 런던 대회까지 이 분야에서 금메달 8개를 거머쥐었습니다.

1984년 사라예보 동계올림픽에서 남자 피겨스케이팅 금메달을 땄던 미국의 스콧 해밀턴. 선천성 뇌종양을 극복한 사례입니다. 항암 치료로 머리카락이 빠진 그에게 어머니는 "새로 유행하는 헤어스타일"이라고 격려했습니다. 투병생활로 살이 빠질 때는 "네가 다이어트법을 찾았구나."라며 낙천적인 삶을 이어가도록 했습니다. 해밀턴은 금메달을 목에 건 뒤 말했습니다. "나의 경기는 오로지 한 사람, 내 어머니를 위한 것이었습니다!"

사랑하는 성도 여러분, 질병을 극복한 사람들 중에는 그 질병이 오히려 인생의 축복이었다고 말하는 사람들이 많습니다. 질병을 이기려고 노력하면서 새로운 삶의 가치를 배우고, 그러면서 더 강하게 거듭났기 때문입니다.

그렇다면, 사순절 첫째주일, 예수님의 40일 고난을 묵상하는 계절, 우리는 우리 인생의 고난을, 또 어떻게 바라보아야 할까요?

고난을 다 설명하려 들지 말자.

"의인은 고난이 많으나 여호와께서 그의 모든 고난에서 건지시는도다"(시 34:19)

여기 보면, 비슷한 제목의 책이 두 권 있습니다.

왼쪽에는 철학자가 쓴 책입니다. <왜 착한 사람에게 나쁜 일이 생길까?> 저자는 샤론 카예와 폴 톰슨. 이 철학자들에 따르면, 모든 고난에는 목적과 의미가 있다는 것. 그것을 뉴욕 청소년들과 끝장토론을 합니다.

또 오른쪽에는 해롤드 쿠쉬너(Harold S. Kushner)라는 랍비가 쓴 책입니다. <착한 사람에게 왜 나쁜 일이 생기는가?> 원서 제

목은 <착한 사람에게 나쁜 일이 일어날 때>(When Bad things Happen to Good People). 자전적인 이야기를 책으로 남겼습니다.

8개월 된 아들 아론의 조로증 때문에 겪었던 고통과 내면의 문제들을 진솔하게 표현했습니다. 젊은 랍비는 아들의 질병 때문에 무자비한 시간을 견딥니다. 그는 아들의 질병이 조로증이라는 의사의 진단을 듣고, '이런 일이 일어날 수 없어!'라며 몇 번을 되뇌었습니다.

그리고서 그는 아들 아론을 위해 생일마다 축하파티를 열지만, 아들의 생일잔치는 아들의 살아갈 날이 줄어드는 것을 확인하는 시간이었습니다. 부부는 부모보다 먼저 늙어가는 아들을 바라보아야 했던 순간들을 견뎌야 했습니다.

그리고 끝내 아들 아론은 14번째 생일 이틀을 앞두고 부모 곁을 떠났습니다(1963-1977).

젊은 랍비가 아들을 회고하며 책을 쓴 이유는 단순했습니다. 고난에 대한 신학적인 해석을 하려는 것도 아니었습니다. 인간의 고난을 무시하려는 것도 아니었습니다. 단지 아들의 이야기를 기록하고 싶었다고 했습니다.

그리고 젊은 랍비는 말합니다. "왜 착한 사람에게 나쁜 일이 일어나는지를 묻는다면, 저는 대답할 수 없습니다." 그는 누구에게든 일어날 수 있는 고난의 문제를, 자신의 신학적인 지식으로 설명하려 들지 않았습니다. 고난의 신비를 그대로 남겨두었습니다.

산다는 게 쉬운 게 아닙니다. 사실, 사람들에서 삶은 늘 멋지게 즐길 수 있는 것이 아닙니다. 언제나 고난에 맞서 싸워야 하는 전쟁터이지요. 세상에서 위대했던 사람들 역시 고난과 불리한 조건들을 짊어지고 살았습니다. 우리는 그 고난들을 다 설명할 수가 없습니다. 끝장토론 한다고 될 일이 아닙니다. 나중에 살아보고 나서 간증할 수 있을 뿐이지요.

불구라는 고난을 디딤돌 삼아 월터 스콧 경이 있게 되었습니다. 그걸 그 당시에 어떻게 다 설명할 수 있었겠습니까?

투옥되어 자유를 박탈당하고 활동의 자유를 빼앗기는 고난을 디딤돌 삼아 존 부니안이 있게 되었습니다. 그걸 그 당시에 어떻게 다 설명할 수 있었겠습니까?

포지 계곡의 눈 속에 묻혀 수적으로 너무나 우세한 적들과 맞서 싸우는 고난을 디딤돌 삼아 조지 워싱턴이 있게 되었습니다. 그걸 그 당시에 어떻게 다 설명할 수 있었겠습니까?

비천한 가난에서 자라나 정치적인 패배의 쓴잔을 무수히 마시며 사랑하는 사람마저 잃어버린 고난을 디딤돌 삼아 아브라함 링컨이 있게 되었습니다. 그걸 그 당시에 어떻게 다 설명할 수 있었겠습니까?

어렵게 자라나서 종교적인 편견에 시달렸던 고난을 디딤돌 삼아 디스라엘리가 있게 되었습니다. 그걸 그 당시에 어떻게 다 설명할 수 있었겠습니까?

어릴 적 소아마비로 평생을 다른 사람에게 의지하며 살아야 했던 고난을 디딤돌 삼아 루즈벨트 대통령이 있게 되었습니다. 그걸 그 당시에 어떻게 다 설명할 수 있었겠습니까?

흑인 차별이라는 고난을 디딤돌 삼아 부커 티 워싱톤, 헤리엇 튜만, 마리안 앤더슨, 조지 워싱톤 카버, 마틴 루터 킹 2세, 그리고 넬슨 만델라가 있게 되었습니다. 그걸 그 당시에 어떻게 다 설명할 수 있었겠습니까?

18남매의 맏이로 태어나서 가난에 시달렸지만 그 고난을 디딤돌 삼아 자신의 음악적인 재능으로 이겨낸 사람이 앤리코 카루소였습니다. 그걸 그 당시에 어떻게 다 설명할 수 있었겠습니까?

나치 집단수용소에서 살아난 부모에게 태어나서, 네 살 때부터 하반신 마비를 겪었던 고난을 디딤돌 삼아 이 시대 최고의 콘서트 바이올린 연주자 아이작 펄만이 있게 되었습니다. 그걸 그 당시에 어떻게 다 설명할 수 있었겠습니까?

배우는 속도가 너무 느려서 지체아라는 꼬리표를 달고 다니다가 끝내 학교에서 쫓겨난 고난을 디딤돌 삼아 알버트 아인쉬타인이 있게 되었습니다. 그걸 그 당시에 어떻게 다 설명할 수 있었겠습니까?

귀머거리였지만 그 고난을 디딤돌 삼아 천재적인 작곡가가 된 베토벤도 있습니다. 그걸 그 당시에 어떻게 다 설명할 수 있었겠습니까?

섬에 유배되는 고난을 디딤돌 삼아 요한계시록에 나타난 새 하늘과 새 땅의 비전을 가졌던 이가 바로 사랑의 사도 요한이었습니다. 그걸 그 당시에 어떻게 다 설명할 수 있었겠습니까?

그렇습니다. 예수님의 십자가 고난을 어떻게 다 설명할 수 있겠습니까? 저와 여러분에게 닥치는 고난을 어떻게 다 설명할 수 있겠습니까? 하나님의 영역은 신비의 영역으로 남겨놓을 필요가 있습니다. 다 설명할 수도 없고, 다 설명하려고 해서도 안 됩니다. 하나님은 하늘에 계시고 인간은 땅에 있기 때문입니다.

그렇다면, 사순절 첫째주일, 예수님의 40일 고난을 묵상하는 계절, 우리는 우리 인생의 고난을, 또 어떻게 바라보아야 할까요?

고난에는 반드시 끝이 있다.

> "의인은 고난이 많으나 여호와께서 그의 모든 고난에서 건지
> 시는도다"(시 34:19)

사랑하는 성도 여러분, 역경이란 터널을 지나는 것과 같습니다. 잠깐입니다. 우리나라 터널 대부분이 500미터입니다. 길어보았자 2킬로미터 정도입니다. 터널로 들어가는 것 같은데, 금방 저쪽에서 비쳐오는 햇빛을 보게 됩니다. 그렇습니다. 고난이란 우리 삶에 항상 머무는 것이 아닙니다. 잠깐입니다.

베드로는 그것을 "잠깐 근심한다"는 말로 표현하고 있습니다.

> "그러므로 너희가 이제 여러 가지 시험으로 말미암아 잠깐 근
> 심하게 되지 않을 수 없으나 오히려 크게 기뻐하는도다 (7) 너
> 희 믿음의 확실함은 불로 연단하여도 없어질 금보다 더 귀하
> 여 예수 그리스도께서 나타나실 때에 칭찬과 영광과 존귀를
> 얻게 할 것이니라"(벧전 1:6-7)

우리는 유명한 스포츠인들이 시합 도중에 아차 실수를 하는 모습을 종종 볼 수 있습니다. 실수를 저지르는 일에는 명예의 전당

에 입당한 사람들도 예외가 아닙니다. 지금 제가 말씀드리는 사람들은 미국의 유명한 야구선수들입니다. 모두들 기록 보유자이기도 하지요. 그런데 우리가 전혀 몰랐던 그들의 또 다른 기록들을 소개해 드리자고 합니다. 그 유명한 선수들에게도 이런 잠깐의 실수가 있었다는 사실이 놀랍습니다.

베이브 루쓰. 더 이상 언급할 필요 없는 경이적인 최고의 홈런왕이지요. 그는 714개의 홈런을 쳤습니다. 이 기록은 이 분야에서 39년간 깨지지 않았습니다. 하지만 그는 최다 삼진 아웃의 기록도 가지고 있었지요. 그 어떤 선수도 흉내 내기 힘든 총 1,330번의 삼진 아웃 기록도 갖고 있었습니다.

타이 코브. 환상적인 주자이며 타격왕이었던 그는 한 시즌에서 도루왕이 되었는데, 이 기록은 1982년까지 이 분야 최고의 기록이었습니다. 1951년 한 시즌에서, 그는 도루 시도 중 38번이나 아웃 당하는 기록을 세웠는데, 이것도 최다 기록이 되었습니다.

사이 영. 걸출한 투수였던 그는 511승이라는 현재까지도 깨지지 않는 기록을 가지고 있지만, 313패라는 기록도 가지고 있습니다. 한때 한 시즌에서 13승 21패라는 기록도 냈었지요.

행크 아론. 755개의 홈런으로 베이브 루쓰의 기록을 깬 사람이지요. 하지만 그도 타격 부문에선 최다 더블 플레이 기록을 세웠습니다.

월터 존슨. 가장 위대했던 투수 가운데 한 사람이었던 그는, 최근까지도 3,508개의 최다 삼진 아웃 기록을 보유하고 있었습니다. 204개의 데드볼이라는 기록도 아울러서요.

지미 폭스. 이 시대가 낳은 가장 훌륭한 오른손 타자로서, 한 시즌에 57개의 홈런을 때렸습니다. 하지만 한 시즌에 연속해서 7개의 삼진 아웃을 당한 기록도 아울러 보유하고 있지요.

로베르토 클레멘트. 유명한 피츠버그 파이어럿 팀의 스타인 그는, 한 올스타 게임에서 4번의 삼진 아웃을 당한 기록을 가지고 있습니다. 이 기록은 아직도 깨지지 않고 있지요.

샌디 코팩스. 다저스 팀에서 투구 센세이션을 일으킨 장본인이지요. 그가 치른 게임 가운데 4번이 퍼펙트 게임이었습니다. 하지만 타격은 완전히 엉망이었지요. 연속 12개의 삼진 아웃을 당한 기록은 여전히 최고의 기록으로 남아 있습니다.

레지 잭슨. 앤젤스 팀의 홈런 제조기. 1983년 5월 13일 트윈스 팀과의 시합에서, 그는 메이저 리그에서 2,000번째 삼진아웃을 당한 선수가 되었습니다. 이런 기록이 그에게 무슨 의미가 있느냐는 질문에, 앤젤스의 이 느림보 외야수는 이렇게 말했습니다. "그 기록은 네 번의 시즌 내내 제가 공을 하나도 못 쳤다는 뜻이죠!"

사랑하는 성도 여러분, 잠깐의 실수는 누구에게나 있는 법입니다. 유명한 선수들이 이렇게 잠깐의 실수, 잠깐의 고난을 딛고 일어섰다면, 여러분도 일어설 수 있습니다. 여러분이 겪고 있는 고난은 영원히 계속되는 것이 아닙니다. 영원히 계속되는 고난이라면 도저히 견뎌낼 수 없을 것을 우리를 지으신 주님은 너무나도 잘 아시기에, 사랑하는 자녀들이 고난을 당하되 잠깐 당하게 하시는 것입니다. 더 큰 축복을 주시려고 잠깐 근심하게 하시는 것입니다. 인생의 고난, 잠깐 근심하게 하시는 것입니다. 짧은 터널 하나 지나는 것입니다.

에델바이스는 고귀한 흰빛이란 뜻입니다. 알프스의 영원한 꽃으로 유명합니다. 별처럼 생긴 꽃. 벨벳 같은 하얀 꽃. 순수의 상징으로 여겨져 왔습니다. 고산지대에서 자라지요. 비바람 몰아치고 차가운 눈보라 속에서도 버티어 살아남아, 눈같이 하얀 꽃을 피우는 꽃. 작고 약하게 보이지만 강한 꽃. 영화 <사운드 오브 뮤직>에서는 기울어 가는 이 나라가 추운 겨울 같은 이 어려운 시기를 잘 견디기를 바라는, 간절한 마음 담겨 있습니다. 그 가사를 한번 음미해 보실까요?

Edelweiss, Edelweiss,

Every morning you greet me.

Small and white, clean and bright,

You look happy to meet me.

Blossom of snow, may you bloom and grow,

Bloom and grow forever.

Edelweiss, Edelweiss,

Bless my homeland forever.

에델바이스, 에델바이스,

매일 아침마다 나를 반겨주네.

작고 하얀, 깨끗하고 밝은,

나를 보는 것이 행복한 듯 보이는구나.

눈의 꽃, 언제나 항상 활짝 피고 무럭무럭 자라기를,

활짝 피고 영원히 자라나길.

에델바이스, 에델바이스,
우리나라를 영원히 지켜주길.

사랑하는 성도 여러분, 주님께서는 이 시간 여러분 모두가 알프스의 비바람과 눈보라, 그 고난을 딛고 하얗게 피어나는 영혼의 에델바이스가 되기를 바라십니다. 잠시 겪는 이 고난의 계절, 에델바이스처럼 마침내 아름답게 피어날 것을 기대하면서.

12

세 개의 못

"그는 멸시를 받아 사람들에게 버림 받았으며 간고를 많이 겪었으며 질고를 아는 자라 마치 사람들이 그에게서 얼굴을 가리는 것 같이 멸시를 당하였고 우리도 그를 귀히 여기지 아니하였도다"(사 53:3)

성경에 보면, 참 억울한 사람이 있습니다. 유명한데, 누굴까요? 모르시겠어요? 바로 로마 총독 빌라도입니다. 유대인들 등쌀에 못 이겨, 예수님을 십자가에 못 박으라고 내주어버렸기 때문입니다. 하나님께서는 예수님을 내줘버린 빌라도를 죄 없다 하지 않으셨습니다. 우리는 매주일 사도신경을 외울 때마다 빌라도를 언급합니다. 얼마나 억울하겠습니까? 그러나 억울하다고 그 중대한 죄가 씻어지지는 못합니다. 지금도 지옥에 떨어져 꺼지지 않는 불 속에 타고 있을 것입니다.

그런데 전해 내려오는 이야기에 따르면, 빌라도 못지않게 억울한 사람이 한 명 더 있습니다. 잘 알려 있지 않은데, 누굴까요? 힌트를 드리겠습니다. (망치질). 누굴까요? 벤하단 바이샤입니다. 예루살렘 대장장이였습니다. 그런데 어느 날, 로마 군병들이 벤하단 바이샤를 찾아옵니다.

"바이샤, 대못 3개만 주게."

"그래요? 대못 3개라. 방금 만든 것은 다 팔렸는데 어떡하죠?"

"좀 더 뒤져보게. 어디 남은 거라도 있으면 팔게."

"음... 아, 여기 좀 녹슬긴 했지만, 3개가 딱 있네요. 사실래요?"

"그래? 아, 다행이네. 어서 주게. 곧 십가자형이 집행되는데 써야겠네."

"아, 그러시군요. 이번에는 누군가요?"

"누구긴? 자네, 소문도 못 들었나? 예수라는 촌놈. 아, 그놈을 유대인들이 신성모독죄로 고발했는데, 우리 빌라도 총독께서 십자가형으로 사형시키고 내주셨네."

"아, 그 나사렛에서 왔다는 예수요? 자기가 무슨 하나님의 아들이라고 하는 사람이요?"

"그렇다네. 무슨 주제에 병도 고치고 설교도 하고 그런 놈이 있네."

"아, 그러시군요. 알겠습니다. 여기 있습니다. 대못 3개요. 3,000원입니다."

"그래, 고맙네. 빌라도 총독님께 빨리 보여드려야겠네. 아, 참, 자네도 내일 구경 오게. 갈보리산 위에서 예수를 십자가에 못 박을 때, 자네가 만든 이 세 개의 대못을 쓸 걸세."

"예, 알겠습니다. 시간 되면 가보겠습니다."

사랑하는 성도 여러분, 벤하단 바이샤, 그다음 날, 갔을까요, 안 갔을까요? 전해 내려오는 이야기에 따르면, 벤하단 바이샤는 갔습니다. 갈보리산 위에. 그냥 구경하러. 그리고 자신이 만든 세 개의 대못이, 예수님 왼손에 하나, 예수님 오른손에 하나, 그리고 예수님 두 발에 포개어 하나, 그렇게 세 개의 대못이 박히는 장면을 두 눈으로 똑똑히 목격합니다. 아니, 구경합니다.

이 장면을 복음성가로 만든 곡이 있습니다. 아시면 같이 불러보실래요?

그때 그 무리들이
예수님 못 박았네
녹슨 세 개의 그 못으로
망치 소리 내 맘을
울리면서 들렸네
그 피로 내 죄 씻었네

그런데, 벤하단 바이샤. 나중에 몰랐을까요? 자기가 만든 세 개의 대못에 박혀 돌아가신 분이 진정으로 하나님의 아들이셨다는 사실을? 그 사실을 알고, 벤하단 바이샤, 얼마나 충격이 컸을까요? 내가 지금 무슨 짓을 한 건가! 예수님을 돌아가시게 하는 데, 내가 만든 대못 3개가 사용되다니! 3,000원짜리 대못 3개로 내가 예수님을 죽인 데 일조하다니! 일평생 얼마나 죄책감에 시달렸을까요?

벤하단 바이샤. 그는 지금 지옥으로 가 있을까요, 천국으로 가 있을까요? 지옥으로 떨어졌다면, 정말 억울하지 않겠습니까?

그렇다면, 사순절 둘째주일, 예수님의 40일 고난을 묵상하는 계절, 예수님을 돌아가시게 한 세 개의 못은 무엇이었을까요?

멸시의 못이었습니다.

예수님의 십자가 죽음을 미리 예언한 구약의 이사야 선지자는 이렇게 말합니다.

"그는 멸시를 받아 사람들에게 버림 받았으며 간고를 많이 겪었으며 질고를 아는 자라 마치 사람들이 그에게서 얼굴을 가리는 것 같이 멸시를 당하였고 우리도 그를 귀히 여기지 아니하였도다"(사 53:3)

여기서 멸시를 받았다는 히브리어로 바자. 귀히 여기지 않았다는 뜻입니다. 버림받았다는 히브리어로 하델. 왕따시켰다는 뜻입니다.

영어성경에는 이렇게 되어 있습니다.

"He was despised and rejected by mankind, a man of suffering, and familiar with pain. Like one from whom people hide their faces he was despised, and we held him in low esteem."(사 53:3, NIV2011)

디스파이즈드. 멸시받았다. 리젝티드. 거절당했다. 인 로우 이스팀. 아래로 깔보았다. 아래로 깔보았다? 어느 정도로 깔보았을까요?

"우리가 들은 소식을 아무나 믿겠느냐? 여호와의 권능과 승리가 그토록 비천하고 멸시받는 사람에게서 나타난다는 것을 도대체 믿을 사람이 어디에 있겠는가? (2) 그러나 여호와의 종이 실제로 마른 땅에서 돋아난 연한 순같이 형편없는 모양으로 자라났다. 여호와께서 그토록 기막힌 꼴이 되게 하셨다. 그의 모양은 아름답지도 않고 장엄한 것도 없었다. 도대체 우리가 부러워하고 매력을 느낄 만한 것이 그에게 하나도 없었다."(사 53:1-2, 현대어)

여호와의 권능과 승리가 그토록 비천하고 멸시받는 사람에게서 나타난다? 믿지 않았다는 거지요. 부러워하고 매력을 느낄 만한 것이 그에게 하나도 없었다. 흥, 별것 없네. 깔보고 귀히 여기지 않았다는 거지요.

그렇게 깔보는 사람들에게 예수님은 어떻게 하실 거라고 이사야는 예언하나요?

"그는 학대와 고문을 당하면서도 입 한번 열지 않고 그 고통을 다 참았다. 도살장으로 끌려가는 어린 양처럼 잠잠하고 털 깎는 자 앞에 선 어미 양처럼 입 한번 열지 않고 모든 고난을 다 참았다. (8) 그가 체포되고 유죄 판결을 받아서 감옥으로 끌려갔으나 그를 위해서 걱정해 주는 사람이 그의 시대에 아무도 없었다. 그러나 사실은 그가 내 백성의 허물 때문에 죽게 된 것이다. 내 백성의 죄악이 결과적으로 그를 죽였다. (9) 그는 폭력을 쓴 일도 없었고 거짓말을 한 적도 없었지만 세상이

그를 죄인들과 함께 처형하고 추방당한 이들이 묻힌 무덤에 함께 묻었다."(사 53:7-9, 현대어)

입 한번 열지 않고. 도살장으로 끌려가는 어린양처럼. 사람들이 앞에 세워 놓고 모욕감을 느끼게 할 것이라는 예언입니다. 실제로 그렇게 됐지요.

예수 그리스도를 위해서 걱정해 주는 사람이 그의 시대에 아무도 없을 것이라고 예언합니다. 얼마나 외로우셨을까요? 우리 예수님. 실제로 그렇게 됐지요.

그래도 예수님은 폭력을 쓴 일도 없고 거짓말을 한 적도 없을 것이라고 예언합니다. 세상이 그를 죄인들과 함께 처형하고 추방당한 이들이 묻힌 무덤에 함께 묻어버릴 것이라고 예언합니다. 실제로 두 강도와 동급으로 십자가형에 처해지지요.

그러나 이사야 예언자는 여기서 중요한 예언을 합니다.

"그러나 그가 고난을 당하고 상한 몸으로 죽게 된 것은 여호와의 선하신 뜻이었다. 다른 사람들이 범죄하고 죽어야만 했을 때에 그가 대신 자기 목숨을 바쳤기 때문에 그의 후손들이 끝없이 행복하게 오래오래 살 것이다. 그가 고난을 당하고 죽음으로 여호와의 선하신 뜻이 성취될 것이다. (11) 그가 무서운 고통에서 벗어나 다시 빛을 보고 영광을 누릴 것이다. 이제 여호와께서 이렇게 말씀하시기 때문이다. '내 종이 내 뜻을 옳게 알았다. 내 종 자신은 아무 죄가 없으면서도 많은 사람들의 죄를 대신 지고 죽음으로써 그들을 죄악에서 해방시켜 주었다. 그는 다른 사람들이 받아야 될 죄의 벌을 대신 받았기 때문이다 (12) 그러므로 내가 그를 위대한 종들과 함께 상을 받게 하고 승리자들과 함께 전리품을 나누어 갖도록 하겠다. 그가 생명의 피를 제물로 쏟아붓고 스스로 범죄자들의 편에 서서 죽음으로써 뭇사람의 형벌을 대신 지고 죄인 취급을 당하였기 때문이다.'"(사 53:10-12, 현대어)

십자가형은 여호와 선하신 뜻이었다는 것. 다른 사람들의 범죄, 많은 사람들의 죄, 뭇사람들의 형벌을 대신 지고 죽으셨다는 것입니다.

이 멸시의 못. 이 버림받음의 못. 벤하단 바이샤가 만든 이 못을 통하여 주님께서 오늘 저와 여러분에게 주시는 복음은 무엇일까요?

"형제들이여! 들으십시오. 그분이 바로 예수입니다. 이 예수로 말미암아 여러분의 죄를 용서받을 수 있습니다. (39) 예수를 믿는 사람은 누구나 죄에서 해방되어 의롭다는 선언을 받을 수 있습니다. 이것은 율법이 절대로 해낼 수 없는 일입니다. (40) 이제 여러분은 예언자들이 '너희 유다의 [멸시하는] 반역자들아, 너희는 똑똑히 보고 또 쳐다보고 어안이 벙벙하여 서로 얼굴만 보며 기가 막히게 놀라라. 왜냐하면 내가 너희의 시대에 그토록 무서운 일을 할 것이다. 이런 일은 누가 이야기를 해주어도 너희가 믿지 않을 것이니 너희가 직접 보고 겪어야 할 것이다'라고 한 말이 여러분에게 적중되지 않도록 조심

우리가 멸시의 못을 박아 돌아가시게 한 분이 바로 예수님이시라는 것. 벤하단 바이샤처럼, 우리가 만든 멸시의 못으로 사람들을 멸시함으로써 지옥에 떨어지는 일이 우리에게 적중되지 않도록 항상 영적 분별을 통하여 조심해야 한다는 것입니다.

그러면 어떻게 조심할 것인가? 방법은 이것입니다.

"주께 오십시오. 그분은 산바위의 초석이며 하나님께서는 그 위에 집을 지으십니다. 인간들은 그리스도를 [멸시하고] 버렸으나 하나님께서는 다른 모든 인간들보다 더 귀한 존재로 그분을 택하셨습니다."(벧전 2:4, 현대어)

주께로 나아가는 것입니다. 그분 위에 견고한 집을 짓는 것입니다. 예수님 위에 견고한 집을 짓는다는 것은 무슨 의미일까요?

"그러면 우리 유대인들만이 훌륭한 사람들이겠습니까? 결코 그렇지 않습니다. 이미 지적한 대로 유대인이나 이방인이나 모두가 죄인입니다. (10) 성경에 기록된 그대로입니다. '어리석은 자들은 뻔뻔스럽게도 하나님이 어디 있느냐고 잘도 말하는구나. 하나같이 썩어 빠져 흉칙한 짓만 저지르고 (11) 혹시나 깨달음 있는 이 있을까 하나님을 찾는 이 있을까 하여 찾아보시나 (12) 모두 다 딴 길로만 걸어가 하나같이 썩어 버렸구나. 착한 일 하는 이 찾을 수 없구나. 도무지 없구나. (13) '저것들이 뇌까리는 말 한마디인들 어찌 믿을 수 있나요. 생각하는 것마다 못된 것뿐이고 목구멍은 열려 있는 무덤이라. (14) 혀에 발린 말밖에 할 줄 모릅니다. (15) 하는 말마다 저주요 거짓이요 으름장입니다. (16) 남 욕이나 하고 [멸시하고 버림받게 하고] 꼴 보기 싫다는 말이 아예 입에 발렸습니다. (17) 모두 다 딴 길로만 걸어가 하나같이 썩어 버렸구나. (18) 착한 일 하는 이 찾을 수 없구나. 도무지 없구나.'"(롬 3:9-18, 현대어)

모두가 죄인임을 아는 것. 흉측한 짓을 저지르지 않는 것. 하나님을 찾는 것. 착한 일을 하는 것. 못된 것을 생각하지 않는 것. 저주하고 거짓 술수를 부리고 으름장을 놓지 않는 것. 남 욕이나 하고 멸시하고 버림받게 하고 꼴 보기 싫다고 말하지 않는 것. 주님을 떠나 딴 길로 걸어가지 않는 것입니다. 이것이 사순절 둘째주일 십자가의 복음입니다.

그때 그 무리들이 [아니 우리들이!]
예수님 못 박았네
녹슨 세 개의 그 못으로 [아니 이 못으로!]
망치 소리 내 맘을 [쾅! 쾅!]
울리면서 들렸네
그 피로 내 죄 씻었네

그렇다면, 사순절 둘째주일, 예수님의 40일 고난을 묵상하는 계절, 예수님을 돌아가시게 한 세 개의 못은 또 무엇이었을까요?

간고의 못이었습니다.

예수님의 십자가 죽음을 미리 예언한 구약의 이사야 선지자는
또 이렇게 말합니다.

"그는 멸시를 받아 사람들에게 버림 받았으며 간고를 많이 겪
었으며 질고를 아는 자라 마치 사람들이 그에게서 얼굴을 가
리는 것 같이 멸시를 당하였고 우리도 그를 귀히 여기지 아니
하였도다"(사 53:3)

여기서 간고는 히브리어로 마크오브. 슬픔을 뜻합니다.
그런데 이사야는 이 슬픔을 아주 대조적으로 예언합니다.

"그는 실로 우리의 질고를 지고 우리의 슬픔을 당하였거늘 우
리는 생각하기를 그는 징벌을 받아 하나님께 맞으며 고난을
당한다 하였노라 (5) 그가 찔림은 우리의 허물 때문이요 그가
상함은 우리의 죄악 때문이라 그가 징계를 받으므로 우리는
평화를 누리고 그가 채찍에 맞으므로 우리는 나음을 받았도
다"(사 53:4-5)

본디 "우리"에게 있어야 할 슬픔을 "그"가 당합니다. "우리"의
허물과 죄악 때문에 "그"가 찔리고 상합니다. 반대로 "그"가 징
계를 받아 "우리"가 평화를 누립니다. "그"가 채찍에 맞아 "우
리"가 나음을 받습니다. "우리"에게 있어야 할 것이 "그"에게 있

고, "그"에게 있어야 할 것이 "우리"에게 있습니다.

어떻게 이런 일이 일어나게 되었을까요? 어떻게 그와 우리 사이에 이런 말도 안 되는 교환이 일어났을까요? 우리는 온갖 나쁜 것을 그에게 드렸는데, 어떻게 그는 모든 좋은 것을 우리에게 주실수 있었을까요? 그가 우리의 자리를 대신했기 때문입니다. 예수님께서 죄인인 우리 자리에 서셨기 때문입니다. 예수님께서 마치 죄를 지으신 것처럼, 악을 행하신 것처럼, 우리가 서야 할 형벌의 자리에 서셨습니다. 그래서 찔리고 상하셨습니다. 징계를 받고 채찍에 맞으셨습니다.

이 간고의 못. 이 슬픔의 못. 벤하단 바이샤가 만든 이 못을 통하여 주님께서 오늘 저와 여러분에게 주시는 복음은 무엇일까요?

"그리스도께서는 전 인류[의 간고와 슬픔을] 위해 죽으셨습니다. 그분에게 영원한 생명을 받아서 살고 있는 그리스도인들은 이제 자신을 위해서 살 것이 아니라 자신들[의 간고와 슬픔]을 위해서 죽으시고 다시 살아나신 그리스도를 기쁘게 해드리는 삶을 살아가야 합니다."(고후 5:15, 현대어)

그리스도께서 전 인류의 간고와 슬픔을 위해 죽으셨다는 것. 그러니 이제 우리도 그리스도를 기쁘게 해드리는 삶을 살아가야 한다는 것입니다. 이것이 사순절 둘째주일 십자가의 복음입니다.

그때 그 무리들이 [아니 우리들이!]
예수님 못 박았네

녹슨 세 개의 그 못으로 [아니 이 못으로!]
망치 소리 내 맘을 [쾅! 쾅!]
울리면서 들렸네
그 피로 내 죄 씻었네

그렇다면, 사순절 둘째주일, 예수님의 40일 고난을 묵상하는
계절, 예수님을 돌아가시게 한 세 개의 못은 또 무엇이었을까요?

질고의 못이었습니다.

예수님의 십자가 죽음을 미리 예언한 구약의 이사야 선지자는
또 이렇게 말합니다.

"그는 멸시를 받아 사람들에게 버림 받았으며 간고를 많이 겪
었으며 질고를 아는 자라 마치 사람들이 그에게서 얼굴을 가
리는 것 같이 멸시를 당하였고 우리도 그를 귀히 여기지 아니
하였도다"(사 53:3)

여기서 질고는 히브리어로 홀리. 중병이라는 뜻입니다.
현대어 성경은 히브리어 본문을 그대로 옮겨 놓고 있습니다.

"모든 사람이 그를 깔보고 피하였다. 그는 중병에 걸려 온갖
고통에 시달리는 사람이었기 때문이다. 우리가 모두 그를 미워

하며 기피하였다. 우리는 더 이상 그를 사람으로 여기지도 않
았다."(사 53:3, 현대어)

예수님이 중병에 걸리실 것이다. 이사야의 예언은 더 구체적입
니다.

"그러나 사실은 여호와의 종이 우리의 온갖 질병을 대신하여
앓고 우리가 당해야 될 고통을 대신 당하였다. 그런데도 우리
는 그가 천벌을 받아서 고난을 당하는 것으로 생각하였다. (5)
그러나 그는 우리의 죄악 때문에 고통을 당하고 우리가 범죄
하였기 때문에 그가 무서운 채찍에 맞아 살이 찢어진 것이다.
우리가 범죄하고서도 무사하게 넘긴 것은 그가 대신 형벌을
받았기 때문이다. 그가 우리 대신에 채찍을 맞아 우리 몸이 성
하게 되었다. (6) 우리는 모두 목자를 떠난 양들처럼 길을 잃고
헤매며 제멋대로 돌아다녔으나 여호와께서는 우리의 죄악을
모두 그에게 지워 놓으셨다."(사 53:4-6, 현대어)

우리의 온갖 질병을 대신하여 앓으실 것이라는 예언. 대신 형
벌을 받으실 것이라는 예언. 여호와께서 우리의 죄악을 모두 그
에게 지워 놓으실 것이라는 예언. 이 예언대로 그대로 되셨지요.
이 질고의 못. 이 중병의 못. 벤하단 바이샤가 만든 이 못을 통
하여 주님께서 오늘 저와 여러분에게 주시는 복음은 무엇일까요?

"그리고 몸소 우리의 모든 죄를 걸머지고 십자가 위에서 죽으

셨습니다. 그래서 우리는 죄를 떠나서 올바른 생활을 할 수 있
게 된 것입니다. 그리스도께서 상처를 입으신 대신 우리가 [질
고와 중병으로부터] 낫게 된 것입니다."(벧전 2:24, 현대어)

예수님이 몸소 우리의 모든 죄를 걸머지고 십자가 위에서 죽으
셨다는 것. 그래서 그리스도께서 상처를 입으신 대신 우리가 질
고와 중병으로부터 이미 낫게 되었다는 것입니다. 이것이 사순절
둘째주일 십자가의 복음입니다.

그때 그 무리들이 [아니 우리들이!]
예수님 못 박았네
녹슨 세 개의 그 못으로 [아니 이 못으로!]
망치 소리 내 맘을 [쾅! 쾅!]
울리면서 들렸네
그 피로 내 죄 씻었네
[이것이 사순절 둘째주일 십자가의 복음입니다!]

13
놋뱀

"여호와께서 모세에게 이르시되 불뱀을 만들어 장대 위에 매달아라 물린 자마다 그것을 보면 살리라 (9) 모세가 놋뱀을 만들어 장대 위에 다니 뱀에게 물린 자가 놋뱀을 쳐다본즉 모두 살더라"(민 21:8-9)

그날 밤, 비가 억수로 쏟아졌습니다. 1994년. 경북 영천 육군제3사관학교. 9주간 군목훈련. 거의 모든 훈련을 마치고, 마지막으로 산꼭대기로 가서 2주간 받는 유격훈련이 남았습니다. 경북 영천은 너무 더웠습니다. 그래서 이른 저녁식사를 한 후, 곧장 야간 행군으로 유격장을 향했습니다. 6시간 후, 자정이면 도착할 예정이었습니다. 그런데 갑자기 쏟아지는 비. 우리는 혼비백산이었습니다. 우리 앞에서 손전등 하나로 산길을 안내하던 대위 구대장은 자신 있어 했습니다. 벌써 몇 번째 인솔하는 길이니, 걱정 말고 자기만 따라오라고 했습니다.

그런데 구대장이 자꾸만 뱅뱅 도는 것입니다. 아무리 가도 첩첩 산중이었습니다. 비는 그칠 기미가 없고, 우의를 꺼내 입었지만 이미 다 젖었고, 그래서 군화도 군복도 소총도 20킬로미터 배낭도

비에 젖어 너무너무 무거웠습니다. 저는 안경까지 썼으니 칠흑 같은 어둠 속에 비바람까지 몰아쳐 더 안 보였습니다. 그때 뒤에서 누군가가 한숨을 내뱉었습니다. 저 구대장이 우리 밉다고 일부러 뺑뺑이 돌리는 것 아냐? 원망의 소리였습니다. 그럴 법도 했습니다. 우리 군종 목사 신부 법사 성직자들이 워낙 말을 안 들었으니까요.

그런데 일부러 그러는 것 같지 않았습니다. 구대장 본인도 당황한 기색이 역력했습니다. 어, 몇 번을 인솔한 길인데! 이 길도 아니고, 저 길도 아니고! 어쩔 줄 몰라 했습니다. 우리는 그렇게 그날 밤 그 험한 산중에서 빗속을 헤매며 계속 뺑뺑이를 돌았습니다. 어찌어찌 산꼭대기 유격장에 도착하니, 비가 그치고 아침 해가 비쳐왔습니다. 족히 12시간은 뺑뺑이를 돈 것입니다. 첩첩산중, 칠흑 같은 밤, 쏟아지는 장대비, 거기서 길을 잃는다는 것. 정말 죽는 줄 알았습니다.

오늘 본문이 딱 그런 말씀입니다.

"백성이 호르 산에서 출발하여 홍해 길을 따라 에돔 땅을 우회하려 하였다가 길로 말미암아 백성의 마음이 상하니라"(민 21:4)

호르 산. 에돔 변경에 위치한 산입니다. 가데스 북동쪽 약 24km지점. 이 산은 가데스에서 모압으로 곧장 가서 가나안까지 직진할 수 있는 도로상에 있었습니다. 그런데 그러려면 모압 아래에 있던 에돔 땅을 우회해야 했습니다.

애굽에서 400년 노예생활을 하던 이스라엘 백성들. 애굽을 탈출해서 젖과 꿀이 흐르는 가나안까지, 직선으로 가면 40일이면 가는 길이었습니다. 그런데 하나님은 이스라엘 백성들을 그 광야에서 계속 뺑뺑이를 돌리셨습니다. 겨우겨우 방향을 잡고, 이제 조금만 더 가면 됩니다. 지금이 광야행군 40년 가운데 막바지 38년째. 조금만 더 올라가면 됩니다. 그런데 이제 와서 또 돌아가야 한다는 것.

이유는 에돔 사람들이 칼을 차고 자기 땅을 못 지나가게 막고 있기 때문입니다. 에돔은 에서의 후손들이 사는 땅이었습니다. 입장을 바꿔 놓고 생각하면 이해 못 할 일도 아닙니다. 이스라엘 백성들 200만 명이 자기들 에돔 땅을 지나갑니다. 그 가운데 싸울 수 있는 이스라엘 장병들만 60만 대군입니다. 일본이 중국을 치겠다고 우리 땅을 지나가겠다고 길을 터주라고 한다면 어떻게 해야 할까요? 한두 번 당한 게 아닙니다. 이번에도 어떤 일이 생길지 두려웠습니다. 지금 에돔도 그런 두려움이 있었던 것. 그래서 길을 안 열어준 것입니다.

그래서 길로 말미암아 백성의 마음이 상합니다. 마음이 상했다. 히브리어로 네페쉬 카차르. 생명이 짧아져 버렸다는 뜻입니다. 저는 이 히브리어 뜻을 접하면서 깜짝 놀랐습니다. 아, 마음이 상하면 생명이 짧아지는구나. 내 생명을 위해서라도 빨리 이 상한 마음을 떨쳐버려야만 하겠구나.

그렇다면, 사순절 셋째주일, 예수님의 40일 고난을 묵상하는 계절, 내 상한 마음을 치유하려면 어떻게 해야 할까요?

원망을 멈추는 것입니다.

"백성이 하나님과 모세를 향하여 원망하되 어찌하여 우리를
애굽에서 인도해 내어 이 광야에서 죽게 하는가 이 곳에는 먹
을 것도 없고 물도 없도다 우리 마음이 이 하찮은 음식을 싫어
하노라 하매"(민 21:5)

백성이 하나님과 모세를 향하여 원망하되. 여기서 원망은 히브
리어로 다바르, 계속해서 이 말하고 저 말하며 투덜거렸다는 뜻입
니다.

어찌하여 우리를 애굽에서 인도해 내어 이 광야에서 죽게 하는
가. 거기 그대로 있었으면 고기는 못 먹어도 입에 풀칠은 했을 텐
데. 이 광야에는 먹을 것도 없고 물도 없잖느냐.

백성들의 원망은 광야행군에서 한두 번이 아니었습니다. 어려운
상황에 부딪힐 때마다 터져 나왔습니다. 원망, 원망, 습관적인 원
망이었습니다.

이 하찮은 음식을 싫어하노라. 여기서 하찮은은 히브리어로 켈
로켈입니다. 무시해 버려도 좋을 만한, 그런 뜻입니다.

여기서 백성들이 하찮은 것이라고 무시했던 음식은 하나님께서
매일매일 내려주신 하늘의 음식 만나였습니다. 이 만나는 실제로
세상의 어떤 음식보다 훌륭한 음식이었습니다. 이스라엘이 이 만
나를 처음 대했을 때 얼마나 경탄했습니까! 얼마나 맛있어했습니
까! 그 만나를 이제는 하찮은 음식이라고 무시해 버린 것입니다.
그들의 완악하고 세속적이고 패역한 마음 때문이었습니다.

이 하찮은 음식을 싫어하노라. 여기서 싫어한다는 말은 이제는 지겨워 딱 질색하여 끊어버린다는 뜻입니다. 백성들이 하나님께서 내려주시는 은혜의 선물, 만나에 감사하기는커녕, 오히려 원수처럼 미워했음을 보여줍니다. 그들이 싫어한 것은, 단순히 먹는 음식이 아니라, 출애굽 자체와 그것을 주도하신 하나님이 싫었던 것입니다. 그것을 이끌어가는 인도자 모세가 너무너무 싫었던 것입니다.

이 백성들 모습을 보면 어떤 생각이 드십니까? 원망전문대학원 대학교 원망학 박사들. 죽음으로부터 자신들을 이끌어 내신 하나님의 경륜을 멸시하고 모독하는 패역한 행위들. 진정 그들은 생명의 가치를 누릴 자격조차 없는, 마땅히 죽어야 할 자들이었습니다.

우리에게는 이런 모습이 없습니까? 나를 이렇게 죄로부터 구해 내 주셨는데. 이 하찮은 인생, 난 싫어. 이렇게 귀한 가정을 주셨는데. 이 하찮은 집안, 난 싫어. 이렇게 좋은 교회를 주셨는데. 이 하찮은 교회, 난 싫어. 이 하찮은 예배, 난 싫어. 이 하찮은 설교, 난 싫어. 이 하찮은 기도, 난 싫어. 이 하찮은 목사, 난 싫어. 이 하찮은 장로, 난 싫어. 이 하찮은 새가족, 난 싫어. 이 하찮은 교인들, 난 싫어. 어느새 습관처럼 입에 붙은 원망의 소리들. 우리라고 다를 수 있을까요?

그렇다면, 사순절 셋째주일, 예수님의 40일 고난을 묵상하는 계절, 내 상한 마음을 치유하려면 또 어떻게 해야 할까요?

중보기도의 자리로 나아가야 합니다.

"여호와께서 불뱀들을 백성 중에 보내어 백성을 물게 하시므
로 이스라엘 백성 중에 죽은 자가 많은지라 (7) 백성이 모세에
게 이르러 말하되 우리가 여호와와 당신을 향하여 원망함으로
범죄하였사오니 여호와께 기도하여 이 뱀들을 우리에게서 떠
나게 하소서 모세가 백성을 위하여 기도하매"(민 21:6-7)

불뱀들. 히브리어로 사라프 나하쉬. 불타는 듯한 붉은 반점이 있
는 뱀이란 뜻입니다. 당시 이스라엘이 행군하던 광야, 특히 아라바
지역에 많이 서식하던 독사. 맹독성 뱀입니다. 그 뱀에 물리게 되
면, 강력한 독성으로 즉석에서 온몸에 높은 열이 생겨 죽어갑니
다. 하나님께서 보내신 징계의 도구였습니다.

우리가 원망함으로 범죄하였사오니. 백성들은 불뱀의 습격 원인
을 정확히 간파했습니다. 우리가 원망하니까 하나님이 불뱀들을
보내셨구나.

백성들은 그 해결책도 알고 있었습니다. 모세에게 부탁을 하지
요. 여호와께 기도하여 이 뱀들을 우리에게서 떠나게 하소서. 이
처럼 자신의 허물을 바로 아는 이만이 하나님의 구원을 기대할 수
있습니다. 그러므로 하나님의 징계는 하나님께서 사랑하는 이에
게 행하시는 회유와 권면의 채찍입니다. 범죄의 길에서 돌이키게
하시기 위한 채찍입니다.

모세가 백성을 위하여 기도하매. 구약시대에는 하나님께서 세우
신 백성의 대표, 제사장이나 예언자나 왕을 통해서, 하나님께 중

보기도를 드릴 수 있었습니다. 여기서 모세의 중보기도는 백성들의 요청으로 이루어졌습니다. 이것은 광야행군 중 유일한 사례였습니다. 그만큼 상황이 심각했습니다. 또한 이 일을 통하여 그들이 모세를 참으로 하나님께서 세우신 지도자로 인정했음을 암시합니다.

중보기도가 이토록 중요합니다. 더 놀라운 사실은, 신약시대에 이르러서는, 온 인류의 중보자이신 예수 그리스도의 이름으로, 누구나 직접 소중한 사람을 도와달라고, 하나님께 중보기도를 드릴 수 있게 되었다는 사실입니다. 여러분은 지금 누구를 위하여 중보기도를 드리고 있습니까? 그리고 그 중보기도의 능력을 믿으십니까?

그렇다면, 사순절 셋째주일, 예수님의 40일 고난을 묵상하는 계절, 상한 마음을 치유하려면 또 어떻게 해야 할까요?

장대 위에 달린 놋뱀을 쳐다보아야 합니다.

"여호와께서 모세에게 이르시되 불뱀을 만들어 장대 위에 매달아라 물린 자마다 그것을 보면 살리라 (9) 모세가 놋뱀을 만들어 장대 위에 다니 뱀에게 물린 자가 놋뱀을 쳐다본즉 모두 살더라"(민 21:8-9)

장대 위에 매달아라. 여기서 장대는, 히브리어로 네스입니다. 눈에 확연히 띄다는 뜻입니다. 불뱀, 사탄의 모든 권세가 공개적으로 처형된 그 자리에, 우뚝 솟아 있는 장대. 그 장대는 승리자 예수 그리스도께서 매달리신 갈보리 언덕의 십자가를 예표합니다.

모세가 놋뱀을 만들어. 모세는 하나님의 이 처방전에 따라 놋뱀을 만들었습니다. 여기서 놋뱀은 모양은 불뱀을 닮았지만, 놋쇠로 모양만 본떠 만든 것이라, 실제로 놋뱀 속에는 독이 없었습니다. 이것은 모양은 사람의 형상이셨으나, 실제로는 사람들이 저지르는 그런 죄가 전혀 없으셨던 예수 그리스도를 예표합니다.

놋뱀을 쳐다본즉 모두 살더라. 이것은 뱀의 머리, 사탄의 머리를 쳐부술 분으로 계시된, 여인의 후손(창 3:15), 곧 인자로 이 땅에 내려오실 예수 그리스도를 쳐다본즉, 그분을 전적으로 신뢰한즉, 뱀의 모든 독성으로부터 완전히 치유 받을 것을 예표합니다.

구약에 나타난 이 놋뱀 치유 기적을 신약에서 예수님이 직접 언급하고 계시는데, 어디인지 아세요? 아주 유명한 구절 바로 앞입니다.

> "모세가 광야에서 뱀을 든 것 같이 인자[예수]도 들려야 하리니 (15) 이는 그[십자가에 매달린 예수]를 믿는 자마다 영생을 얻게 하려 하심이니라 (16) 하나님이 [원망하다가 불뱀에 물린 사람들로 가득 찬] 세상을 이처럼[놋뱀을 쳐다본즉 모두 살리신 것처럼] 사랑하사 독생자[장대 위에 매달린 놋뱀처럼 십자가에 매달리신 예수]를 주셨으니 이는 그를 믿는 자마다 멸망하지 않고 영생을 얻게 하려 하심이라"(요 3:14-16)

인자도 들려야 하리니. 예수님은 장차 자신이 십자가에 매달린 놋뱀이 되어, 저와 여러분, 온 인류를 살리시고, 영생을 얻게 해주겠다고 예언하십니다.

그래서 히브리서 저자는 이렇게 권면합니다.

"믿음의 주요 또 온전하게 하시는 이인 [십자가 장대 위에 놋뱀처럼 매달리신] 예수를 바라보자 그는 그 앞에 있는 기쁨을 위하여 십자가를 참으사 부끄러움을 개의치 아니하시더니 하나님 보좌 우편에 앉으셨느니라"(히 12:2)

예수를 바라보자. 십자가 장대 위에 놋뱀처럼 매달리신 예수를 바라보자. 그러면 살리라.

우리 그런 의미에서, 잠시 이 십자가를 바라봅시다. 보이십니까? 이 십자가 장대 위에 매달리신 놋뱀 예수! 놋뱀 예수님이 보이십니까? 놋뱀을 쳐다본즉 모두 살더라. 사는 길이 있습니다. 이 놋뱀 예수를 쳐다보면 됩니다. 그러면 살 수 있습니다. 절대 죽지 않습니다.

그런 의미에서, 여러분, 오늘 말씀과 딱 맞는 복음성가가 있습니다.

괴로울 때 주님의 얼굴 보라
평화의 주님 바라보아라
세상에서 시달린 친구들아

위로의 주님 바라보아라

눈을 들어 주를 보라
네 모든 염려 주께 맡겨라
슬플 때에 주님의 얼굴 보라
사랑의 주님 안식 주리라

제3부 중요한 것은 꺾이지 않는 마음

14
중요한 것은 꺾이지 않는 마음

"모든 지킬 만한 것 중에 더욱 네 마음을 지키라 생명의 근원
이 이에서 남이니라"(잠 4:23)

중꺾마라는 말을 들어보셨나요? 여기 현수막을 따라합시다. 중
요한 것은 꺾이지 않는 마음. 줄여서 중꺾마! 작년에 엄청 유행했
었지요.

본디 온라인 게임 리그 오브 레전드 프로게이머 김혁규 선수가
처음으로 한 말이었습니다.

그런데, 작년에 카타르 축구 월드컵에서 우루과이와 싸울 때, 보
셨나요? 우리나라 주장 손흥민 선수가 안면골절 부상투혼을 벌이
는 것?

그때 박지성 해설위원이 이 말을 또 한 거예요. "네, 손흥민 선
수, 중요한 것은 꺾이지 마음임을 보여주고 있습니다."

그다음 12월 3일, 딱 1년 전 오늘이네요. 직전 월트컵 우승팀, 호
날두를 보유한 포르투칼과 싸울 때, 거의 다 포기한 싸움, 포기해
도 전혀 이상하지 않다, 아무도 뭐라 하지 않을 거다, 그런 경기를
후반 막판에 골을 넣어 버린 거예요. 2대 1 역전승. 16강 진출. 기

적이 벌어진 것. 그때 한 관중이 이 태극기를 선수들에게 줍니다.

그 태극기에 쓰여 있던 글씨가 바로 중요한 것은 꺾이지 않는 마음, 중꺾마였습니다.

오늘부터 대림절입니다. 이 절기는 아기 예수의 성탄을 기다리고, 다시 오실 예수 그리스도를 기다리는 계절입니다. 오늘은 그 대림절 첫 번째 주일, 우리 그리스도교 전통에서 오늘 대림절 첫 번째 주일의 신학적인 키워드는 희망입니다. 그래서 오늘 우리는 첫 번째 대림초를 밝히며, 희망의 주님, 어서 오시옵소서, 이렇게 간구했습니다.

그런데 지금 여러분, 사시기가 어떻습니까? 희망을 말하기가 지금 너무 어렵습니다. 사업하시는 분들은 고물가, 고환율, 고이율, 시중에 현찰이 돌지 않는다고 아우성입니다. 자녀들도 수능시험, 석사시험, 박사시험, 졸업시험, 유학시험, 취업시험, 해외연수, 임용고시, 오디션, 필기, 실기, 면접, 논문, 무엇 하나 희망을 말하기가 쉽지가 않습니다. 건강은 또 어떻습니까? 입원, 퇴원, 후속치료, 부작용, 두려움, 염려, 결코 희망을 말하기가 쉽지가 않습니다. 직장은 또 어떻습니까? 관계는 또 어떻습니까? 진로는 또 어떻습니까? 노후는 또 어떻습니까? 아니, 우리 교회는 또 어떻습니까? 무엇 하나 희망을 말하기가 쉽지가 않습니다. 이러한 때, 가장 중요한 것이 무엇일까요?

오늘 본문을 보면, 그 답이 나옵니다.

"모든 지킬 만한 것 중에 더욱 네 마음을 지키라 생명의 근원

이 이에서 남이니라"(잠 4:23)

모든 지킬 만한 것 중에 더욱 네 마음을 지키라. 무엇 하나 희망을 말하기 쉽지 않은 이때, 그래도 가장 중요한 것은 마음, 꺾이지 않는 마음이라는 말씀입니다.

모든 지킬 만한 것 중에 더욱 네 마음을 지키라. 여기서 마음은 성경 원어로 립베카, 정서와 의지와 지성을 다 포함하는 통전적인 마음입니다. 지키라는 성경 원어로 네쬬르, 보호하라는 뜻입니다. 정서와 의지와 지성을 다 포함해서 네 마음을 통전적으로 잘 보호해라.

생명의 근원이 이에서 남이니라. 여기서 생명의 근원은 성경 원어로 하임 토쩨오트, 나를 죽음에서 건져내어 살릴 수 있는 유일한 출구를 뜻합니다. 나를 죽음에서 건져내어 살릴 수 있는 그 유일한 출구가 바로 이 마음이라는 뜻입니다. 그러니 중요한 것은 이 마음, 꺾이지 않는 마음입니다. 이 마음을 지키는 것이, 그래서 이 대림절, 가장 중요합니다.

그렇다면, 이 대림절, 우리는 어떻게 내 마음을 지킬 수 있을까요?

하나님의 말씀을 내 눈에서 떠나게 하지 말아야 합니다.

지지난주 총회신년목회세미나에 다녀왔습니다. 거기서 목회데이터연구소 지용근 소장님의 한국교회 트렌트라는 강의를 들었습니다. 듣고 있자니, 참 암담했습니다.

올해 기준, 우리나라 시군구의 52%가 소멸위험지역이었습니다.

2070년에는 국민의 46%가 65세 이상 고령자가 될 것이고, 62세가 우리나라 중간 나이가 될 것이라는 전망이었습니다.

저출산 문제는 더 심각했습니다. OECD 개발도상국 중 평균 이하였고, 세계 198개국 중 꼴찌였습니다. 이런 추세면, 100년 후에는 우리나라 인구 71%가 사라진다는 경고였습니다.

2030세대 여성들 가운데, 결혼을 반드시 해야 한다는 여성은 10%에도 못 미쳤습니다. 지금 혼자 사는 남녀 1인 가구가 32%로, 부부자녀 가구를 앞질렀습니다.

국민 4명 중 1명은 행복 취약층이었습니다. 유엔이 발표한 세계 행복보고서를 보니, 우리 대한민국의 행복지수는 OECD 38개국 중 36위였습니다.

우리 기독교 개신교 인구는 15%로 급감했습니다. 한국교회 대국민 신뢰도도 21%였습니다. 74%가 한국교회를 신뢰하지 않는다고 말했습니다. 기독교 개신교 이미지가 이렇게 하락한 가장 큰 이유는 배타적이라는 이유였습니다.

그래도 절망 중 희망이 있었습니다. 전 국민의 69%가 종교는 그래도 필요하다고 인식하고 있다는 것입니다. 코로나 이후, 성도들의 말씀에 대한 갈급함이나 영적 체험 욕구는 72%로 더 높아졌습니다. 새가족들의 76%가 삶의 어려움이 있었을 때 교회를 찾았는데, 새가족들이 믿음을 갖는 데 가장 도움이 된 것도 뭐니뭐니해도 말씀에 대한 갈증을 해갈할 수 있는 성경공부였습니다. 새가족들이 교회에 와서 가장 만족도가 높은 곳도 말씀을 나누는 구역, 셀, 목장 같은 소그룹과 말씀을 묵상하는 큐티모임에서였습니다.

코로나 도중에서도 성장했던 교회들이 있었는데, 분석해 보니, 하나같이 말씀을 나누는 소그룹 모임이 있었던 교회였습니다.

그리고 이제 코로나 이후, 어떤 교회가 과연 사라지고 어떤 교회가 과연 성장할 것인가? 성장하는 교회도 목장별, 신도회별, 직분별, 취향별, 다양한 소그룹이 다양하게 만나서 하나님의 말씀을 가까이하며 활발하게 성도의 교제를 나누는 교회, 그런 교회만이 살아남을 것이라는 전망이었습니다.

이렇게 하나님의 말씀을 나누는 다양한 소그룹이 교회 안에서 살아나면, 아무리 절망적인 상황에서도 반드시 성장하는 교회가 될 수 있다고 전망하고 있었습니다. 저는 새해 우리 교회의 희망도 바로 이렇게 하나님의 말씀, 하나님의 말씀을 가까이하며 하나님의 말씀을 나누는 소그룹에 있다는 생각을 하고 왔습니다.

오늘 주님이 주시는 말씀도 바로 그것입니다.

> "내 아들아 내 말에 주의하며 내가 말하는 것에 네 귀를 기울이라 (21) 그것을 네 눈에서 떠나게 하지 말며 네 마음속에 지키라"(잠 4:20-2)

하나님의 말씀에 주의하며, 하나님의 말씀에 내 귀를 기울이며, 하나님의 말씀을 내 눈에서 떠나게 하지 않는 것. 그렇게 하나님의 말씀으로 저와 여러분의 마음을 세파에 흔들리며 꺾이지 않도록 지키는 것. 말씀으로 중꺾마. 하나님의 말씀을 매일매일 가까이하되, 중요한 것은 꺾이지 않는 마음. 그것이 저와 여러분에게 이 대림절 필요하다는 말씀입니다. 그렇게 하나님의 말씀을 내 눈에서 떠나게 하지 않고 내 마음속에 지키면 어떻게 되느냐?

"그것은 얻는 자에게 생명이 되며 그의 온 육체의 건강이 됨이
니라"(잠 4:22)

이것이 오늘 주님 주시는 복음입니다. 이렇게 하나님의 말씀을
내 눈에서 떠나게 하지 않고 내 마음속에 지키면, 그 말씀이 나에
게 생명이 되고, 나를 죽음에서, 절망에서 살려내는 말씀이 된다
는 약속이십니다. 이렇게 하나님의 말씀을 내 눈에서 떠나게 하지
않고 내 마음속에 지키면, 내 온 육체의 건강이 된다, 내 몸과 내
마음과 내 영혼의 전인건강을 책임져 주시겠다는 하나님의 약속
이십니다. 이것이 이 대림절, 저와 여러분, 우리 교회에 주시는 희
망의 약속이십니다.

그렇다면, 이 대림절, 우리는 또 어떻게 내 마음을 지킬 수 있을
까요?

비뚤어진 말을 내 입술에서 멀리 해야 합니다.

성경을 보면, 이집트에서 탈출한 백성들이 40년 광야 훈련기간
을 지나, 마지막 도착지 가나안 땅을 앞에 두고, 쳐들어갈까 말까
망설일 때, 모세가 12명의 정탐꾼을 먼저 보내지요.

오늘 군대용어로 하면 정찰대를 보낸 거예요. 야외기동훈련을
할 때면, 제일 먼저 정찰대를 보내서 적들의 동태를 살피게 하는

데, 그때 저에게 연락이 와요. 목사님, 지금 정찰대가 나가는데, 출정기도를 좀 해주시겠습니까? 그러면 제가 가서 정찰대원들을 위하여 출정기도를 해드립니다. 그러고 나면, 그 정찰대가 다녀와서 적들이 지금 어떤 상태인지를 지휘관에게 보고합니다. 그때 곁에서 들어보면 알 수 있어요. 승리할 가능성이 어느 정도인지를.

그런데 성경을 보면, 12명이 40일간 정찰을 다녀왔는데, 보고가 달라요. 10명의 정찰대원은 이렇게 보고합니다.

> "거기서 네피림 후손인 아낙 자손의 거인들을 보았나니 우리
> 는 스스로 보기에도 메뚜기 같으니 그들이 보기에도 그와 같
> 았을 것이니라"(민 13:33)

적들이 거인이라 우린 그 앞에서 메뚜기 신세, 우린 이제 다 죽었습니다. 그런 보고였습니다.

그런데 다른 2명의 정찰대원, 여호수아와 갈렙은 정반대 보고를 합니다.

> "이스라엘 자손의 온 회중에게 말하여 이르되 우리가 두루 다
> 니며 정탐한 땅은 심히 아름다운 땅이라 (8) 여호와께서 우리
> 를 기뻐하시면 우리를 그 땅으로 인도하여 들이시고 그 땅을
> 우리에게 주시리라 이는 과연 젖과 꿀이 흐르는 땅이니라 (9)
> 다만 여호와를 거역하지는 말라 또 그 땅 백성을 두려워하지
> 말라 그들은 우리의 먹이라 그들의 보호자는 그들에게서 떠났
> 고 여호와는 우리와 함께 하시느니라 그들을 두려워하지 말라

하나"(민 14:7-9)

어떻게 똑같이 적진을 정찰하고 왔는데, 말이 이렇게 천양지차 다를 수 있을까요?

중요한 것은 꺾이지 않는 마음. 마음을 지키는 것은 입술을 잘 지켜야 합니다. 보세요. 말한 대로 됩니다. 안 된다, 안 된다, 하면 될 일도 안 됩니다. 된다, 된다, 하면 안 될 일도 됩니다. 여러분은 어떤 말을 주로 사용하시나요? 부부간에, 자녀들에게, 성도들에게, 동료들에게, 부정적인 말을 쓰십니까? 긍정적인 말을 쓰십니까?

저는 지금도 잊지 못하는 게, 어렸을 때 어느 날 갑자기 어머니가 무슨 결단을 하셨는지, 앞으로는 절대로 아이고, 죽겠다, 그런 말을 하지 말자고 하시는 거예요. 그러면 뭐라고 해요? 아이고, 살겠다, 그렇게 말하자고 하시는 거예요. 저희집은 외딴 산속 뽕나무 밭이었어요. 어머니는 이른 새벽부터 밭에서 사셨어요. 우리도 학교에서 돌아오면, 온가족이 매일 밤늦게까지 뽕나무 밭에서 돌을 캐내고, 풀을 베고, 골을 내고, 그 질긴 뽕나무 뿌리를 끝까지 파내고, 거기에 과일나무를 심어 아름다운 과수원을 만들었어요. 처음엔 도저히 엄두가 안 났지만, 마침내 해냈어요. 그때 가장 중요한 것은 꺾이지 않는 마음이었어요. 그래서 어머니가 그런 부탁을 우리에게 하신 것 같아요. 자꾸만 부정적인 이야기를 하면 식구들끼리 서로 힘 빠지니까.

여러분은 어떠셨어요? 지금까지 여기까지 오시기까지 무엇이 여러분의 마음을 꺾어버렸나요? 서로 구부러진 말, 비뚤어진 말 아니었나요? 왜 우리는 그런 말로 서로의 마음을, 자녀의 마음을, 배우자의 마음을, 꺾어 버리고 마는 걸까요? 중요한 것은 꺾이지 않는 마음. 마음이 꺾이지 않으려면, 지금 저와 여러분에게, 지금 우리 교회에, 가장 필요한 것은 긍정적인 말입니다.

그래서 주님께서도 오늘 이렇게 말씀하십니다.

"구부러진 말을 네 입에서 버리며 비뚤어진 말을 네 입술에서 멀리하라"(잠 4:24)

여기서 구부러진 말은, 이케슈트 페, 자기밖에 모르고 고집스럽고 심술궂은 말을 뜻합니다. 비뚤어진 말은, 울레주트 쎄파타임, 억세게 고집스럽고 모질고 말도 안 되는 헛소리를 뜻합니다. 이런 말들을 내 입술에서 멀리하는 것. 그것이 이 대림절, 저와 여러분에게 필요합니다. 그래야 이 절망의 시대, 우리 마음이 꺾이지 않습니다. 중꺾마. 중요한 것은 꺾이지 않는 마음. 그것은 저와 여러분의 말에 달려 있습니다.

그렇다면, 이 대림절, 우리는 또 어떻게 내 마음을 지킬 수 있을까요?

좌로나 우로나 치우치지 말아야 합니다.

아까 말씀드린, 총회신년목회세미나의 목회데이터연구소 통계를 좀 더 말씀드리면, 우리 대한민국이 OECD 중 사회적 갈등지수가 세계 2위였습니다. 작년 한 해 동안, 우리 사회 갈등을 관리하는 데 든 비용이 246조였습니다. 갈등을 중재하는 데 종교의 역할은 꼴찌였습니다. 종교가 우리 사회 갈등을 중재해 주리라고 국민들이 거의 기대하지 않고 있었습니다. 참 씁쓸했습니다. 그런데 그 갈등들 가운데, 우리 국민들이 가장 심각하게 생각하고 있는 갈등은 무엇이었는지 아십니까? 보수세력과 진보세력의 이념적 갈등이었습니다.

여러분도 절실히 느끼실 것입니다. 왜 이렇게 극단적으로 갈라져 있는지. 나도 어느 한쪽에 너무 치우쳐 있는 것은 아닌지. 그게 그렇게 중요한지. 그 이념이 우리를 하나 되게 하시려고 십자가에 죽으신 주 예수 그리스도보다 더 중요한지. 언제까지 우리는 그 정치꾼들의 편향된 이념놀이에 놀아나야 하는지.

그래서 주님께서도 오늘 이렇게 말씀하십니다.

"좌로나 우로나 치우치지 말고 네 발을 악에서 떠나게 하라"(잠 4:27)

좌로나는 히브리어로 우쓰몰, 너무 진보적인 쪽으로나. 우로나는 야민, 너무 보수적인 쪽으로나. 치우지지 말고는 테트 알, 한쪽으로 편향되게 쑥 기울어지지 말고. 네 발을은 라글레카, 자주 편향되게 방문하는 곳을. 악에서는 메라, 해로운 것에서. 떠나게 하라는 하쎄르, 쫓아버려라. 그렇게 한쪽으로 치우치는 것은 악이다, 해로운 것이다, 사람들을 불쾌하게 하는 것이다, 결국 너만 비참해지는 것이다, 그런 뜻입니다. 이렇게 좌로나 우로나 치우치지 않는 것. 그것이 이 대림절, 저와 여러분에게 필요합니다. 그래야 이 절망의 시대, 우리 마음이 꺾이지 않습니다. 중꺾마. 중요한 것은 꺾이지 않는 마음. 그것은 저와 여러분의 좌로나 우로나 치우치지 않는 태도에 달려 있습니다.

　2003년, 경기도 연천, 5사단 군종목사로 갔는데, 첫날부터 사단장님이 상황회의에서 어떤 예하대 산골짜기 포병대대장을 놓고 막 뭐라고 하시는 거예요. 들어보니, 제대로 보고도 없이 종교편향적으로 교회만 짓고 있다는 것이었습니다. 그래서 저에게 한번 그 대대로 내려가 보라고 하시는 거예요. 누구 말이 맞는지.
　가보았더니, 너무너무 신실한 분이셨어요. 그런데 갖은 오해를 받고 있더라구요. 그래서 제가 사단장님께 말씀을 드렸어요. 종교편향이 아니라, 진정으로 종교를 떠나 모든 대대 장병들을 세족예식을 베풀며 발을 씻어주고 안아주고 있더라고. 사단장님이 제 보고를 받고, 그러면 그렇지, 하시면서 아주 좋아하시는 거예요. 그래서 제가 오히려 그 대대장님을 사단으로 불러서 안수집사 임직예식을 베풀어 드렸어요.
　그리고 10년 후, 2013년, 강원도 현리, 산악3군단에서 또 만났어요. 여전히 너무너무 신실하게 장병들을 기도로 품고 안아주고 계시더라구요. 그래서 그곳에서 장로 임직예식을 베풀어 드렸어요. 그분이 그 후로도 예수쟁이 지휘관이라고 오해도 받고 박해도 받았지만, 장병들의 반응은 종교를 떠나서 가히 폭발적이었어요. 너무너무 좋아하고 따르는 거예요. 제가 그 부대를 여러분 가보았는데, 갈 때마다 병사들을 지휘관 집무실로 불러서 스카프를 하나

씩 매주고 계시더라구요. 그 스카프에 쓰인 글씨는 절대 절대 포
기하지 마라, 줄여서 절절포. 저에게도 그때 절절포 스카프를 매
주셨어요. 그런데 얼마 전, 이곳 우리 교회까지 찾아오셔서 또 매
주시는 거예요. 바로 이 스카프에요. 절대 절대 포기하지 마라.

그분의 절절포 스카프는 투스타 장군 소장으로 전역하시기까지
아마도 수만 병의 장병들 목에 매어졌을 거예요. 아니, 전역하시고
나서 지금도 CTS 기독교방송국에 들어가셔서 전국적으로 절절포
사역을 더 거세게 이어가고 계십니다.

여쭈어보니, 그분의 절절포 사역은 바로 이 말씀에 기초하고 있
었습니다.

"우리가 선을 행하되 낙심하지 말지니 포기하지 아니하면 때
가 이르매 거두리라"(갈 6:9)

바로 이 절절포. 이것이 가리키는 것도 이 대림절, 이것이 아닐까
요? 바로 중꺾마, 중요한 것은 꺾이지 않는 마음. 예수 안에서!

15
다니엘처럼 뜻을 정하여

"다니엘은 뜻을 정하여 왕의 음식과 그가 마시는 포도주로 자기를 더럽히지 아니하리라 하고 자기를 더럽히지 아니하도록 환관장에게 구하니 (9) 하나님이 다니엘로 하여금 환관장에게 은혜와 긍휼을 얻게 하신지라"(단 1:8-9)

어느 초등학교 학기말 시험시간이었습니다. 시험지에 이런 문제가 나왔습니다. '어떠한 일을 마음먹고 3일을 넘기지 못하는 것을 뜻하는 사자성어를 쓰시오.' 첫째 글자는 작, 셋째 글자는 삼, 나머지 둘째 넷째 글자를 채워 넣는 문제였습니다. 답이 뭐지요? 맞습니다. 답은 여러분이 아시는 그것입니다. 작심삼일. 그랬는데, 한 초등학생이 이렇게 답을 썼습니다. 작은삼촌. 따라합시다. 조카들이 보고 있다!

12월 대림절 둘째주일. 그리스도인으로서 연초에 세운 계획들이 얼마나 지켜졌습니까? 작심삼일이 아니라 작심삼초였다구요? 그리스도인으로서 중꺾마, 중요한 것은 꺾이지 않는 마음이라는 것을 알기는 알겠는데, 그게 말처럼 쉽지가 않으셨구요? 교회에서, 가정에서, 직장에서, 사업에서 얼마나 고민이 많으셨습니까? 그리스도인으로 살아가기가 이렇게 힘든가? 갈수록 쉽지 않습니다. 유혹이 너무 많습니다. 세상이 호락호락하지가 않습니다. 신앙을 지키기가 너무너무 어렵습니다.

이토록 신앙을 지키기 어려운 때, 저와 여러분에게 주님께서 오늘 한 사람을 보여주십니다. 그 이름은 다니엘입니다.

> "유다 왕 여호야김이 다스린 지 삼 년이 되는 해에 바벨론 왕 느부갓네살이 예루살렘에 이르러 성을 에워쌌더니"(단 1:1)

예루살렘이 완전히 멸망하기 이미 20년 전부터 조짐은 있었습니다. 유다 왕 여호야김이 다스린 지 삼 년이 되는 해. 주전 605년. 이스라엘은 이미 우상숭배와 배교가 극에 달합니다. 하나님께서는 마침내 강대국 바벨론을 들어 이스라엘을 치십니다. 그때 4차례에 걸쳐 바벨론으로 포로들이 끌려가는데, 1차 포로 때 다니엘도 잡혀갑니다.

그런데 성경을 보면, 다니엘이 바벨론 포로로 잡혀 와서도 바벨론 왕실에서 70년 동안이나 여러 왕들의 총애를 받습니다. 포로지만 왕들도 다니엘을 함부로 하지 못합니다. 오히려 특별대우를 합니다. 어떻게 포로에게 이런 일이 가능했을까요? 그 답은 바로 중꺾마, 중요한 것은 다니엘의 꺾이지 않는 마음 때문이었습니다.

그렇다면, 이 대림절, 우리는 어떻게 해야 다니엘처럼 중꺾마, 중요한 것은 꺾이지 않는 마음임을 간증할 수 있을까요?

뜻을 정해야 합니다.

"다니엘은 뜻을 정하여 왕의 음식과 그가 마시는 포도주로 자기를 더럽히지 아니하리라 하고 자기를 더럽히지 아니하도록 환관장에게 구하니"(단 1:8)

뜻을 정하여. 립보 알 봐이야. 마음을 결심하여. 그런 뜻입니다. 그렇다면, 다니엘이 어떤 뜻을 정했단 말인가요? 그것은 왕의 음식과 왕이 마시는 포도주로 자신을 더럽히지 아니하리라, 뜻을 정했다는 말입니다. 왜 그랬을까요? 왕의 음식과 왕이 마시는 포도주는 이미 바벨론 신들에게 제사를 지내고 가져온 것들이었기 때문입니다.

요즘 우리가 쓰는 말 가운데 쿨하다는 말이 있습니다. 신앙생활을 하는 데도 쿨하게 하자는 사람들이 있습니다. 그까짓 술담배 쿨하게 한 번씩 하면서 믿지 않는 사람들에게도 좋은 소리 들으면 더 낫지 않느냐 말하는 사람들도 있습니다. 여러분은 어떻게 생각하십니까? 연말이라 술자리 회식들이 많으실 텐데, 그리스도인으로서 고민이 많으시지요? 아니, 뭘 그런 걸 가지고 고민씩이나 하느냐구요? 이미 쿨하게 한 잔씩 하고 계신다구요?

한 남자가 술집에 들어와 맥주를 세 잔 시켰습니다. 그러고는 세 잔을 번갈아 마셨습니다. 술집 주인이 의아해서 물었습니다. "손님, 세 잔을 왜 번갈아 마시는 겁니까?" "나에게 형이 둘 있는데, 서로 멀리 떨어져 있어, 보고 싶은 마음에, 형님들 잔을 놓고, 형님들과 마시는 겁니다." 며칠 후, 그 남자가 술집에 다시 왔습니다.

남자는 이번에는 맥주를 두 잔만 시켰습니다. "형님께 무슨 일이 생기신 모양입니다." 남자가 대답했습니다. "형님들은 괜찮습니다. 사실은 제가 술을 끊었답니다."

하나님이 가장 싫어하시는 것 3가지가 있습니다. 핑계. 변명. 타협. 이 3가지로 지금 여러분을 포장하고 있지는 않습니까? 왕의 음식과 왕의 포도주를 먹는다는 것은 바벨론 문화에, 이 세상 문화에, 흡수된다는 뜻입니다. 왕의 문화를 먹는다는 것은 이 세상 관계를 먹는 것입니다. 왕이 마시는 술을 먹는다는 것은 이 세상 문화를 먹는 것입니다. 절대로 쿨하게 넘길 수 없는 문제입니다.

우리 교단의 가장 모태가 되는 교회인 서울 어떤 교회에 한 장로님이 계셨어요. 작년에 돌아가실 때까지 평생의 기도대로 끝까지 성가대를 서신 분으로 유명합니다. 그런데 그분에게는 더 유명한 일화가 있습니다.

박정희 대통령이 하루는 회식에 많은 별들을 초청했습니다. 당시 별 둘이었던 이분, 20사단장도 갔습니다. 대통령이 한 사람씩 술을 따라주는데, 이분 차례가 되었습니다. 그런데 술잔을 받은 이분이 곧바로 테이블에 술잔을 내려놓는 것 아니겠습니까? "임자, 왜 그래? 왜 안 마셔?" "각하, 저는 각하를 위하여 목숨도 바칠 수 있습니다. 그러나 저는 하나님을 믿는 그리스도인으로서 이 술만은 마실 수 없습니다." 박정희 대통령 안색이 싹 변하더니 회식 자리를 박차고 나가버렸습니다. 옆에 있던 장군들이 난리였습니다. 이제 당신은 죽었다고. 도대체 왜 그러냐구. 나도 장로라고. 술 한 잔은 괜찮다고. 당신만 유별나게 굴지 말라고. 이분은 그날 밤 집에 와서 아내에게 오늘 있었던 일을 말했습니다. "여보, 우리

전역할 준비를 해야겠소." 아내는 아무 말 없이 남편의 손을 잡아주었습니다.

예상대로 다음날 아침, 청와대에서 호출이 있었습니다. 갔더니, 박정희 대통령이 어제 있었던 일을 말하면서, 괜찮은 사람이라고 생각했는데 굉장히 서운했다고, 이제라도 한 잔 받으라고, 다 용서해 주겠다고, 그러면서 즉석에서 술잔을 다시 권했습니다. "각하, 정말 죄송합니다. 저는 하나님께 약속한 것이 있습니다. 어떤 상황에서도 그리스도인으로서 술을 입에 대지 않겠다고. 각하께서 정히 그러시다면 차라리 군복을 벗겠습니다." 그랬더니, 순간, 박정희 대통령이 다가와서 이분의 소장 계급장 별 둘을 확 떼버렸습니다. 그러고는 곧바로 즉석에서 별 셋 중장 계급장을 달아주었습니다. "임자, 임자야말로 진짜 예수 믿는 장군이구만! 내가 찾는 장군이 바로 임자 같은 장군이야!" 그렇게 해서 이분은 나중에 별 넷 대장 계급장을 달고 참모총장까지 중용됩니다.

중꺾마, 중요한 것은 꺾이지 않는 마음이라는 것을 보여주는 대목입니다. 저는 군목으로 장병들을 섬기면서 이렇게 신앙의 절개를 지키신 분들을 여러 분 보았습니다. 당시에는 갖은 오해와 핍박이 있었지만, 하나님은 그런 분들을 마침내 높이 쓰셨습니다. 하나님께서 다 보고 계십니다. 다니엘처럼.

예수님도 다니엘처럼, 위에서 말씀드린 장군처럼, 뜻을 정하여, 뜻을 다하여, 사셨습니다.

"예수께서 이르시되 네 마음을 다하고 목숨을 다하고 뜻을 다하여 주 너의 하나님을 사랑하라 하셨으니"(마 22:37)

뜻을 다하여. 디아노이아 테 홀레 엔. 깊은 사고를 온전히 다하여. 그런 뜻입니다.

예수님도 이렇게 뜻을 다하여, 뜻을 정하여, 주 나의 하나님을 사랑하는 삶을 사셨다면, 우리도 이 대림절, 예수님처럼, 다니엘처럼, 뜻을 정하여, 뜻을 다하여, 그런 삶을 살겠노라, 새로운 결심문이 필요하지 않을까요?

이 어려운 때, 우상숭배와 배교가 판을 치는 이 바벨론 문화 속에서, 유혹과 핍박이 너무 많은 이 휘황찬란한 뒷골목 문화 속에서, 나는 그리스도인입니다, 신앙을 지키기가 너무 어려운 이 세상 문화 속에서, 중꺾마, 일편단심 주님을 향한 마음이 꺾이지 않도록 뜻을 정하십시오.

아무리 유혹해도 나는 물질과 쾌락에 길들여지지 않겠다. 인정과 칭찬에 배고파하지 않겠다. 세상과 이념에 정복당하지 않겠다. 중꺾마, 일편단심 주님을 향한 마음이 꺾이지 않도록 뜻을 정하십시오. 이것이 오늘 주시는 주님의 복음입니다.

그렇다면, 이 대림절, 우리는 또 어떻게 해야 다니엘처럼 중꺾마, 중요한 것은 꺾이지 않는 마음임을 간증할 수 있을까요?

시간을 정해 기도해야 합니다.

"다니엘이 이 조서에 왕의 도장이 찍힌 것을 알고도 자기 집에 돌아가서는 윗방에 올라가 예루살렘으로 향한 창문을 열고 전에 하던 대로 하루 세 번씩 무릎을 꿇고 기도하며 그의 하

나님께 감사하였더라"(단 6:10)

　다니엘의 중꺾마, 꺾이지 않는 마음은 기도하는 습관에 그 비밀이 있었습니다. 이 어려운 때, 우상숭배와 배교가 판을 치는 이 바벨론 문화 속에서, 유혹과 핍박이 너무 많은 이 휘황찬란한 뒷골목 문화 속에서, 신앙을 지키기가 너무 어려운 이 세상 문화 속에서, 중꺾마, 일편단심 주님을 향한 마음이 꺾이지 않도록, 영적으로 지지 않겠다, 기도를 멈추지 않겠다, 거룩한 습관을 잊지 않겠다, 다니엘은 매일 세 번씩 예루살렘 하나님의 성전 쪽을 향하여 창문을 열고 감사기도를 드렸던 것입니다. 그렇게 자신을 마음이 꺾이지 않도록 다잡고 또 다잡았던 것입니다.

　런던의 캔터베리교회에 니콜라이라는 집사님이 있었습니다. 17살에 교회 직원으로 채용되었습니다. 한평생 교회를 쓸고 닦으며 교회 종을 쳤습니다. 기도하는 마음으로, 하루 세 번, 교회 종을 얼마나 정확하게 치는지, 런던 시민들이 자기 시계를 니콜라이 집사님 종소리에 맞출 정도였습니다. 그렇게 주님의 교회에 충성을 다하며 기른 두 아들. 다 복을 받아 교수가 되었습니다. "아버지, 이제 그만 일하셔요. 저희가 모실게요." "아니다, 나는 죽을 때까지 이 일을 하련다."

　76세, 노환으로 세상을 떠나 천국 문에 입성하게 되었을 때, 가족들이 그의 임종을 보려고 모여들었습니다. 그런데 그때 마침 종을 칠 시간이 되었습니다. 갑자기 니콜라이 집사님이 자리에 벌떡 일어나 나가더니 종을 쳤습니다. 그리고 주님 품에 안겼습니다. 죽음 직전까지도 종 칠 시간을 잊지 않고 종을 친 것입니다. 거룩한 습관처럼.

그 소식을 듣고, 영국 엘리자베스 여왕이 감동을 받았습니다. 영국 황실 묘지를 그에게 내주었습니다. 그리고 그가 세상을 떠난 그날을 기념하여, 런던 공휴일로 지정하고, 모든 가게 문을 닫게 했습니다. 17살부터 하루 세 번씩 종을 치며 기도를 올렸던 니콜라이 집사님. 그 거룩한 습관. 꼭 다니엘을 닮았습니다.

기억나시죠? 제가 6년 전 여기 와서, 삼시세끼 다니엘 기도를 시작했던 것을. 아침, 한낮, 저녁. 하루 세 번씩 어디에 있더라도 잠시 그 자리에서 하나님께 기도를 드리자고 했던 것을. 기도문도 나눠 드렸지요. 그리고, 그리고, 우리는 그 기도를 삼시세끼 다니엘 기도라고 명명했습니다. 그리고, 그리고, 우리는 그 삼시세끼 다니엘 기도를 통하여 놀라운 일들을 경험했습니다. 교회 안의 어두운 세력들이 달아나는 것을. 교회 안의 현안들이 일시에 해결되는 것을. 그때 우리는 깨달았습니다. 기도밖에 없다는 것을. 시간을 정해놓고 기도하는 것이 정말 중요하다는 것을. 다니엘이 그랬던 것입니다.

예수님도 다니엘처럼 거룩한 습관을 지키셨습니다.

"예수께서 나가사 습관을 따라 감람산에 가시매 제자들도 따라갔더니 (40) 그곳에 이르러 그들에게 이르시되 유혹에 빠지지 않게 기도하라 하시고 (41) 그들을 떠나 돌 던질 만큼 가서 무릎을 꿇고 기도하여 (42) 이르시되 아버지여 만일 아버지의 뜻이거든 이 잔을 내게서 옮기시옵소서 그러나 내 원대로 마시옵고 아버지의 원대로 되기를 원하나이다 하시니 (43) 천사

가 하늘로부터 예수께 나타나 힘을 더하더라"(눅 22:39-43)

습관을 따라 기도하러 가셨습니다. 그렇게 기도하실 때 천사가 하늘로부터 예수님께 나타나 힘을 더했습니다. 저와 여러분에게도 이 어려운 때 천사가 나타나 힘을 더해 주면 얼마나 좋을까요? 이 어려운 때, 우상숭배와 배교가 판을 치는 이 바벨론 문화 속에서, 유혹과 핍박이 너무 많은 이 휘황찬란한 뒷골목 문화 속에서, 나는 그리스도인입니다, 신앙을 지키기가 너무 어려운 이 세상 문화 속에서, 중꺾마, 일편단심 주님을 향한 마음이 꺾이지 않도록 하는 방법. 그 방법은 단 하나, 예수님처럼, 다니엘처럼, 하루 세 번 기도의 창문을 하나님께 여는 것입니다. 이것이 오늘 주시는 주님의 복음입니다.

그렇다면, 이 대림절, 우리는 또 어떻게 해야 다니엘처럼 중꺾마, 중요한 것은 꺾이지 않는 마음임을 간증할 수 있을까요?

기도한 것은 이미 응답받았음을 담대히 선포해야 합니다.

"그가 내게 이르되 다니엘아 두려워하지 말라 네가 깨달으려 하여 네 하나님 앞에 스스로 겸비하게 하기로 결심하던 첫날 부터 네 말이 응답받았으므로 내가 네 말로 말미암아 왔느니 라"(단 10:12)

다니엘의 중꺾마, 꺾이지 않는 마음은 자신이 기도하기로 결심한 그 첫날부터 이미 하나님께서 응답해 주시러 다가오셨다는 사실에 그 비밀이 있었습니다. 이 어려운 때, 우상숭배와 배교가 판을 치는 이 바벨론 문화 속에서, 유혹과 핍박이 너무 많은 이 휘황찬란한 뒷골목 문화 속에서, 신앙을 지키기가 너무 어려운 이 세상 문화 속에서, 중꺾마, 일편단심 주님을 향한 마음이 꺾이지 않도록, 다니엘은 진짜배기 기도를 드렸습니다. 다니엘의 기도는 진짜배기 기도였습니다. 응답받는 기도였기 때문입니다. 다니엘의 기도는 진짜배기 기도였습니다. 응답받을 때까지 하는 기도였기 때문입니다. 다니엘의 기도는 진짜배기 기도였습니다. 마귀의 방해를 끝까지 버티는 기도였기 때문입니다. 이렇게 진짜배기 응답받는 기도를 통하여 다니엘은 자신의 마음이 꺾이지 않도록 다잡고 또 다잡았던 것입니다.

코끼리를 냉장고에 넣는 법 아시지요? 들어갈 때까지 밀어 넣는 것입니다. 다니엘의 기도가 그랬습니다. 내 기도는 반드시 하나님이 응답하신다. 믿음으로 담대하게 선포하는 다니엘에게 그 어떤 두려움도 범접할 수 없었습니다. 그 어떤 마귀도 방해할 수 없었습니다. 다니엘이 이방 땅 바벨론에서 하나님께 기도하기로 결심한 그 첫날부터 이미 하나님께서는 응답해 주셨습니다. 그가 부르짖을 때 하나님은 즉각 다가오셨습니다. 이미 와 계셨습니다.

1887년, 12월 25일, 미국 뉴멕시코주, 인구 1,000명의 샌안토니오, 작은 마을에, 한 소년이 태어났습니다. 아빠는 너무 가난했습니다. 아빠는 아들을 데리고 오늘은 이곳, 내일은 저곳, 물건을 팔러 다녔습니다. 문제는 자는 곳이었었습니다. 노숙할 때도 있었습니다. 연기가 가득한 헛간에서 잘 때도 있었습니다. 차에서 잘 때도 있었었습니다. 여러 사람과 쪼그리고 좁은 공간에서 함께 잘 때도 있었습니다.

어느 날, 그나마 잘 자리도 얻지 못했습니다. 어느 가게 모퉁이, 찬바람 맞으며 쪼그리고 자려는데, 아빠가 말을 걸었습니다. "춥니?" "조금요." "이런 고생을 조금만 견디면 곧 좋은 날이 오겠지?" "그래요, 아빠, 그런데 저에게는 멋진 꿈이 있어요." "무슨 꿈?" "이다음에 제가 크면 호텔을 지을 거예요. 그리고 사람들을 아주 편하게 자게 만들어 줄 거예요." "자식, 잠자리가 불편하니까 호텔 꿈을 갖게 되었구나. 서슴지 말고 어서 해봐라." 아들은 하나님께 꼭 호텔을 지을 수 있도록 축복해 달라고 기도하고 잠에 들었습니다.

그런데 불편한 그 잠자리, 거기서 기도했던 것이 그 아들의 일생을 뒤바꾸어 놓았습니다. 그다음 날, 그리고 또 그다음 날, 아들은 아빠가 해주신 그 말 한마디가 계속 뱅글뱅글 돌았습니다. "서슴지 말고 어서 해봐라." 아들은 계속 기도했습니다. 그리고 계속 선포했습니다. 나는 호텔을 지을 거야! 그리고 사람들이 아주 편하게 자게 만들어 줄 거야!

마침내 1924년, 달라스에 큰 호텔이 들어섰습니다. 1939년에는 캘리포니아에도, 뉴욕에도, 일리노이에도 엄청나게 크고 참 아름다운 호텔이 들어섰습니다. 지금은 전 세계에 500개 이상의 호텔이 들어섰습니다. 1983년에는 우리나라에도 그 호텔이 들어섰습니다. 무슨 호텔일까요? 맞습니다. 바로 힐튼 호텔입니다. 이 아들의 이름이 바로 콘래드 힐튼이었습니다. 아들이 아빠와 경험했던 불편했던 그 잠자리, 거기서 기도했던 것이, 거기서 믿음으로 담대하게 선포했던 것이, 마침내 그대로 된 것입니다. 다니엘처럼.

예수님도 다니엘처럼 꺾이지 않는 마음을 지키기 위하여 무엇이든지 기도하고 구하는 것은 받은 줄로 믿으라고 말씀하십니다.

> "그러므로 내가 너희에게 말하노니 무엇이든지 기도하고 구하는 것은 받은 줄로 믿으라 그리하면 너희에게 그대로 되리라"(막 11:24)

받은 줄로 믿고 담대하게 선포합시다. 그리하면 저와 여러분에게 그대로 됩니다. 이것이 오늘 주시는 주님의 복음입니다. 이 어려운 때, 우상숭배와 배교가 판을 치는 이 바벨론 문화 속에서, 유혹과 핍박이 너무 많은 이 휘황찬란한 뒷골목 문화 속에서, 나는 그리스도인입니다, 신앙을 지키기가 너무 어려운 이 세상 문화 속에서, 중꺾마, 일편단심 주님을 향한 마음이 꺾이지 않도록, 예수님처럼, 다니엘처럼, 기도하고 구하는 것은 받은 줄로 믿고 담대히 선포합시다.

최근 제가 그리스도교 영성지도 역사를 정리하면서, 새롭게 주목한 분이 있습니다. 조나단 에드워즈. 지금부터 320년 전, 1703년에 미국에서 태어난 목사님입니다. 현대교회사에서 가장 위대한 영성지도자요 영적 거인으로 인정받고 있습니다. 미국의 대각성운동을 이끄신 대부흥사셨습니다. 명문사학인 프린스턴 신학대학교 총장이기도 하셨습니다. 그분은 18살에 예수님께 회심을 하고, 은혜의 깊은 세계로 몰입됩니다. 그리고 20살이 되기 직전, 자신의 평생 영성생활지침, <70가지 결심문>을 미리 기록해 둡니다.

저는 언젠가 기독교 고전읽기 소그룹을 만들어 이분의 책을 여러분과 꼭 한번 읽어보고 싶습니다. 특히 그분이 기록해 둔 70가지 결심문을 꼭 나눠보고 싶습니다.

1) 나의 전 생애 동안 하나님의 영광과 나 자신의 행복과 유익과 기쁨에 최상의 도움이 되는 것이면 무엇이든지 하자. 지금 당장이든지, 아니면 지금부터 수많은 세월이 지나가든지 간에, 시간은 전혀 고려하지 말자. 내가 해야 할 의무와 인류 전체의 행복과 유익에 최상의 도움이 되는 것이면, 무엇이든지 하자. 내가 부딪히게 될 어려움이 무엇이든지 간에, 또한 그 어려움이 아무리 많고 크다 할지라도, 그렇게 하자.

2) 전에서 언급한 사항을 잘 지키기 위해 도움을 주는 어떤 새로운 수단이나 방법을 찾기 위해 계속적으로 노력하자.

3) 혹시라도 내가 넘어져 점점 무감각해져서 이 결심문 중의 어떤 내용을 지키지 못하게 된다면, 다시 제정신이 돌아왔을 때 내가 기억할 수 있는 모든 것들을 회개하자.

4) 하나님의 영광에 도움 되는 것이 아니면 영혼에 관계된 것이든지 육체에 관계된 것이든지 또는 적든지 많든지 간에 어떤 것이라도 절대로 하지 말자. 만일 내가 그런 일을 피할 수 있다면 피하자.

5) 한순간의 시간도 절대로 낭비하지 말고, 그 시간을 가능한 한 최대로 유익하게 사용하자.

6) 살아 있는 동안 힘껏 살자.

7) 만일 내 생애의 최후 순간이라고 가정했을 때, 하기가 꺼려

지는 것이면 절대로 하지 말자.

8) 모든 면에서, 곧 말과 행동에서 아무도 나처럼 그렇게 악하지는 않은 것처럼, 또한 내가 다른 사람과 똑같은 죄를 범하고, 똑같은 잘못과 실수를 범한 것처럼 행동하자. 다른 사람의 실패를 나 자신의 잘못을 살피는 계기로 삼고, 나의 죄와 비참을 하나님께 고백하는 기회로만 삼자.

9) 매사에 나의 죽음과 죽고 난 뒤에 무슨 일이 일어날지 많이 생각하자.

10) 고통스러울 때는 순교의 고통과 지옥의 고통을 생각하자.

11) 해결해야 할 어떤 신학 원리가 있을 때, 만일 상황이 방해하지만 않는다면 그 문제 해결을 위해 내가 할 수 있는 것을 즉시 하자.

12) 만일 내가 교만이나 허영이나 이런 것들을 만족시키기 위해서 어떤 것을 좋아하고 있다면, 즉시 그런 것들을 버리자.

13) 도움과 사랑을 꼭 받아야 할 사람이 누구인지를 찾기 위해 노력하자.

14) 절대로 복수심을 가지고 어떤 일을 하지 말자.

15) 비이성적인 인간에게는 아무리 사소한 화라도 내지 말자.

16) 절대로 다른 사람을 비방하지 말자. 그렇게 하는 것은 다 수간 다른 사람을 불명예스럽게 하는 것이며, 실제로 아무런 유익이 없기 때문이다.

17) 내가 죽게 되었을 때, '그 일을 했었으면 좋았을 텐데' 하고 바라는 것처럼 그렇게 살자.

18) 내가 최고로 헌신한 상태일 때, 그리고 내가 복음과 천국

에 대해서 가장 분명한 생각을 가지고 있을 때, 그때 내가 최선이라고 생각하는 것처럼 언제나 그렇게 살자.

19) 마지막 나팔 소리를 듣기 전, 최후의 한 시간도 남지 않았을 때라고 가정하고 그때 하기가 꺼려지는 것은 절대로 하지 말자.

20) 먹고 마시는 것은 엄격하게 절제하며 살자.

21) 다른 사람이 하는 행동 가운데 내가 판단하거나 생각하기에 경멸받을 만한 행동이나 비열한 행동이라고 생각되는 것은 절대로 하지 말자.

22) 내가 생각할 수 있는 그리고 내가 할 수 있는 모든 나의 힘, 능력, 활력, 열심, 적극성을 다하여 가능한 한 천국에서 많은 행복을 누릴 수 있도록 노력하자.

23) 하나님의 영광을 위해서 하는 일이 아닌 것 같이 생각되는 일을 할 때는 매우 신중하게 행하자. 그리고 그 일의 원래 의도와 계획과 목적이 무엇인지 원인을 파악하자. 만일 그 일이 하나님의 영광을 위한 것이 아니라는 것을 알게 되면 그 일을 '결심문4)'를 어기는 것으로 간주하자.

24) 내가 어떤 현저한 나쁜 행동을 할 때마다 그 원인이 무엇인지를 철저하게 추적하자. 그런 다음 더 이상 그런 행동을 하지 않도록 조심하자. 또한 나쁜 행동의 원인이 되는 것과 내 힘껏 싸우도록 하자

25) 하나님의 사랑을 의심하게 만드는 일이 무엇인지를 조심스럽고도 지속적으로 찾아내자. 그런 다음 내 모든 힘을 다해 그것과 싸우자.

26) 내 구원의 확신을 약화시키는 것들을 발견하면 버리자.

27) 절대로 고의로 어떤 일을 태만하게 하지 말자. 하나님의 영광을 위한 태만은 예외지만, 자주 내 태만을 점검하자.

28) 성경을 아주 꾸준하게 지속적으로 자주 연구하자. 그렇게 해서 깨닫고, 쉽게 이해한 지식을 바탕으로 자라가자.

29) 절대로 하나님께서 응답해 주실 것이라고 바랄 수 없는 것을 기도라고 생각하거나, 기도로 인정하거나, 기도의 간구라고 하지 말자. 또한 하나님께서 받아주실 것이라고 바랄 수 없는 것을 죄 고백이라고 생각하지 말자.

30) 지난주보다 신앙과 은혜를 실천하는 삶이 더 나아지도록 매주 노력하자.

31) 결코 다른 사람을 비판하는 어떤 말을 하지 말자. 그러나 성도의 명예를 아주 실추시키거나, 인류에 대한 사랑을 아주 저해하는 것에 대한 비난은 정당하다.

32) 잠언 20장 1절에 '충성된 자를 누가 만날 수 있으랴?'라고 기록된 것이 나에게 해당하는 말이 되지 않도록 분명하고도 확실하게 내 신념에 충실하자.

33) 다른 면에서 지나친 손해가 생기지 않는다면 언제나 평화를 만들고 평화를 유지하고 평화를 지키는 방향으로 내가 할 수 있는 것을 하도록 하자.

34) 이야기하면서 어떤 사실에 대해서 말할 때는 반드시 참되고 단순한 진실만을 말하자.

35) 내가 지킨 의무에 대해서 의심이 많이 생길 때마다 그 일로 내 마음의 고요함과 평안함이 깨어지면 의문 사항들을 기

록하고 그 의문을 풀 수 있는 방법을 강구하자.

36) 어느 누구에 대해서도 나쁘게 말하지 말자. 단 그렇게 하는 것이 잘했다고 말할 수 있는 어떤 특별한 경우는 예외다.

37) 매일 밤 잠자리에 들기 전, 내가 게으름을 피웠는지, 내가 무슨 죄를 지었는지, 내가 자신을 부인했는지 등에 대해서 자문해 보자. 또한 매주 말, 매월 말, 매년 말에도 그렇게 하자.

38) 일에는 절대로 농담이나 우스갯소리를 하지 말자

39) 절대로 합법성에 의문이 많이 제기되는 일을 하지 말자. 동시에 그런 일을 하고 난 후에는 그 일이 합법적인 것인지 아닌지를 생각하고 조사하자, 또한 만일 내가 어떤 일을 하지 않는 것이 합법적인가에 대해 의문이 제기되는 일도 마찬가지다.

40) 매일 밤 잠자리에 들기 전에 먹고 마시는 일에서 내가 할 수 있는 최선을 다했는지 자문해 보자.

41) 매일, 매주, 매달, 매해 마지막에 어떤 면에서 더 낫게 행동할 수 있었는데 그렇지 못했던 것이 있었는지에 대해서 자문해 보자.

42) 세례받을 때 다짐하였고, 성만찬예식을 베풀 때도 진지하게 다짐하였던 하나님에 대한 헌신을 종종 새롭게 하자. 그리고 오늘 1월 12일 나는 진지하게 하나님에 대한 헌신을 새롭게 다짐하였다.

43) 오늘부터 죽을 때까지 내 인생이 나의 것인 양 행동하지 말고, 전적으로 그리고 완전히, 하나님의 것인 양 행동하자. 토요일에 깨달은 것과 일치하게 행동하자.

44) 다른 어떤 목적도 아닌 신앙만이 나의 행동에 영향을 미치도록 하자. 신앙적인 목적이 아니라면 어떤 환경 속에서도 행동하지 말자.

45) 신앙에 도움 되는 것이 아니면 그 어떤 것에도 절대로 쾌락이나 고통, 기쁨이나 슬픔 등을 느끼지 말자. 어떤 감정도, 조금의 감정도 품지 말자. 그리고 그런 것과 관련된 어떤 환경도 만들지 말자.

46) 부모님에게 어떠한 걱정이나 심려도 끼쳐 드리지 말자. 가능한 한 말이나 눈동자에 전혀 내색하지 않도록 해서 그런 결과가 생기지 않도록 하자. 그리고 특히 가족 중 누구에 대해서도 존경심을 가지고 그렇게 하도록 조심하자.

47) 최선의 노력을 다해서 선하고, 보편적으로 부드럽고, 친절하고, 조용하고, 평화롭고, 만족하고, 편안하고, 자비롭고, 관용적이고, 겸손하고, 온유하고, 순종적이고, 의무를 다하고, 부지런하고 근면하며, 자애롭고, 침착하고, 인내하고, 절제하고, 용서하고, 진지한 성품에 도움 되지 않는 것이라면 무엇이든지 하지 말자. 그리고 항상 이러한 성품이 되도록 하자. 그리고 주말마다 내가 그렇게 실천했는지 여부를 엄격하게 점검하자.

48) 내가 참으로 그리스도에 대해서 관심을 가지고 있는지 그렇지 않은지를 알기 위해서 그리고 내가 임종의 순간에 이 문제에 대해서 회개할 무관심의 죄를 조금도 짓지 않기 위해서 지속적으로 아주 세밀하고도 부지런하게 그리고 가장 엄격하게 내 영혼의 상태를 조사하도록 하자.

49) 만일 내가 잘못을 저지르지 않을 수만 있다면, 절대로 그

런 잘못을 하지 않도록 하자.

50) 내가 천국에 들어갔을 때, 그렇게 한 것이 최선이었고, 가장 지혜로운 것이었다고 판단하게 될 것처럼, 그렇게 행동하도록 하자.

51) 죽을 때 내가 뒤를 돌아보면서 ‘이런 일을 했으면 좋았을 텐데’ 하고 생각하는 것처럼, 모든 면에서 그렇게 하자.

52) 나는 종종 노인들이 자기가 인생을 다시 살 수만 있다면 어떻게 살겠다고 말하는 것을 듣게 된다. 그러므로 내가 노인이 되었다고 가정했을 때, 그때 가서 ‘내가 이런 일을 했으면 좋았을 텐데’하고 생각되는 바로 그런 일들을 하자.

53) 내가 가장 기분이 좋은 상태일 때 모든 기회를 이용해서 내 영혼을 주 예수 그리스도께 던지고 맡기자. 주님을 신뢰하고 의뢰하자. 완전히 주님께 헌신하자. 이로써 내가 내 구속자를 알므로 내 구원의 확신을 가질 수 있을 것이다.

54) 어떤 사람을 칭찬하는 내용을 들을 때마다 나도 그런 칭찬 받을 만한 일을 해야겠다고 생각되면 그 일을 본받도록 노력하자.

55) 이미 천국의 행복과 지옥의 고통을 맛본 사람처럼 행동하도록 최선을 다하자.

56) 아무리 내가 실패하더라도 내 안에 있는 부패와의 싸움을 절대로 포기하지도 말고 조금도 긴장을 풀지도 말자.

57) 불행과 불운에 대한 염려가 생길 때, 내 의무를 다했는가를 돌아보고, 의무를 다하도록 결심하자. 그리고 그런 사건들이 일어난 것은 하나님의 뜻이라고 생각하자. 할 수 있는 한,

나는 내 의무와 내 죄에 대해서만 관심을 갖자.

58) 대화를 나눌 때 불쾌하거나 초조하거나 화를 낸 표정을 짓지 말고 사랑스럽고 즐거우며 친절한 모습을 보이도록 하자.

59) 나쁜 성질과 분노가 가장 많이 치밀어 오르려고 할 때, 가장 많이 노력해서 좋은 성격이 드러나도록 행동하자. 그렇다. 그럴 때, 비록 다른 측면에서 불이익이 있을 수도 있고, 다른 때는 경솔하게 될 때도 있다고 생각하지만, 좋은 성격을 드러내도록 하자.

60) 감정이 극도로 불안정하게 되기 시작할 때마다, 내 마음 속에 아주 불편한 마음이 생기거나 감정이 밖으로 일관성 없이 표출될 때는 내 자신을 엄격하게 검사해 보자.

61) 핑계가 무엇이든지 간에-사실 게으름은 핑곗거리 만들도록 하는 경향이 있지만- 신앙에 온전하게 집중하지 못하도록 내 생각을 흐트러뜨리고 풀어지게 하는 게으름에 빠지지 않는 것이 최선이다.

62) 결코 어떤 일을 의무감으로만 하지 말고, 에베소서 6:6-8 에 따라서 기쁘고 자원하는 마음으로 주께 하듯 하고, 사람에게 하듯 하지 말자. 어떤 사람이 어떤 선한 일을 하든지 간에 그는 주님께로부터 그대로 받을 것이라는 것을 알자.

63) 어떤 순간에도, 모든 측면에서, 인격의 어떤 부분이나 어떤 환경 아래서도, 언제나 성도다운 참 빛을 비추며, 탁월하고 사랑스럽게 행동하는, 참으로 완벽한 성도가 세상에 단 한 명 있다고 가정할 때, 만일 내가 그 한 사람이 되기 위해 내 힘껏 노력한다면, 그렇게 될 수 있을 것처럼 행동하자.

64) 바울 사도가 말하는 '말할 수 없는 탄식'과 시편 기자가 시편 119:20에서 말하는 '주의 규례를 항상 사모하는 마음'이 내 안에 있는 것을 발견하게 되면, 있는 힘을 다하여 이것들을 향상시키도록 하자. 또한 나의 소원을 아뢰기 위해 간절히 노력하는 것이 약해지지 않도록 그리고 그러한 열심을 반복적으로 내는 것이 약해지지 않도록 하자.

65) 전 생애 동안 이것을 있는 힘을 다해 연습하자. 곧 맨톤 박사의 시편 119편 설교에 따라 내가 할 수 있는 최대한 열린 마음을 가지고 나의 모든 죄와 유혹과 어려움과 슬픔과 두려움과 희망과 소원 그리고 모든 것과 모든 상황 속에서 나의 길을 하나님께 맡기면서, 나의 영혼을 하나님께 열어놓자.

66) 어느 곳에서나, 어느 누구에게나 말이나 행동에서 항상 친절한 태도와 분위기를 유지하기 위해 노력하자. 의무상 다르게 행동해야 할 때는 예외다.

67) 고난 후에는 고난으로 내가 더 나아진 점이 무엇인지, 어떤 유익을 얻었는지, 또한 무엇을 얻을 수 있는지 묻도록 하자.

68) 약점이든지 죄든지 간에 내 안에서 발견되는 모든 것을 나 자신에게 솔직히 고백하자. 만일 그것이 신앙에 관련된 것이면, 모든 것을 하나님께 고백하고 필요한 도움을 간구하자.

69) 다른 사람이 하는 것을 볼 때, 나도 저렇게 했으면 하는 것들을 항상 행하도록 하자.

70) 내가 하는 모든 말이 다른 사람들에게 유익이 되도록 하자.

이것이 20살도 안 된 청년이 예수님께 반한 다음, 전율을 느끼며 기록한 평생의 결심문이라는 게 느껴지십니까? 어떻게 그 어린 나이에 이런 평생의 결심문을 미리 기록해 놓을 수 있었을까? 저는 조나단 에드워즈의 마음속으로 잠시 들어가 보았습니다. 그러면서 충분히 그럴 수 있겠구나 고개가 끄덕여졌습니다. 제가 그랬으니까요.

저도 신학교 들어가기 전, 17살, 고3 때, 일평생 목사가 되어 주님만을 전하기로 결심을 했습니다. 그 결심을 놓치지 않기 위하여, 현대어로 된 공동번역 성경을 사서, 전체를 큰 소리로 낭송하며, 산속의 나무들을 바라보며 설교하듯 통독했습니다. 몇 날 며칠, 가슴 치며 회개하며, 눈물범벅 콧물범벅, 형형색색 밑줄을 긋고, 새까맣게 손때 묻은 성경책 맨 앞장에 이렇게 저의 결심문을 적었습니다. '살든지 죽든지, 그리스도의 영광을 위하여!' 빌립보서를 읽으며 온몸에 전율을 느꼈기 때문입니다.

> "나의 간절한 기대와 희망은 내가 무슨 일에나 부끄러움을 당하지 않고 늘 그러했듯이 지금도 큰 용기를 가지고 살든지 죽든지 나의 생활을 통틀어 그리스도의 영광을 드러내는 것입니다."(빌 1:20, 공동번역)

다니엘처럼 뜻을 정하여! 저도 그때는 그런 심정이었던 것 같습니다. 지금 여러분은 어떻습니까?

16
다윗처럼 내 마음이 확정되었고 확정되었사오니

"하나님이여 내 마음이 확정되었고 내 마음이 확정되었사오니
내가 노래하고 내가 찬송하리이다"(시 57:7)

날씨가 갑자기 추워졌습니다. 대설특보가 내리고, 동파방지 예고문자가 날아오고, 강추위가 전국을 덮고 있습니다. 이렇게 갑자기 추워질 때, 역설적이게도 우리 주변에 가장 아름답게 피는 2가지 꽃이 있습니다. 무슨 꽃들인지 아십니까?

무엇보다, 이 겨울에 가장 아름답게 피는 꽃은 웃음꽃입니다. 우리 옆사람에게 가장 환한 얼굴로 인사합시다. 한 번뿐인 삶, 웃으며 삽시다.

또 하나, 이 겨울에 가장 아름답게 피는 꽃은 매화꽃입니다. 눈 속에서도 피어나는 꽃, 추울수록 향기가 진해지는 꽃입니다.

조선시대 4대 문장가 신흠의 유명한 시구가 있습니다. '매화는 아무리 추워도 향기를 팔지 않는다.' 혹한의 추위를 견뎌내고, 마침내 꽃을 피워내는 매화는 중꺾마, 중요한 것은 꺾이지 않는 마음임을 드러내는 선비들의 기개와 덕을 상징했습니다. 매화는 아무리 춥게 살아도 결코 그 향기를 팔아 안락을 구하지 않는다. 참

멋진 꽃 아닙니까?

오늘 성경에 보면, 인생의 추운 겨울 속에서도 이렇게 2가지 꽃, 곧 웃음꽃과 매화꽃, 세상에서 가장 아름다운 꽃을 피웠던 한 사람이 소개됩니다. 바로 시편 57편의 저자 다윗입니다.

지금 다윗은 어떤 상황에 처해 있을까요? 시편 57편 맨 처음 괄호로 소개된 글을 보시면 어느 정도 짐작할 수 있습니다.

"[다윗의 믹담 시, 인도자를 따라 알다스헷에 맞춘 노래, 다윗이 사울을 피하여 굴에 있던 때에]"(시 57:1)

여기 '믹담 시'란 말은, '주옥같은 시'라는 뜻입니다. 정말 주옥같은 시입니다. 이 시를 근거로 수많은 찬송이 불려지고 있으니까요.

또 '알다스헷에 맞춘 노래'라고 되어 있습니다. '알다스헷'은 운율입니다. '멸하지 마소서'라는 뜻을 가지고 있습니다.

그리고 '다윗이 사울을 피하여 굴에 있던 때에'라고 되어 있습니다. 10년이나 사울 왕에게 쫓기던 다윗. 인생에서 가장 힘든 순간에 아둘람 동굴 속에서 지은 시임을 알 수 있습니다.

당시 다윗을 힘들게 했던 것은 사람들이었습니다.

"그가 하늘에서 보내사 나를 삼키려는 자의 비방에서 나를 구원하실지라 (셀라) 하나님이 그의 인자와 진리를 보내시리로다"(시 57:3)

다윗을 삼키려는 자들의 비방. 남이 잘되는 꼴을 못 봅니다. 4절을 이어서 봅시다.

"내 영혼이 사자들 가운데에서 살며 내가 불사르는 자들 중에 누웠으니 곧 사람의 아들들 중에라 그들의 이는 창과 화살이 요 그들의 혀는 날카로운 칼 같도다"(시 57:4)

다윗은 지금 자신의 영혼이 먹이를 찾아 헤매는 사자들 가운데에서 사는 것과 같았습니다. 한 발짝만 잘못 내디뎌도 사자들에게 잡아먹힐 상황입니다.

다윗은 지금 또 자신이 불사르는 자들 중에 누워있는 것과 같았습니다. 사방에 방화범들이 둘러싸여 있습니다. 어떻게 잠을 자겠습니까? 다윗의 목에 높은 현상금이 붙어 있습니다. 누구든지 사울 왕에게 다윗의 목을 가지고 가면 부와 명예를 받게 될 것입니다. 그러니 얼마나 많은 사람이 다윗을 치려고 했겠습니까? 함께 지내는 부하들도 언제 밤에 등에 칼을 꽂고 배신할지 몰라 조마조마한 상황입니다. 언제 적군이 쳐들어올지 몰라 밥도 편하게 못 먹습니다. 게다가 지금 다윗이 머무는 장소는 편안한 집이 아니라, 자신을 죽이려고 추격하는 사울 왕에게 쫓겨 피신 온 아둘람 동굴입니다.

또 다윗을 비방하는 그들의 이는 창과 화살이요 그들의 혀는 날카로운 칼 같았습니다. 창처럼 찌르는 말, 화살처럼 쏘는 말, 날카로운 칼처럼 베는 말. 말로 인격 살인을 당한 것입니다. 시기하는 말, 음해하는 말, 가짜뉴스, 악성 루머.

그래서 지금 다윗은 너무나 억울합니다.

> "그들이 내 걸음을 막으려고 그물을 준비하였으니 내 영혼이
> 억울하도다 그들이 내 앞에 웅덩이를 팠으나 자기들이 그 중
> 에 빠졌도다 (셀라)"(시 57:6)

내가 하지도 않은 말, 말도 안 되는 비방, 곳곳에 함정, 정말 억울합니다.

그런데 여러분, 놀라운 사실은, 다윗이 이 절체절명의 위기 속에서도, 중꺾마, 중요한 것은 꺾이지 않는 마음임을 보여 주는 대목입니다.

> "하나님이여 내 마음이 확정되었고 내 마음이 확정되었사오니
> 내가 노래하고 내가 찬송하리이다"(시 57:7)

여기서 내 마음이 '확정되었다'라는 말은 성경원어 히브리어로 나콘 립비, 내 모든 지성과 정서와 의지, 그 마음의 중심이 '하나님께 단단히 고정되었다, 준비되었다'라는 뜻입니다.

내 마음이 확정되었고 확정되었다, 두 번 반복한 이유가 무엇일까요? "하늘에 계신 아버지 하나님, 지금 제가 이 고난의 시간에 힘들까 봐 걱정되시죠? 걱정하지 마세요! 내 마음이 확정되었고 확정되었어요. 이 고난의 동굴 속에서도, 저 절대로 주님을 놓치지 않을 거예요!" 그런 뜻입니다.

그렇다면, 이 대림절, 우리도 다윗처럼 인생의 위기 속에서 내

마음이 중꺾마, 꺾이지 않고 주님께 확정되고 확정되려면 어떻게 해야 할까요?

내 영혼이 주께로 피해야 합니다.

"하나님이여 내게 은혜를 베푸소서 내게 은혜를 베푸소서 내 영혼이 주께로 피하되 주의 날개 그늘 아래에서 이 재앙들이 지나기까지 피하리이다"(시 57:1)

하나님이여, 엘로힘 지존하신 하나님이여, 그런 뜻입니다.

내게 은혜를 베푸소서, 내게 은혜를 베푸소서, 혼네니, 혼네니, 나를 혼내지 마시고, 나를 긍휼히 여기소서, 나에게 자비를 베푸소서, 그런 뜻입니다.

내가 주께로 피하되. 키 베카 하싸야 나프쉬, 내 영혼이 주님만 신뢰하며 주님께 소망을 가지고 보호를 바라며 주께로 피하겠습니다, 그런 뜻입니다.

살다 보면 너무 힘들 때가 있으시지요? 지금이 그런 때인가요? 어딘가로 막 피하고 싶다구요? 아무 데나 막 피하면 큰일 납니다. 중년 남성이 힘들다고 아내 아닌 다른 여자에게 피하면 큰일 납니다. 청소년이 힘들다고 집 아닌 다른 곳으로 피하면 큰일 납니다. 물고기가 물속이 권태롭다고 물 밖으로 피하면 큰일 납니다. 저와 여러분도 마찬가지입니다. 힘들어도, 주께로 피해야 합니다. 다윗은 주께로 피하겠다 결심합니다.

주의 날개 그늘 아래에서, 우베 케나베카, 주님의 전천후 감싸 주시는 방어벽 아래에서. 이 재앙들이 지나기까지 피하리이다, 에흐쎄 야아보르 합보트, 이 해로운 것들이, 이 또한 지나가리라, 건너가기까지 내 영혼이 주님만 신뢰하며 주님께 소망을 가지고 보호를 바라며 주께로 피하겠습니다, 그런 뜻입니다.

영혼의 어두운 밤, 아둘람 동굴 속에서도, 중꺼마, 다윗의 꺾이지 않는 마음이 결연히 드러나 있습니다.

그렇다면 다윗은 아둘람 동굴 속, 주께로 피하여 무엇을 했을까요?

"내가 지존하신 하나님께 부르짖음이여 곧 나를 위하여 모든 것을 이루시는 하나님께로다"(시 57:2)

여기서 '부르짖음'은, 에크라, 절박하게 울부짖는다는 뜻입니다. 내 힘으로 아무것도 할 수 없다는 것을 알 때, 기도는 더욱 간절해집니다. 기도하는 순간부터 문제가 내 손을 떠납니다. 내 손에서 떠나 하나님 손으로 갑니다. 나를 위하여 모든 것을 이루시는 하나님의 손으로 갑니다.

그 극심하고 혼란스럽던 현실이 내가 해석하려고 할 때는 이해할 수 없었는데, 기도하기 시작하니까 하나님의 섭리를 이해하게 됩니다. 의미 없는 현실이 아닌, 하나님의 뜻이 있다는 것을 믿을 수 있게 됩니다. 이해가 안 되는 상황일수록 하나님의 큰 그림을 믿어야 합니다.

MR. 앤더슨은 반전이란 동영상으로 유명해진 인기 있는 유화가입니다. 많은 사람들 앞에서 검은 캔버스 위에 붓 하나와 흰색, 붉은색 물감으로 1분 30초 만에 그림을 완성해 보이겠다고 합니다. 시간이 금방 지나, 50초가 남았을 때, 관중 반응은 심드렁합니다. 무슨 그림인지 모를 그림을 열심을 다해 그리고 있기 때문입니다. 12초가 남았을 때는 실망합니다. 그림 같지도 않는 그림 때문입니다. 마침내 1분 30초가 지나고 그림이 완성되자 관중들이 비난을 합니다. "저게 무슨 그림이람?" 그러나 그 그림을 뒤집어 돌려놓자, 중년의 미남 초상화가 보입니다.

반전입니다. 내가 보는 대로 판단하는 것이 얼마나 답답하고 오해하고 조급하고 잘못된 결과를 초래하는지. 도저히 이해 안 되는 일을 만나면, 이 그림처럼 뒤집어 보십시오. 하나님의 큰 그림을 믿어야 합니다. 다윗은 그 아둘람 굴속에서 부르짖으며 이렇게 나를 위하여 모든 것을 이루시는 하나님의 큰 그림을 믿었습니다.

그렇다면, 이 대림절, 우리도 다윗처럼 인생의 위기 속에서 내 마음이 중꺾마, 꺾이지 않고 주님께 확정되고 확정되려면 또 어떻게 해야 할까요?

내가 노래하고 내가 찬송해야 합니다.

"하나님이여 내 마음이 확정되었고 내 마음이 확정되었사오니
내가 노래하고 내가 찬송하리이다"(시 57:7)

내가 노래하고, 아씨라, 전심으로 지존하신 하나님을 노래하고,

내가 찬송하리이다, 봐아잠메라, 악기로 지존하신 하나님을 찬송하리이다. 내가 그렇게 하기로 마음을 확정했다는 것입니다.

그 마음의 확정이 어느 정도냐? 어떤 악기까지 동원하는가를 보세요.

> "내 영광아 깰지어다 비파야, 수금아, 깰지어다 내가 새벽을
> 깨우리로다"(시 57:8)

비파야, 수금아, 깰지어다. 이게 간단한 악기가 아닙니다. 드럼과 일렉트릭 기타, 풀 밴드를 동원하여 하나님을 찬송하겠다는 것입니다. 이건 축제입니다. 광야에서 부르는 슬픈 노래가 아닙니다. 이 찬양은 이미 사람의 힘으로 올려드리는 찬양이 아닙니다. 성령의 힘으로 하는 찬양입니다. 지금 피신해 있는 아둘람 굴에서는 쥐 죽은 듯 있어야 하는데, 비파, 수금, 이런 커다란 악기까지 과감히 가져와서 과감히 연주하며 내가 노래하고 내가 찬송하겠다는 중꺾마, 다윗의 꺾이지 않는 마음입니다.

그 마음의 확정이 어느 정도냐? 어디까지 가서 찬송하는가를 보세요.

> "주여 내가 만민 중에서 주께 감사하오며 뭇 나라 중에서 주
> 를 찬송하리이다"(시 57:9)

지금은 아둘람 동굴 속이지만, 머지않아 만민 중에서, 뭇 나라 중에서 주를 찬송하는 모습을 예언자적 상상력으로 그려보는 다

윗의 모습.

> 내가 만민 중에
> 오 주께 감사하며
> 주님을 찬양하리
> 열방 중에서

지금 피신해 있는 아둘람 굴에서는 쥐 죽은 듯 있어야 하는데, 세계 열방 만민에게 과감히 나아가, 오대양 육대주 뭇 나라까지 과감히 돌아다니며 주께 감사하며 주를 찬송하겠다는 중꺾마, 다윗의 꺾이지 않는 마음입니다.

다윗은 이렇게 과감하게 주를 찬송함으로써 자신의 힘든 시간을 넘어 하늘 위에 온 세계 위에 가득한 주의 영광을 보기 시작합니다.

> "하나님이여 주는 하늘 위에 높이 들리시며 주의 영광이 온
> 세계 위에 높아지기를 원하나이다"(시 57:5)

인생이 아무리 힘들어도 거기에 함몰되지 말고, 하나님의 영광을 생각하십시오. 내 신세만 보고 있으면 서글퍼집니다. 그러나 하늘 위, 온 세계, 주의 영광을 생각하면, 마음에 비밀한 기쁨이 솟아오릅니다. 그리고 기도의 지평이 매우 커집니다.

어느 정도로 기도의 지평이 커지느냐? 10절을 보세요.

"무릇 주의 인자는 커서 하늘에 미치고 주의 진리는 궁창에
이르나이다"(시 57:10)

주의 인자는 커서
커서 하늘에 미치고

주의 인자는, 하쓰데카, 주의 사랑은, 커서, 카돌, 위대해서, 하늘
에 미치고, 샤마임, 저 높고 높은 천국에 미치고.

주의 진리는
넓은 궁창에 이르나니

주의 진리는, 아밀데카, 주의 신실하심은, 궁창에 이르나이다, 세
하킴, 저 작고 작은 구름들에까지 이르나니.
그다음, 다윗의 찬송은 마지막 11절에서 다시 한번 더욱더 찬란
한 장관으로 펼쳐지며 더욱더 거대해집니다.

"하나님이여 주는 하늘 위에 높이 들리시며 주의 영광이 온
세계 위에 높아지기를 원하나이다"(시 57:11)

하나님이여, 엘로힘 지존하신 하나님이여, 주는 하늘 위에, 알
샤마임, 저 높고 높은 천국 넘어, 높이 들리시며, 루마, 높이 높이
칭송받아 오르시며.

하늘 위에

주는 높이 들리며

주의 영광이, 케보데카, 저 존귀하고 거대한 주의 장관이, 온 세계 위에, 알 콜 하아레쯔, 모든 땅 넘어넘어, 높아지기를 원하나이다, 높이높이 칭송받아 오르시기를 원하나이다.

주의 영광은

온 세계 위에

하늘 위에

주는 높이 들리며

주의 영광은

온 세계 위에

이게 어디 유대 광야에서 쫓겨 다니는 사람의 찬송이라고 할 수 있겠습니까? 자기 코가 석 자고, 당장 내일 먹을 간식도 없고, 당장 내일 사울의 손에 잡혀 죽을 수도 있으면서, 믿음의 눈으로 하늘 위, 온 세계, 주의 영광, 찬란한 미래를 내다보았던 다윗, 그의 글로벌 비전, 실제로 이 꿈은 7년이 되지 않아 현실이 되었습니다. 믿음의 사람들은 이처럼 절망스러운 아둘람 동굴 속에서도, 하늘 위, 온 세계, 주의 영광, 찬란한 미래를 찬송할 수 있습니다. 우리 교회도, 저와 여러분도 그렇게 찬송할 수 있습니다.

그렇다면, 이 대림절, 우리도 다윗처럼 인생의 위기 속에서 내 마음이 중꺾마, 꺾이지 않고 주님께 확정되고 확정되려면 또 어떻게 해야 할까요?

내가 새벽을 깨워야 합니다.

"내 영광아 깰지어다 비파야, 수금아, 깰지어다 내가 새벽을
깨우리로다"(시 57:8)

내 영광아 깰지어다. 캐보디 우라. 내 영혼아, 저 아침 해 영화로
운 장관처럼 풍부하게 솟아오르도록 분발하며 잠을 깰지어다, 그
런 뜻입니다. 그래서 영어성경에서는 Awake, my soul!, 내 영혼
아 깰지어다, 그렇게 번역하고 있습니다.

내가 새벽을 깨우리로다. 아이라 샤하르. 내가 내 영혼의 여명이
동트도록, 내 영혼의 새벽잠을 깨우리로다, 그런 뜻입니다.

영혼의 어두운 밤, 아둘람 동굴 속을 헤매는 순간에도, 중꺾마,
다윗의 꺾이지 않는 마음이 결연히 드러나 있습니다.

볼펜의 대명사로 알려진 모나미 153볼펜은 1963년 5월 1일에
탄생했습니다. 볼펜을 생산할 수 있는 공장도 기술도 없었던 상태
였는데, 도산의 위기에서 송삼석 회장이 기도하면서 직접 붙인 이
름입니다.

회사가 가장 어려웠을 때입니다. 하루는 기도원에 올라가서 기
도를 했습니다. 기도하면서 생각해 보니, 그간 사업을 하면서 하
나님 앞에 범죄한 게 너무 많더라는 것입니다.

첫째, 주일성수를 하지 않았던 것입니다. 그래서 그는 철저히

회개했습니다. "이제부터 주일성수 하겠습니다."

둘째, 돈을 많이 벌고도 십일조를 안 했습니다. 그래서 그는 회개했습니다. "하나님의 것을 떼어먹었습니다. 이제부터 십일조를 하겠습니다."

셋째, 새벽기도 하지 않은 것을 회개했습니다. "새벽마다 주님 앞에 기도하지 않았습니다. 기도하기를 쉬는 죄를 범했습니다. 이제 새벽기도를 하겠습니다."

이렇게 기도하고 난 다음에, 하나님의 말씀을 읽고 있었습니다. 그런데 그 순간, 요한복음 21장 1-14절 말씀에서 큰 영감을 얻었습니다. "베드로가 예수님이 지시한 곳에서 그물을 던졌더니 153마리의 고기를 잡았으나 그물이 찢어지지 않았다!"

그래서 그는 하나님 앞에서 이렇게 기도했습니다. "하나님, 제가 '모나미 153'이라는 볼펜을 만들겠습니다. 하나님, 이 볼펜이 모든 사람의 손, 아니 전 세계 모든 사람의 손에 다 들려지기 원합니다."

그러면서 그는 목표를 크게 잡았습니다. "50억 자루가 팔리게 해주세요!" 그렇게 기도를 마쳤습니다. 망해가는 회사가 볼펜 50억 자루를 판다는 것이 쉬운 일이 아닐 텐데, 통계에 따르면 정확히 50억 자루가 팔렸다고 합니다.

옛날에 서대문 영천 시장은 콩나물 장수 아줌마들이 많기로 유명했습니다. 그중 신앙심 깊은 한 아주머니가 있었습니다. 이 아주머니는 새벽마다 콩나물 통을 머리에 이고 시장에 나가는 길에 꼭 교회에 들러 기도를 드렸다. 그녀의 기도제목은 자식들을 믿음으로 성장시켜 하나님의 일꾼으로 길러내는 것이었습니다. 이 어머니의 기도는 이루어졌습니다. 아들들은 훌륭한 사람들로 성장했습니다.

그 아들 중 하나가 훗날 큰 제약회사 사장이 되었습니다. 아들은 어머니가 매일 새벽 교회에 나가 열심히 기도하던 일을 잊을 수 없었습니다. 그 때문에 지금의 자기와 자기의 모든 것이 있게 된 것이라고 생각했습니다. 자신의 모든 것이 어머니의 기도 응답이라고 생각했습니다.

이것을 늘 잊지 않고 살 수는 없을까? 새벽기도를 생각할 때 교회 종소리가 생각났습니다. 옛날에는 교회마다 종을 쳤습니다. 그래서 그는 교회의 새벽 종소리가 연상되도록 자신의 제약회사 심벌마크를 '종'(鍾)으로 정했습니다. 무슨 회사인지 아십니까? 종근당입니다. 종근당의 종은 바로 새벽기도의 응답을 상징합니다.

내가 새벽을 깨우리로다. 여기서 중요한 것은, 보통 새벽이 우리를 잠에서 깨어나게 하는데, 다윗은 반대로 이야기하고 있다는 것입니다. 이 말은, 오는 역사를 그냥 무기력하게 받아들이는 것이 아니고, 내가 역사의 주관자이신 하나님의 자녀로서, 역사의 주체가 되겠다는 믿음의 선포입니다. 역사의 피해자도 아닙니다. 수동적인 자세도 아닙니다. 능동적인 역사의 주관자로서 자세입니다.

해바라기는 땅에 뿌리를 내리고 하루 종일 해의 위치를 따라 이동합니다. 저와 여러분이 그렇습니다. 영혼의 초점이, 우리가 아닌, 우리 문제가 아닌, 주님께로 딱 맞춰져 있습니다. 그래서 우리는 주바라기입니다.

그렇게 주님만 바라보며 광야를 지나고 있는 사람은, 아직 오지 않은 새벽도 믿음의 눈으로 내다봅니다. 새벽을 깨우겠다는 다윗의 고백 속에는 이제 힘든 광야 시간이 얼마 남지 않았을 거라는 믿음이 담겨 있습니다. 그렇습니다. 해가 떠오르기 직전, 새벽 여명이 밝아오기 직전, 그때가 가장 캄캄합니다. 그때가 가장 절망스럽습니다. 이 칠흑 같은 어두움이 계속될 것 같습니다. 두려움이 스며듭니다. 그래서 많은 사람들이 새벽의 여명이 밝아오기 직전, 그렇게도 많이 포기합니다. 그러나 그때 절망하지 않고 주님의 손을 잡고 견디면, 저와 여러분은 찬란한 새벽을 맛보게 될 것입니다.

예수님도 새벽을 깨우시는 분이셨습니다.

"새벽 아직도 밝기 전에 예수께서 일어나 나가 한적한 곳으로 가사 거기서 기도하시더니"(막 1:35)

매일 새벽을 깨우시며, 하늘 아버지의 뜻을 구하셨습니다. 그리고 마침내 온 인류에게 희망의 여명을 비추셨습니다. 예수님이 새벽을 깨우시지 않으셨더라면, 바로 직전에 포기해 버리셨더라면, 지금 우리는 어떻게 되어 있을까요?

어떤 목사님이 미국 콜로라도주 산에 등산을 갔습니다. 한참을 등반했는데도 끝이 없었습니다. 운동을 꾸준히 해 온 목사님인데도, 등반 중간에 정말 많이 지쳤습니다. 너무 힘들어서 포기하고 내려가려고 하는데, 마침 정상에서 반바지 차림으로 내려오는 한

할아버지와 눈이 마주쳤습니다. '할아버지도 반바지 차림으로 등반에 성공하는 산이네!' 하며 속으로 자존심이 팍 상했습니다. 그 마음을 읽으셨는지, 할아버지가 "It's closer than you think!" "정상은 당신 생각보다 가깝다!"라고 말해주었습니다. 그래서 정말 죽고 싶을 만큼 힘들었지만 한 걸음 한 걸음 더 올라갔습니다. 할아버지 말씀처럼 생각보다 가깝지는 않았지만, 그렇게 가다 보니 정상에 도착했습니다. 그 정상에서 본 콜로라도 산맥의 대장관이 얼마나 감격스러웠던지! 올라올 때의 땀과 고통이 싹 사라졌습니다.

사랑하는 성도 여러분, 올해도 많이 지치셨지요? 아직도 끝이 안 보이신다구요? 저도 그렇습니다. 우리, 조금만 더 힘을 냅시다. 이 고개를 넘어가면, 예수님께서 저와 여러분을 위해 예비하신 약속의 땅이 기다리고 있습니다. 의심의 물음표는 내려놓읍시다. 대신 한 걸음만 더 나아갑시다. 수많은 믿음의 선진들이 그랬습니다. 사람들은 자신들이 얼마나 정상에 가까이 왔는지를 모르고 있습니다. 나중에 하늘나라 가서 알게 되면, 아마 땅을 치고 후회할 것입니다. 5분만 더 갔으면 다윗이 되는 건데, 그 5분 전에 주저앉아서 놓치고 말았다니! 지금부터 마지막 5분이 일생일대 가장 결정적인 순간입니다. 이러한 때 중요한 것은 꺾이지 않는 마음, 중꺾마입니다. 다윗처럼 내 마음이, 확정되었고 확정되었사오니!

17
욥처럼 원망하지 아니하니라

"이 모든 일에 욥이 범죄하지 아니하고 하나님을 향하여 원망하지 아니하니라"(욥 1:22)

나비, 벌, 잠자리, 똥파리가 모여 서로 자기 자랑을 했습니다. 맨 먼저, 나비가 잘난 척하며 말했습니다. "니네들, 나처럼 우아하게 날 수 있어?" 그러자 벌이 지지 않고 말했습니다. "니들이 나처럼 톡 쏘는 침이 있어?" 그러자 잠자리가 쌩하니 날면서 말했습니다. "니들이 나처럼 빠르게 날 수 있어?" 그러자 똥파리가 심드렁하게 말했습니다. "야, 니들이 똥 맛을 알아?" 따라합시다. "자랑할 걸 자랑하자!"

같은 기독교인으로서, 제가 참 자랑스럽게 생각하는 자매가 있습니다. <지선아, 사랑해!>라는 책을 쓴 이지선 자매. 제가 2011년 육군훈련소에서 군종목사로 섬길 때, 이지선 자매를 초청해서 직접 간증을 들은 적이 있습니다.

여러분도 잘 아시듯이, 이지선 자매는 이화여대 4학년, 2000년 7월, 도서관에서 돌아오던 길에, 음주 운전자가 낸 추돌사고로 전신 55%, 3도 화상을 입게 됩니다. 30번이 넘는 대수술을 받았습니다. 손가락 8마디를 잃었습니다. 7달 만에 집으로 돌아옵니다. 안면장애와 지체장애 1급 진단을 받습니다. 이게 사고 전과 후의 사진입니다.

제가 직접 이지선 자매 얼굴을 만나보니, 그 고운 얼굴이 너무 안타깝게 변해 있었습니다. 그렇게 신앙이 좋았던 청년 이지선, 수면제를 먹어야 잠들 수 있었습니다. 스스로 목숨을 끊고 싶었던 적도 한두 번이 아니었습니다. 하나님께 울부짖었습니다. "하나님, 나 어떻게 하실 거예요? 살려놓으셨다면 대책이 있으실 거 아니에요?" 하나님은 아무런 말씀이 없으셨습니다. 초라한 자신, 어떻게 살아갈지 아무것도 떠오르지 않았습니다.

어느 날, 예배 후에 목사님이 기도를 해주시는데, 그때 하나님께서 두 가지 약속 들려주셨습니다. "너를 세상에 반드시 다시 세우겠다! 힘들고 병들고 약한 이들에게 희망의 메시지가 되게 하겠다!" 말도 안 되는 일이지만, 하나님이 살아 계신다면 할 수 있다는 믿음이 생겼습니다.

이지선 자매는 하나님의 은혜를 깊이 깨달은 뒤, 고난에 대한 해석을 달리했습니다. 사고당했다 하지 않고, 사고를 만났다 표현하기 시작한 것. 해석이 달라지자, 고난이 새롭게 보이고, 삶이 달리 보이기 시작했습니다. 그 깊은 고난을 통해 우리 인생을 치유하시는 하나님을 깊은 눈으로 다시 만난 것입니다.

그래서 2004년, 미국 유학에 올라, 보스턴대학교, 컬럼비아대학교 석사, UCLA 사회복지학 박사를 마치고, 한동대학교 교수로 지내고 있었습니다.

그런데 올해 3월, 제가 텔레비전 뉴스를 보고 깜짝 놀랐습니다.

이지선 자매가 모교인 이화여대 교수로 임용되었다는 소식. 사고가 난 지, 23년 만의 일이었습니다. 그 뉴스를 보고, 12년 전에 제가 만났던 그 이지선 자매의 얼굴이 다시 떠올랐습니다. 그리고 너무나 자랑스러웠습니다. 참 잘 견뎌냈구나! 이지선!

그리고 저도 가슴속 한 줄기 희망을 품게 되었습니다. 나도 이지선 자매처럼 될 수 있겠구나! 나도 하나님이 간증을 하게 하시겠구나! 그래 잘 버티자. 잘 견뎌내자. 그리고 이지선 자매처럼 마음을 고쳐먹었습니다. 이제는 암에 걸렸다고 표현하지 말자. 암을 만났다고 하자. 암은 절대 죽을 병이 아니다. 당뇨처럼 만성질환일 뿐이다. 이제부터는 관리다. 친구처럼 잘 관리하고 잘 동행하자. 주께서 채찍에 맞으실 때 그 흐르는 물과 피로 나는 이미 나음을 얻었다. 아직 주님 주신 소명이 끝나지 않았다. 그래, 이지선 자매처럼, 나도 훗날 하나님의 자랑스러운 간증이 되자. 그렇게 생각하니, 이지선 자매가 더 자랑스러웠습니다. 용하다, 이지선! 장하다, 이지선!

그런데 오늘 성경 본문을 보니, 더 놀라운 것은, 내가 이지선 자매를 자랑스러워했던 것처럼, 하나님께서도 여기 아주아주 특별한 사람이 있다, 보아라, 하시며, 사탄에게까지 자랑하고 계시는 것 아니겠습니까? 우리 하나님이 사탄에게까지 저기 저 사람 좀 봐라 자랑하셨던 사람, 누구냐구요? 바로 욥입니다.

그렇다면, 이 대림절, 하나님께서 왜 욥을 사탄에게까지 자랑하고 계시는 것일까요?

온전하고 정직하여 하나님을 경외하며 악에서 떠났기 때문입니다.

욥기 1장 1절은 욥을 이렇게 소개합니다.

"우스 땅에 욥이라 불리는 사람이 있었는데 그 사람은 온전하고 정직하여 하나님을 경외하며 악에서 떠난 자더라"(욥 1:1)

욥이라 불리는 사람이 있었다! 그런데 여기 욥이라는 이름에는 여러 가지 뜻이 있었습니다.

먼저, 성경 원어 히브리어로, 고난받는 사람이라는 뜻이었습니다. 그래서 우리가 지금도 고난받는 사람 하면, 욥을 떠올리게 되는 것입니다.

또 욥이라는 이름은 아랍어로, 뉘우치는 사람이라는 뜻이었습니다. 고난을 지나 하나님 앞에 돌아와 회개하고 뉘우치는 욥을 보여 주고 있습니다.

또 최근에 성경학자들은 새로운 것을 발견했습니다. 주전 2천년 전, 욥이란 이름은 아주 흔한 이름이었다는 것입니다. 고난받는 사람이 그만큼 아주 흔했다는 뜻이지요. 그리고 그 고난을 지나 하나님 앞에 돌아와 회개하고 뉘우치는 사람도 그만큼 아주 흔했다는 뜻입니다. 그렇게 보면, 욥은 그 당시만 흔한 이야기가 아니라, 오늘 이 시대, 12월 대림절에도 아주 흔한 이야기가 될 수 있다는 뜻입니다. 고난 없는 사람은 여기 이 자리 아무도 없기 때문입니다.

그리고 그 당시, 욥이라는 이름에는 '나의 아버지는 어디에 계시는가?' 그런 뜻도 내포되어 있었습니다. 여기서 아버지는 하나님 아버지를 뜻합니다. 그렇게 볼 때, 욥의 이름 속에는 이런 의미심장한 질문이 숨겨져 있습니다. '내가 이렇게 고난받을 때, 나의 아버지 하나님은 어디에 계시는가?'

욥의 이름을 어떻게 해석해도, 우리 인생 전부를 보여 주는 것 같습니다. 이유를 알 수 없는 고난, 그 고통스러운 현실 앞에서, 나의 아버지 하나님은 어디 계십니까, 그래도 중꺾마, 중요한 것은 꺾이지 않는 마음임을 알아, 하나님 앞에서 그 절개와 그 믿음을 지키려고 몸부림치는 한 사람. 그러다 마침내 하나님의 섭리를 깨닫고 뉘우치고 돌아오는 한 사람. 욥의 이야기는, 하여, 바로 저와 여러분의 이야기입니다.

이런 욥을 어찌나 귀하게 보셨던지, 하나님께서는, 세상에 이런 사람도 있다, 사탄에게 자랑할 정도셨습니다.

"여호와께서 사탄에게 이르시되 네가 내 종 욥을 주의하여 보았느냐 그와 같이 온전하고 정직하여 하나님을 경외하며 악에서 떠난 자는 세상에 없느니라"(욥 1:8)

하나님께서 왜 이렇게 욥을 사탄에게까지 자랑하신 걸까요? 그 이유는 네 가지였습니다. 온전하고, 정직하고, 하나님을 경외하고, 악에서 떠난 자. 한 가지 갖추기도 어려운데, 네 가지나 갖춘 욥.

온전한 사람이었다는 말은, 히브리어로 탐, 하나님 보시기에 경건하고 온화하고 완전하고 순결한 사람이었다는 뜻입니다.

정직한 사람이었다는 말은, 히브리어로 뵈야사르, 하나님이 지금 나를 보고 계신다고 생각하며, 코람데오, 하나님 앞에 서서, 하나님을 기쁘시게 해 드리는 사람이었다는 뜻입니다.

하나님을 경외하는 사람이었다는 말은, 히브리어로 예레 엘로힘, 신들 위에 가장 뛰어난 신이신 전능하신 하나님을 두려워할 줄 아는 사람이었다는 뜻입니다.

악에서 떠난 사람이었다는 말은, 히브리어로 뵈싸르 메라, 역경 앞에서 마음이 꺾이지 않고 그 역경을 쫓아내 버린 사람이었다는 뜻입니다.

하나님은 이런 욥에게 축복을 쏟아부어 주십니다.

"그에게 아들 일곱과 딸 셋이 태어나니라 (3) 그의 소유물은 양이 칠천 마리요 낙타가 삼천 마리요 소가 오백 겨리요 암나귀가 오백 마리이며 종도 많이 있었으니 이 사람은 동방 사람 중에 가장 훌륭한 자라"(욥 1:2-3)

아들 일곱, 딸 셋, 모두 10자녀. 10이란 숫자는 완전한 것을 가리킵니다. 소유물도 마찬가지입니다. 양과 낙타가 만 마리, 소와 나귀가 천 마리. 소유물을 기록할 때, 이렇게 숫자를 맞춘 것은 하나님의 특별한 축복을 받았다는 것을 강조하는 말입니다.

사랑하는 성도 여러분, 그런데 제가 보기에, 욥기 1장 3절에서 정말 중요한 말 한마디는, 마지막 멘트입니다. "이 사람은 동방 사람 중에 가장 훌륭한 자라." 얼마나 우리도 듣고 싶은 칭찬입니까? 왜 이런 칭찬을 받았다구요? 온전하고 정직하여 하나님을 경외하며 악에서 떠났기 때문입니다. 저와 여러분도 이렇게 욥처럼, 온전하고 정직하여 하나님을 경외하며 악에서 떠나는 참된 그리스도인 되시기를 아버지의 마음으로 축복하고 축복하고 축복합니다.

그렇다면, 이 대림절, 하나님께서 또 왜 욥을 사탄에게까지 자랑하고 계시는 것일까요?

마음으로 하나님을 욕되게 하지 않았기 때문입니다.

> "그의 아들들이 자기 생일에 각각 자기의 집에서 잔치를 베풀고 그의 누이 세 명도 청하여 함께 먹고 마시더라"(욥 1:4)

자녀들이 서로 생일 때마다 저마다 집으로 초청하여 잔치를 베풀었습니다. 서로 우애 좋은 형제자매였음을 가리킵니다. 집안 교육이 잘 되었다는 것을 보여줍니다.

그런데 그다음 구절에서, 우리는 욥이 가정에서도 어떤 사람이었는지를 다시 확인할 수 있습니다.

> "그들이 차례대로 잔치를 끝내면 욥이 그들을 불러다가 성결하게 하되 아침에 일어나서 그들의 명수대로 번제를 드렸으니 이는 욥이 말하기를 혹시 내 아들들이 죄를 범하여 마음으로 하나님을 욕되게 하였을까 함이라 욥의 행위가 항상 이러하였더라"(욥 1:5)

잔치가 끝나면 혹시라도 영적으로 나태해졌을까, 자녀들을 불러 놓고 성결하게 하는 아버지. 자녀들이 마음으로라도 하나님을 욕되게 하였을까, 아침에 일어나면 한 사람 한 사람 명수대로 번제, 가정예배를 드린 아버지.

자녀들 신앙교육만큼 중요한 것이 없다는 것을 우리는 다 알면서도, 그만큼 마음을 쏟는다는 것이 쉬운 일이 아니라는 것을 우리는 또 절실히 느끼고 있습니다. 한두 명 자녀도 신앙으로 책임지고 키우기 쉽지 않은데, 10명의 자녀를 하나하나 영적으로 돌아본다는 것, 결코 쉬운 일이 아니었을 것입니다. 그럼에도 불구하고, 욥에게 가장 중요한 관심사는 대대손손 물려줄 신앙교육이었습니다. 그 많은 재산 잘 물려줘서 대대로 잘 살게 하는 것, 그것이 욥에게는 중요한 게 아니었습니다. 자녀들이 하나님 앞에 경건한 자들로 잘 자라나는 것, 그것이 가장 아버지로서 가장 중요한 관심사였습니다. 그래서 매일 아침, 하나님 앞에 드린 자녀들과 가정예배를 드린 것입니다.

방금 읽은 욥기 1장 5절 끝부분은, 욥의 이런 삶을 참 멋지게 표현합니다. "욥의 행위가 항상 이러하였더라!"

제가 요즘 주목하고 있는 분이 조나단 에즈워즈 목사님이라고 말씀드린 적이 있습니다. 미국 역사상 가장 위대한 지성인을 말할 때 가장 먼저 지목되는 사람, 제1차 미국 대각성운동을 이끌었던 사람, 프린스턴대학교 총장으로 부름받았다가 안타깝게 일찍 세상을 떠난 사람, 조나단 에드워즈 목사.

1703년 10월 5일, 미국 코네티컷주에서 목사의 아들로 태어났습니다. 위로 누나 4명, 아래로 여동생 6명. 아버지는 외아들 에드워즈에게 성경과 종교개혁전통의 신학과 헬라어성경, 히브리어성경, 라틴어성경을 읽을 수 있도록 고전어를 가르쳤습니다.

아버지로서 자녀들 신앙교육에 가장 중요한 것은 하나님을 경외하는 삶이었습니다. 어린 시절부터 철저하게 가정예배, 개인기도를 가르쳤습니다.

에드워즈는 9살 때 숲속에 비밀 기도장소를 마련하고 거기 가서 하나님과 대화하며 기도드리곤 했습니다. 19살 때는 우리에게 잘 알려진 평생의 결심문(resolutions)을 작성해서 일기장에 남겼습니다. 어떤 것이 만일 최우선적으로 하나님께 영광이 된다면, 나 자신의 유익과 기쁨이 된다면, 지체 없이 행할 것을 결심합니다. 그리고 그렇게 평생을 그 결심문대로 삽니다.

언젠가, 미국 뉴욕시 교육위원회에서 조나단 에드워즈 가문을 조사했습니다. 성경을 기준으로 살아간 한 가문이 사회에 어떤 영향을 미쳤는가? 조사 결과는 이랬습니다. 그의 후손은 896명. 부통령 1명, 상원의원 4명, 대학총장 12명, 대학교수 65명, 의사 60명, 목사 100명, 군인 75명, 저술가 85명, 판사검사변호사 130명, 공무원 80명. 모두가 사회에 선한 영향력을 미치고 있었습니다.

사랑하는 성도 여러분, 욥처럼, 마음으로 하나님을 욕되게 하지 않으리라, 중꺾마, 꺾이지 않는 마음으로 신앙의 유산을 물려주었기에 가능한 일 아니겠습니까? 저와 여러분도 이렇게 욥의 가문처럼, 조나단 에드워즈의 가문처럼, 마음으로 하나님을 욕되게 하지 않는 신앙의 명문가문 되시기를 아버지의 마음으로 축복하고 축복하고 축복합니다.

그렇다면, 이 대림절, 하나님께서 또 왜 욥을 사탄에게까지 자랑하고 계시는 것일까요?

하나님을 향하여 원망하지 않았기 때문입니다.

하나님이 자랑하고 싶은 욥의 경건한 삶. 자녀들에게 물려준 신앙의 명문가문. 욥의 스토리가 이렇게 끝이 나면 얼마나 좋겠습니까? 욥기는 전체가 42장. 1장 초반부만 이렇게 훈훈한 이야기이지, 이제부터는 욥이 당하는 엄청난 고난의 이야기가 펼쳐집니다.

하나님이, 세상에 이런 사람도 있다, 욥을 자랑하는 것을 듣고, 사탄이 이렇게 비꼬며 말합니다.

> "사탄이 여호와께 대답하여 이르되 욥이 어찌 까닭 없이 하나
> 님을 경외하리이까"(욥 1:9)

악한 자들은 늘 이런 식입니다. 하나님의 말씀을 그대로 받아들이는 법이 없습니다. 꼭 삐딱합니다. 축하하고 기뻐해 주어야 할 상황에도, 찬물을 끼얹습니다. 참 못됐습니다. "하나님이시여, 욥에게 집을 주고 소유물을 넉넉하게 주시니까 그런 거 아닙니까?" 욥의 신실함과 경건함을 조건 때문에 그렇다고 냉소적으로 말하는 사탄. 우리도 사탄처럼 말할 때가 있지는 않습니까?

그때 하나님께서 사탄에게 하시는 말씀입니다.

"여호와께서 사탄에게 이르시되 내가 그의 소유물을 다 네 손
에 맡기노라 다만 그의 몸에는 네 손을 대지 말지니라 사탄이
곧 여호와 앞에서 물러가니라"(욥 1:12)

하나님과 사탄의 대화에서 두 가지를 발견할 수 있습니다. 하나
는, 사탄도 천사도 모두 하나님께서 주관하시는 피조물이라는 것.
욥의 소유물, 네가 흔들어 보아라, 그러나 그의 생명에는 손을 대
지 말아라. 다른 하나는, 하나님께서 욥에게 절대적인 신뢰를 보내
신다는 것. 사탄아, 네가 아무리 욥에게 해를 끼친다 해도 그는 결
단코 흔들리지 않을 것이다! 하나님께서 이렇게까지 신뢰를 보내
주시는 사람. 타락한 우리 인간 군상들 가운데 이렇게 욥 같은 사
람이 있다는 건 정말 행복한 일입니다.

하나님께서 사탄에게 그 말씀을 하시자마자, 욥의 가정에 엄청
난 고난의 바람이 불기 시작합니다. 사환이 욥에게 달려옵니다.
스바 사람이 종들을 다 죽이고 소와 나귀들을 다 빼앗아 갔다는
것. 그의 말이 끝나기도 전에, 또 한 사환이 달려왔습니다. 하늘에
서 불이 떨어져 양과 종들을 다 태워 죽였다는 것. 또 한 종이 달
려왔습니다. 갈대아 사람이 낙타들을 다 빼앗고 종들을 죽였다는
것. 마지막 또 한 사람이 달려와 말합니다. 열 자녀들이 맏아들 집
에서 음식 먹다가 태풍에 집이 무너져 다 죽었다는 것. 소설에서
도 일어나지 않을 일이 일어난 것. 그렇게 신실하게 살아갔던 욥의
집에 어쩌다 이런 일이!

이 부분에서 하나님의 얼굴 표정을 한번 생각해 보십시오. 곁에
서 이겨내기를 마음 졸이며 응원하시는 하나님. 아파하는 자식과

함께 아파하는 아버지의 모습. 옴이 생겨 온몸을 깨진 기왓장 조각으로 긁어대는 욥을 보면서, 하나님은 피눈물을 쏟으셨을 것입니다. 그러나 이 시험을 반드시 이겨내기 원하시는 하나님. 그 마음이 얼마나 졸이셨을까! 얼마나 애가 타셨을까! 욥아, 너만은 이겨내야 한다! 너만은 나의 간증이 되어 주어야 한다!

우리에게도 이런 모습이 있습니다. 주님의 기쁨을 위해 살리라 결단하지만, 고난을 경험할 때, 그때가 중요합니다. 그때 저와 여러분은 혼자가 아닙니다. 하나님께서 곁에서, 너만은 이겨내다오, 응원하고 계십니다.

이 고난의 문제를 해결하기 위해 세 명의 친구가 등장하지요. 욥의 세 친구는 욥이 받는 고난의 이유를 설명합니다. 하나님 앞에 무엇인가 죄를 지었기 때문에 이 고난이 왔다! 욥에게 조언합니다. 그 죄를 찾아내어 회개해라!

그다음에 등장한 젊은 엘리후도 마찬가지입니다. 그는 고난의 이유에 대하여 설명하기보다, 고난의 유익에 대하여 설명합니다. 하나님은 이 고난을 통해 하나님을 더 깊이 알게 하실 것이다! 그러면서 똑같이 조언합니다. 무엇인가 잘못한 것이 있어서 이런 것이니, 회개해라! 엘리후도 욥을 잘못 이해하기는 마찬가지였습니다. 그도 이 모든 일은 결국 욥이 무엇인가 죄를 지었기 때문이라고 해석한 것입니다.

욥은 하나님이 직접 나오셔서 설명해 주시기를 요청합니다. 놀랍게도 하나님이 그에게 나타나 설명하십니다. 그런데 고난에 대한 설명이 너무 아리송합니다. 무슨 선문답을 하는 것 같습니다. 내가 천지를 창조할 때 너는 어디에 있었느냐? 산 염소가 새끼 치는 때를 너는 아느냐? 네가 낚시로 악어를 끌어낼 수 있겠느냐?

이런 하나님의 알쏭달쏭한 말씀에 결국 욥이 이렇게 고백합니다.

> "무지한 말로 이치를 가리는 자가 누구니이까 나는 깨닫지도 못한 일을 말하였고 스스로 알 수도 없고 헤아리기도 어려운 일을 말하였나이다"(욥 42:3)

욥이 마침내 발견한 것은 자신의 어리석음이었습니다. 제가 한 그동안의 모든 설교가 다 이런 식이었습니다. 책으로만, 머리로만, 좁은 지식으로만 설교했습니다. 내가 깨닫지도 못한 일을 다 깨달은 것처럼 여러분에게 말했습니다. 특히 고난의 문제! 정말 죄송합니다. 내 스스로 알 수도 없는 일을 다 아는 것처럼 여러분에게 말했습니다. 특히 고난의 문제! 정말 죄송합니다. 내가 헤아리기도 어려운 일을 다 헤아린 것처럼 여러분에게 말했습니다. 특히 고난의 문제! 정말 죄송합니다. 하나님을 잘못 이해한 것이 욥의 근본 문제였고, 저의 근본 문제였습니다. 이제 고난 속에서 욥의 눈이 새롭게 열렸고, 저의 눈도 새롭게 열렸습니다. 지금까지 발견하지 못한 하나님을 욥이 발견했고, 저도 발견했습니다.

욥의 위대한 고백을 보십시오.

> "내가 주께 대하여 귀로 듣기만 하였사오나 이제는 눈으로 주를 뵈옵나이다 (6) 그러므로 내가 스스로 거두어들이고 티끌과 재 가운데에서 회개하나이다"(욥 42:5-6)

지금까지 욥은 하나님을 자신의 틀 안에 가두어 두고 보았습니다. 하나님은 그 틀 안에 갇힐 분이 아니셨습니다. 욥 자신의 생각, 세상의 모든 상식으로, 이해할 수 있는 하나님이 아니셨습니다. 하나님은 결국 욥에게 자신이 누군지 이전과는 비교도 안 될 정도로 심오하게, 더 심오하게, 깨닫게 해주셨습니다.

고난이 주는 신비가 이거더라구요. 저에게도 여러분에게도 고난은 참 아픈 일이지요. 그러나 고난을 통해 가장 중요한 것이 있었습니다. 하나님이 누구신지 이전과는 비교도 안 될 정도로 심오하게, 더 심오하게, 깨닫게 되었다는 것. 이것이 지금 이 시점에서 고난의 밤을 통과하고 있는 저의 조심스러운 고백입니다.

왜 나만 겪는 고난이냐고 불평하지 마세요
고난의 뒤편에 있는 주님이 주실 축복
미리 보면서 감사하세요

너무 견디기 힘든 지금 이 순간에도
주님이 일하고 계시잖아요
남들은 지쳐 앉아 있을지라도
당신만은 일어서세요

힘을 내세요 힘을 내세요
주님이 손잡고 계시잖아요
주님이 나와 함께함을 믿는다면
어떤 역경도 이길 수 있잖아요

왜 이런 슬픔 찾아왔는지 원망하지 마세요

당신이 잃은 것보다 주님께 받은 은혜

더욱 많음에 감사하세요

너무 견디기 힘든 지금 이 순간에도

주님이 일하고 계시잖아요

남들은 지쳐 앉아 있을지라도

당신만은 일어서세요

힘을 내세요 힘을 내세요

주님이 손잡고 계시잖아요

주님이 나와 함께함을 믿는다면

어떤 고난도 견딜 수 있잖아요

힘을 내세요 힘을 내세요

주님이 손잡고 계시잖아요

주님이 나와 함께함을 믿는다면

어떤 역경도 이길 수 있잖아요

주님이 나와 함께함을 믿는다면

어떤 역경도 이길 수 있잖아요

세상에 감사하지 못할 일은 하나도 없더라구요. 근데 고난에 직
면했을 때, 처음에는 그게 잘 안돼요. 여러분은 처음부터 잘 되었

습니까? 정말 잘 안됩니다. 그게 인간입니다. 근데 욥은 달랐다는
것.

> "이 모든 일에 욥이 범죄하지 아니하고 하나님을 향하여 원망
> 하지 아니하니라"(욥 1:22)

이것이 저와 욥이 다른 점이었습니다. 저는 범죄를 많이 저질렀
습니다. 하나님을 향하여 원망을 많이 했습니다. "하나님, 왜 하
필이면 나냐구요? 원수들은 희희낙락거리는데, 너무 불공평한 것
아니냐구요?" 그런데 욥은 저와 달랐습니다.

> "그가 이르되 그대의 말이 한 어리석은 여자의 말 같도다 우리
> 가 하나님께 복을 받았은즉 화도 받지 아니하겠느냐 하고 이
> 모든 일에 욥이 입술로 범죄하지 아니하니라"(욥 2:10)

여러분은 이렇게 하실 수 있겠습니까? 결코 쉽지 않은데도요?
안 당해보면 절대 모릅니다. 이 고통이 얼마나 견디기 힘든지를!
저도 그랬으니까요! 머릿속으로만, 책으로만 설교했으니까요!
사랑하는 성도 여러분, 그런데 성경을 보니, 시편 시인도 욥처럼,
저처럼, 여러분처럼, 심각한 고난을 겪은 것 같아요. 그런데 놀랍
게도 그 절체절명의 고난 속에서 시인은 욥처럼 똑같이 이렇게 결
심합니다.

> "주께서 내 마음을 시험하시고 밤에 내게 오시어서 나를 감찰

하셨으나 흠을 찾지 못하셨사오니 내가 결심하고 입으로 범죄
하지 아니하리이다"(시 17:3)

내가 비록 견디기 힘든 이 고난의 밤을 통과하고 있지만, 욥처럼
하나님을 향하여 원망하지 아니하리라 결심하고, 입으로 범죄하
지 아니하리이다. 이게 중꺾마, 중요한 것은 꺾이지 않는 마음 아
닌가요?
고난을 통해 하나님의 역사를 이루어 가는 것, 우리 예수님의
십자가가 바로 그 증거입니다. 누구도 이해할 수 없는 고난의 십자
가, 하나님은 그 십자가를 통해 인류 구원의 역사를 이루셨습니
다.

키 작은 한 소녀가 보석 가게 윈도우에 장식된 보석을 한참 동안
살펴보았습니다. 그러더니 당당하게 가게 안으로 들어갔습니다.
소녀는 주인아저씨에게 방긋 웃고는, 자기가 결정한 목걸이를 가
리켰습니다. 큰 보석은 아니었지만, 그래도 꽤 가격이 나가는 보석
이었습니다.
"누구에게 선물할 건데?"
"언니에게 줄 선물이에요. 저는 엄마가 없어서 언니가 저를 키우
거든요. 언니에게 줄 크리스마스 선물을 찾고 있었는데, 이 목걸이
가 꼭 맘에 들어요. 언니도 좋아할 것 같아요."
"그래, 돈은 얼마나 가지고 있지?"
"제 저금통을 모두 털었어요. 이거 전부예요."

소녀는 저금통을 턴 돈을 손수건에 정성스럽게 싸 왔습니다. 소녀는 돈이 담겨 있는 손수건을 주인에게 그대로 넘겨주었습니다. 가엽게도 소녀는 가격을 계산하는 법을 전혀 몰랐습니다. 소녀는 사랑하는 언니를 위하여 자기의 전부를 내놓은 것, 그것 밖에는 아무것도 몰랐습니다.

주인아저씨는 가격표를 슬그머니 떼고, 그 보석을 정성스럽게 포장해 주었습니다.

그런데 다음날, 크리스마스이브, 한 젊은 여인이 가게에 들어섰습니다. 손에는 소녀에게 팔았던 목걸이가 들려있었습니다.

"이 목걸이, 이곳에서 판 물건 맞나요?"

"예, 저희 가게 물건입니다." "

진짜 보석인가요?"

"예, 썩 좋은 것은 아니지만, 진짜 보석입니다."

"누구에게 팔았는지 기억하시나요?"

"물론이지요. 이 세상에서 가장 마음씨 착한 소녀였지요."

"가격이 얼마지요?" 주인이 보석값을 말하자, 그 여인은 몹시 당황했습니다.

"그 아이에게는 그런 큰돈이 없었을 텐데요?"

"그 소녀는 누구도 지불할 수 없는 아주 큰 돈을 냈습니다. 자신이 가진 전부를 냈거든요."

가게를 나가는 여인의 두 눈에 감격의 눈물이 맺혔습니다. 보석가게 주인아저씨의 눈에도 사랑의 눈물이 맺혔습니다.

엄마 없는 하늘 아래, 그 두 소녀는 힘든 나날을 살고 있었지만, 누구도 원망하지 않았습니다.

하나님을 향해서도 전혀 원망하지 않았습니다. 욥처럼! 예수님
처럼!

18
하나님 생각은 내 생각보다 크시다

"여호와의 사자가 기드온에게 나타나 이르되 큰 용사여 여호
와께서 너와 함께 계시도다 하매"(삿 6:12)

1985년에 신학교를 갔는데, 6년을 한신대에서 가장 가까운 교
회를 섬겼어요. 신학교가 가깝다 보니까, 가난한 한신대 신학생
들이 자주 찾아왔어요. 형, 밥 좀 있어요? 그래, 와서 먹고 가라.
8명까지 데리고 있던 적도 있습니다. 교회 증축한다고 사놓고 아
무도 쓰지 않아 폐가로 변해 있는 사택. 깨어진 구들장. 곰팡이
벽지. 옛날 푸세식 화장실. 판자 하나 덜렁거리는 대문. 쌀이 떨
어지면, 여동생이 쌀독에서 쌀 한 톨까지 탈탈 긁어내며 하던 말.
오빠 어떡하지? 쌀이 떨어졌는데! 제 여동생들과 신학생들이 한
솥밥을 먹으며 어렵게 지내던 그 시절. 누군가에게 내 사는 게 들
키면 어떡하나, 너무 위축되었습니다. 그런데 참 모를 일입니다.
제가 살던 그 사택 바로 옆집에 아주 예쁜 집이 있었는데, 그 집
셋째딸이 지금 제 아내. 너무 위축돼 보여서 결혼해 주었다나.

오늘 본문에도, 잔뜩 위축된 사람이 한 명 나옵니다. 바로 기드
온입니다. 기드온이 지금 뭐 하고 있습니까?

"여호와의 사자가 아비에셀 사람 요아스에게 속한 오브라에
이르러 상수리나무 아래에 앉으니라 마침 요아스의 아들 기드
온이 미디안 사람에게 알리지 아니하려 하여 밀을 포도주 틀
에서 타작하더니"(삿 6:11하반절)

뭔가 이상하지 않습니까? 저도 어렸을 때 추수철이 되면, 부모
형제들이 마을 사람들을 사서 밤늦도록 전기선을 논밭에 끌어다
환하게 불 밝혀 놓고 대대적으로 타작을 했는데, 조그만 포도주
틀에다 밀 타작을 하다니!

이건 일종의 속임수였습니다. 성경본문을 다시 들여다보니, 사정
이 좀 이해가 됩니다.

"여호와의 사자가 아비에셀 사람 요아스에게 속한 오브라에
이르러 상수리나무 아래에 앉으니라 마침 요아스의 아들 기드
온이 미디안 사람에게 알리지 아니하려 하여 밀을 포도주 틀
에서 타작하더니"(삿 6:11중반절)

그렇습니다. 밀 추수만 할라치면 강대국 미디안 사람들이 와서
다 빼앗아 가버립니다. 그러니까 밀 추수가 아닌 것처럼 포도주
틀에다 몰래 밀 타작을 하고 있는 기드온. 눈치 살살 봐가며. 너무
나 위축되어 있는 모습.

근데 그게 끝이 아닙니다.

"기드온이 그에게 대답하되 오 나의 주여 여호와께서 우리

와 함께 계시면 어찌하여 이 모든 일이 우리에게 일어났나이
까”(삿 6:13상반절)

이거 많이 들어본 말 아닙니까? 새벽기도도 열심히 했고 십일조
도 열심히 했고 교회봉사도 열심히 했는데... 어찌하여 우리에게?
어찌하여 나에게?
근데 또 그게 끝이 아닙니다.

“또 우리 조상들이 일찍이 우리에게 이르기를 여호와께서 우
리를 애굽에서 올라오게 하신 것이 아니냐 한 그 모든 이적이
어디 있나이까”(삿 6:13중반절)

아니, 우리 조상들을 애굽에서 탈출하게 하시고 홍해바다에서
도 건져내신 하나님이시라면서, 왜 나한테는 그 기적이 안 일어나
는 것입니까?
근데 또 그게 끝이 아닙니다.

“이제 여호와께서 우리를 버리사 미디안의 손에 우리를 넘겨
주셨나이다 하니”(삿 6:13하반절)

버림받았다는 느낌. 하나님도 날 버리셨다!
근데 또 그게 끝이 아닙니다.

“그러나 기드온이 그에게 대답하되 오 주여 내가 무엇으로 이

스라엘을 구원하리이까 보소서 나의 집은 므낫세 중에 극히 약하고 나는 내 아버지 집에서 가장 작은 자니이다 하니"(삿 6:15)

그런데 나보고 이스라엘을 살려내라구요? 상처 입은 이스라엘 백성들을 치유하라구요? 내가 무슨 수로요?

사랑하는 성도 여러분, 여러분도 지금 이런 모습 아닙니까? 지금 무슨 일로 그렇게 잔뜩 위축되어 있습니까? 진학과 진로와 진급 때문에? 건강과 물질과 관계 때문에? 부모와 자녀와 부부 때문에? 취업과 직장과 사업 때문에? 만남과 교제와 결혼 때문에? 임신과 태아와 출산 때문에? 육아와 신혼과 갈등 때문에? 중년과 노년과 죽은 때문에? 그게 그렇게 위축될 일입니까?

오늘 하나님께서는 위축됨의 극치를 보이고 있는 기드온에게 딱 세 마디를 하십니다. 그런데 그 세 마디가 기드온을 다시 어영차 일어서서 나아가게 만들었습니다.

그렇다면, 저와 여러분도 기드온처럼 잔뜩 위축되었을 때, 우리가 반드시 붙잡고 어영차 나아가야 할 하나님의 음성, 그 세 마디는 무엇일까요? 따라합시다.

큰 용사여, 여호와께서 너와 함께 계시도다!

"여호와의 사자가 기드온에게 나타나 이르되 큰 용사여 여호와께서 너와 함께 계시도다 하매"(삿 6:12)

이것이 하나님이 기드온에게 주신 첫 번째 음성이었습니다.

큰 용사여! 영어성경에는, 마이티 워리어(mighty warrior)라고 표현되어 있습니다.

"When the angel of the Lord appeared to Gideon, he said, "The Lord is with you, mighty warrior.""(삿 6:12, NIV2011)

위대한 전사여! 전투의 달인이여! 그런 뜻입니다.

그런데 지금 기드온의 모습은 어떻습니까? 미디안 사람들에게 들키지 않으려고 눈치 살살 보며 그 좁은 포도주 틀로 밀 타작하고 있는 모습. 그런 사람을 어찌 위대한 전사라, 전투의 달인이라 할 수 있겠습니까?

코끼리를 사육할 때 사육사들은 코끼리를 밧줄에 묶어놓고 사육합니다. 그러면 나중에 그 밧줄을 풀어주어도 코끼리는 얌전히 그 주변만을 맴돕니다. 사육당한 것입니다.

사탄은 자꾸만 다가와 속삭입니다. 넌 더 이상 한 발자국도 나아갈 수 없어! 여러분! 사탄의 생각에 사육당하지 마십시오. 따라합시다. 하나님 생각은 내 생각보다 크시다!

저는 군목으로 24년간, 전후방 13개 군인교회를 섬겼습니다.

매주 15,000명에게 복음을 전하며, 2년간 14만 4천 명에게 세례를 베풀었던 논산 육군훈련소 연무대군인교회. 한 번에 9,514명에게 세례를 베풀어 세계기네스북에 등재되기도 했습니다. 태풍에 지붕이 날아가, 165억 새예배당 건축을 시작해서, 지금은 한

번에 5,000명이 예배를 드리고 있습니다.

그리고 체감온도 영하 54도, 5,000계단을 걸어 올라갔던 강원도 인제 산악3군단 기린대교회.

그리고 고급간부만 3,000명, 자녀들이 1,000명, 세계에서 가장 큰 군인교회였던 계룡대 육군해군공군 3군 본부교회.

그리고 아시아 최대 초급간부 교육기관인 전남 장성 상무대교회. 영혼 구원을 위하여 최선을 다했습니다.

특히 자살충동을 겪는 병사들을 치유하기 위하여, 자살예방 비전캠프를 육군최초로 연구개발해서 시연을 하고 전군에 보급하고, 매달 3박 4일씩, 11년을 함께 울었습니다. 자살자가 200명대에서 60명대로 떨어졌습니다. 정말 한 생명이라도 더 살려보려고 최선을 다했습니다.

그 후속 프로그램으로, 열악한 환경에서 직무스트레스로 고생하는 이들을 위하여, 매주 1박 2일씩, 초급간부 행복플러스. GP/GOP/격오지 병사들을 위하여, 찾아가는 행복플러스. 외로운 군인가정 행복플러스. 고급간부 리더십 행복플러스도 개발해서 전군에 확대실시했습니다. 허리가 끊어져라 정말 최선을 다했습니다.

그런데 군종병과 최고계급인 대령진급에서 떨어지고 말았습니다. 정말 쥐구멍이라도 숨어들고 싶었습니다. 기드온처럼.

너무 속상해서 치유상담대학원대학교 정태기 총장님을 찾아가 뵈었습니다. 속초에서 영성수련을 진행하고 계셨습니다. 그런데 그 많은 분들에게 저를 일으켜 소개하시는데, 정말 제 가슴에 전율이 일었습니다. "여기 신현복 목사는 지금 국군장병 65만 명을 상대로 목회를 하고 있어요!" 65만 명? 그러고 보니까 우리 교단에서 제가 제일 큰 목회를 하고 있는 거예요. 왜 정태기 총장님이 그런 말씀을 하셨을까. 현복아, 위축되지 말아라. 아마도 그런 뜻에서 하신 말씀 같아요.

사랑하는 성도 여러분! 여러분도 보통 교회입니까? 저는 땅끝에서 이 교회를 개척하신 목사님 이야기를 많이 들으며 자랐어요. 그 옛날 땅끝에서 저희 어머니 아버지 결혼주례를 해주셨거든요.

또 지금 여러분 담임목사님도 보통 목사님입니까? 여러분의 담임목사님은 제가 가장 아끼는 제 군목 직속 후배입니다. 35년을 지켜보니, 가장 성실합니다. 가장 정직합니다. 가장 탁월합니다. 학부, 대학원, 6년 내내 수석. 꼭 저를 빼닮았습니다. 군목 모든 교육과정 전체 수석. 제 길을 그대로 이어받았습니다. 자살예방 비전캠프, 초급간부 행복플러스, 제가 개발한 모든 것이 여러분의 담임목사님 없었으면 업데이트가 불가능했습니다. 항상 여러분의 담임목사님에게 물어보면 답이 나왔습니다. 가장 어려운 학문인 임상심리학 최단기 미국 유학. 정말 자랑스러운 후배 목사님입니다.

그러니 여러분, 사탄의 생각에 사육당하지 마십시오. 쫄지 마십시오. 전혀 위축될 일이 아닙니다. 이 교회여, 너는 큰 용사다! 여호와께서 너와 함께 계시도다! 담임목사님이여, 장로님들이여, 안수집사님 권사님 집사님 새가족들이여, 청년들이여, 자녀들이여, 너는 큰 용사다! 여호와께서 너와 함께 계시도다! 오늘 아침, 이 음성을 듣고, 어영차, 다시 일어서서 나아가시기를 주님의 이름으로 축원합니다.

그렇다면, 저와 여러분도 기드온처럼 잔뜩 위축되었을 때, 우리가 반드시 붙잡고 어영차 나아가야 할 하나님의 음성, 그 세 마디는 또 무엇일까요? 따라합시다.

내가 너를 보낸 것이 아니냐?

"여호와께서 그를 향하여 이르시되 너는 가서 이 너의 힘으로 이스라엘을 미디안의 손에서 구원하라 내가 너를 보낸 것이 아니냐 하시니라"(삿 6:14)

이것이 하나님이 기드온에게 주신 두 번째 음성이었습니다.

그런데 기드온만, 하나님으로부터 보냄받은 사람일까요? 여기 앉아 계신 여러분은 하나님으로부터 보냄받은 사람이 아니란 말입니까?

나를 지으신 이가 하나님!
나를 부르신 이가 하나님!
나를 보내신 이도 하나님!
나의 나된 것은 다 하나님 은혜라!

소명, 여러분을 이 교회로 부르신 분이 누구시라구요? 하나님!
마찬가지로, 이번 여름, 사명, 여러분을 여름성경학교, 여름수련회, 국내선교, 해외선교, 성가대, 주차장, 식당, 안내위원, 예배위원, 구역장, 섬김의 현장으로 보내시는 분도 누구시라구요? 하나님!

저도 이번 가을학기부터 한신대 신학대학원 석좌교수로 가르치게 되었습니다. 이제는 목회도 마무리해야 할 이때, 예수님께서는 왜 나를 또 한신대 석좌교수로 보내시는 걸까? 가야 할지 말아야 할지, 고민이 많았습니다.

그런데 어느 날, 꿈을 꾸게 되었습니다. 제가 진흙탕에서 썩은 물고기들을 꺼내 막 집어던지는 거예요. 이게 무얼까? 기도하는데, 문득 예수님께서 놀라운 말씀을 주셨습니다.

"예수께서 이르시되 나를 따라오라 내가 너희로 사람을 낚는 어부가 되게 하리라 하시니"(막 1:17)

신현복 목사야, 나를 따라오너라. 내가 너로 이제는, 땅끝을 넘어, 65만 군대를 넘어, 도시교회를 넘어, 한신대로 나아가, 한국교회로 나아가, 세계교회로 나아가, 책으로 강의로 설교로, 더 많은 사람을 낚는 어부가 되게 하리라.

저는 땅끝 외딴 산골에서 자랐습니다. 목사님도 전도사님도 없는 시골 판자교회, 중학교 2학년. 어느 주일아침, 딱 한 분밖에 없던 교회학교 선생님이 저를 앞으로 나오라고 하셨습니다. 제 손을 잡고 울면서 기도하셨습니다. 하나님, 제가 이번 주말에 시집갑니다. 이 교회는 누구에게 맡겨야 하나요? 여기 현복이에게 맡길게요. 그때부터 설교를 시작했습니다. 중학교 2학년짜리가! 그러니 여름성경학교는 정말 꿈도 못 꾸었어요.

유일한 희망은 목포에서 전도사님으로 섬기시던 이모님을 기다리는 거였어요. 이모님은 목포 본교회 여름성경학교를 마치고, 그 소품을 그대로 들고, 우리가 있는 그 시골 땅끝까지 찾아오셨어요. 여름성경학교 천국잔치, 현수막도 목포 것 그대로 땜질해 쓰면서, 마을마다 북 치고 장구 치며 친구들을 데려오고. 너무너무 재미있고 신났어요. 이모님이 창호지에 쓴 궤도찬송가를 놓고 가시면, 그걸로 1년 내내 불렀어요. 성탄절에도, 흰구름 뭉게뭉게 피는 하늘에, 여름성경학교 교가를 불렀으니까요. 궤도가 찢어지면 밥풀로 붙이고 또 붙이고. 그때 저는 이모님을 보고 결심했습니다. 나도 크면, 예수 그리스도의 복음을 전하며, 사람 낚는 어부가 되어야지!

그렇게 이름도 없이 빛도 없이 저희 시골교회를 도와주셨던 이모님이 지금은 이 옆 베다니집에 와 계십니다. 여러분이 정기적으로 방문하셔서 그분들의 외로움을 치유해 주신다는 소식을 여러분의 담임목사님에게 전해 듣고 있습니다. 정말 쉽지 않은 일, 너무너무 고맙습니다.

사랑하는 성도 여러분, 저도 이제 남은 삶, 이모님처럼 소명 하나로 나아가고자 합니다. 한신대가 올해 85주년입니다. 부디 우리 교단 목사후보생을 길러내는 한신대를 위해서, 그리고 가르치게 될 저를 위해서, 따뜻한 시선으로 기도를 부탁드립니다.

그렇다면, 저와 여러분도 기드온처럼 잔뜩 위축되었을 때, 우리가 반드시 붙잡고 어영차 나아가야 할 하나님의 음성, 그 세 마디는 또 무엇일까요? 따라합시다.

내가 반드시 너와 함께 하리라!

"여호와께서 그에게 이르시되 내가 반드시 너와 함께 하리니
네가 미디안 사람 치기를 한 사람을 치듯 하리라 하시니라"(삿
6:16)

이것이 하나님이 기드온에게 주신 세 번째 음성이었습니다.

얼마나 위로가 되는 말씀인지요. 나만 한신대로 보내놓고 하나
님은 몰라라 하시는 건 아닐까. 고민했는데, 불안했는데, 걱정했는
데... 하나님이 반드시 나와 함께 하시겠다고 약속하십니다. 반드
시! 반드시! 그럼, 되는 거 아닌가요?

일어나 걸어라 내가 새 힘을 주리니
일어나 너 걸어라 [반드시 반드시] 내 너를 도우리

하여, 이제 내 영혼은 불안을 떨쳐 버리고 평안을 찾게 되었습
니다. 의심을 떨쳐 버리고 확신을 갖게 되었습니다. 아, 하나님의
전체 지도가 있었구나! 그 전체 지도에 따라 일점일획도 빈틈없이
지금 실행되고 있는 거구나! 내가 지금 겪고 있는 이 아픔도, 이
불안도, 이 위축됨도, 하나님의 시나리오였구나! 따라합시다. 하나
님 생각은 내 생각보다 크시다!

예수님의 별명, 임마누엘! 무슨 뜻입니까? 임마누, 우리와 함께
계시다! 엘, 하나님이! 번역한즉, 하나님이 우리와 함께 계신다! 반
드시! 이것이 이 아침 저와 여러분을 향한 예수 그리스도의 피 묻

은 십자가 복음입니다.

예수님의 지상대명령, 마지막 약속도 무엇이었습니까?

"예수께서 나아와 말씀하여 이르시되 하늘과 땅의 모든 권세를 내게 주셨으니 (19) 그러므로 너희는 가서 모든 민족을 제자로 삼아 아버지와 아들과 성령의 이름으로 세례를 베풀고 (20) 내가 너희에게 분부한 모든 것을 가르쳐 지키게 하라 볼지어다 내가 세상 끝날까지 너희와 항상 함께 있으리라 하시니라"(마 28:18-20)

사랑하는 성도 여러분, 미래가 막막하시다구요? 노후가 불안하시다구요? 자녀들이 걱정되신다구요? 그러나 주님 주시는 약속이 있습니다. 볼지어다, 내가 세상 끝날까지 너희와 항상 함께 있으리라. 이 교회여, 담임목사님이여, 장로님들이여, 안수집사님 권사님 집사님 새가족들이여, 청년들이여, 자녀들이여, 내가 너희와 항상 함께 있으리라! 반드시! 반드시!

<세 나무 이야기>라는 조그만 책이 있습니다. 올리브나무, 떡갈나무, 소나무, 세 나무에 얽힌 아름다운 이야기입니다.

올리브나무는 꿈이 있었습니다. 보석을 담는 상자가 되는 꿈. 그런데 어느 날, 나무꾼이 와서 자신을 베어, 말 먹이를 담는 구유통으로 써버립니다. 꿈이 깨어져 버렸습니다.

떡갈나무도 꿈이 있었습니다. 큰 배가 되어 임금님을 태우고 가는 꿈. 그런데 어느 날, 나무꾼이 와서 자신을 베어, 낚시꾼을 태우는 조그만 낚싯배로 써버립니다. 꿈이 깨지는 아픔을 겪어야 했습니다.

소나무도 꿈이 있었습니다. 청라언덕, 고고한 자태로 하나님의 창조질서를 드러내고 싶은 꿈. 그런데 어느 날, 벼락이 쳐 부러지고 맙니다. 사람들은 그 소나무를 쓰레기통에 내버립니다. 꿈이 산산조각 나버렸습니다.

그러던 어느 추운 겨울날. 나사렛 촌 동네에 예수님이 태어나셨습니다. 누우실 곳 없는 아기 예수. 예수님은 어느 여관 말구유에 누이셨습니다. 바로 올리브나무로 만든 말구유. 올리브나무는 보석보다 더 위대한 아기 예수를 담는 그릇이 된 것입니다.

그 예수님이 자라, 하나님 나라의 복음을 선포하러 다니셨습니다. 사람들이 너무 많아 조그만 낚싯배에 올라타, 말씀을 전하셨습니다. 그 낚싯배가 바로 떡갈나무로 만든 배였습니다. 떡갈나무는 세상 임금보다 더 위대하신 만왕의 왕 예수 그리스도를 태우게 된 것입니다.

소나무는 어떻게 되었을까요? 로마 군인들은 예수를 매달 십자가를 뭘로 만들까 찾아다니다, 한 쓰레기 더미에서 벼락에 그을린 소나무를 발견합니다. 그게 바로 여기 매달린 이 소나무입니다.

실은 여러분의 담임목사님이 여름휴가라 설교 좀 해달라고 하셔서 순간 망설였습니다. 내가 지금 무슨 낯으로? 저는 지금 잔뜩 위축되어 있거든요. 그래서 숨어지내고 있거든요. 기드온처럼.

하나님께서는 3년 전, 제 육체에 암이라는 가시를 주셨습니다.

당시 의사는 1달이면 사망이라고 하셨습니다. 그때부터 지금까지 저는 넋이 나가 있습니다. 암에 짓눌려 있습니다.

기드온처럼, 하나님께 따졌습니다. 어찌하여 이 모든 일이 나에게 일어났나이까? Why Me? 기드온처럼, 하나님께 매달렸습니다. 그 모든 이적이 어디 있나이까? 기드온처럼, 하나님께 실망했습니다. 이제 여호와께서 나를 버리셨다!

임상신약, 세포독성주사, 항암부작용. 여러분 가운데, 가족 가운데, 겪어보신 분들은 아실 것입니다. 저도 아파보니, 이제야 아픈 교인들이 보입니다. 저분들이 얼마나 아픈 마음으로 교회에 나오고 계시는지! 얼마나 교회를 그리워하며 누워계시는지! 제가 그동안 너무 무심했습니다. 벽돌처럼 딱딱하게 마비되는 팔다리. 부기와 가려움과 발진. 메스꺼움과 구역질. 피곤과 무기력. 새벽에 가서 저녁에 돌아오는 병원 진료와 사이사이 기약 없는 대기시간. 치유 과정이 보통 힘든 게 아닙니다. 아내에게, 자녀들에게, 교인들에게, 부모형제들에게 너무너무 미안합니다.

그래서 잔뜩잔뜩 위축됩니다. 누구도 만나기가 싫습니다. 나가기도 싫습니다. 내 까매진 얼굴을 보여 주기가 싫습니다. 그런데 와서 설교를 해달라니!

무슨 설교를 해야 하나요? 예수님께 여쭈었습니다. 현복아, 그냥 그대로 선포해라. 성도들의 마음을 만지는 건 내가 하겠다! 그 말씀에 정신이 번쩍 들었습니다. 내 아픈 이야기를 통해서도 주님이 역사하시겠다는 말씀이구나!

땅끝 중학교 2학년 때부터 시골교회 어린 설교자로 쓰신 주님. 그렇게 올리브나무로 저를 쓰신 것 같아요.

　그러고 나서, 32년을 군인교회와 도시교회 담임목사로 쓰신 주님. 그렇게 떡갈나무로 저를 쓰신 것 같아요.

　이렇게 암으로 내 인생이 끝나나 싶었는데, 3년을 더 살려주신 예수님께서 말씀하십니다. 현복아, 네 사명이 아직 안 끝났다. 내가 너를 좀 더 쓰고 싶다. 그때까진 너 절대 죽지 않는다. 사명! 사명! 사명! 사명자는 절대 죽지 않는다! 이것이 이번에 저에게 주신 예수님의 음성입니다. 그런데 저는 그 사명이 무엇인지 아직 선명하게는 잘 모르겠습니다. 어렴풋이 보여주시는 사명은 저를 한신대 석좌교수로 보내셔서, 한국교회를 위하여, 세계교회를 위하여, 십자가 소나무로 쓰시려는 것 같아요. 예수님께서 제 암을 치유하시는 과정을 생생하게 간증하게 하심으로, 남은 삶, 걸어 다니는 기적으로, 치유의 증인으로, 쓰시려는 것 같아요.

　사랑하는 성도 여러분, 여러분의 남은 사명은 무엇입니까? 한 번 사는 인생, 그저 왔다 그저 가는, 그런 인생이 아니라, 어떻게든 예수님께 쓰임받는 인생이 되어야 하지 않겠습니까? 올리브나무든지, 떡갈나무든지, 소나무든지!